Tabellen mit LaTeX

Zweite, überarbeitete und erweiterte Auflage

Herbert Voß

Berlin

Alle in diesem Buch enthaltenen Programme, Darstellungen und Informationen wurden nach bestem Wissen erstellt und mit Sorgfalt getestet. Dennoch sind Fehler nicht ganz auszuschließen. Aus diesem Grund ist das in dem vorliegenden Buch enthaltene Programm-Material mit keiner Verpflichtung oder Garantie irgendeiner Art verbunden. Autoren und Herausgeber übernehmen infolgedessen keine Verantwortung und werden keine Haftung übernehmen, die auf irgendeine Art aus der Benutzung dieses Programm-Materials, oder Teilen davon, oder durch Rechtsverletzungen Dritter entsteht.

Die Wiedergabe von Gebrauchsnamen, Handelsnamen, Warenbezeichnungen usw. in diesem Buch berechtigt auch ohne besondere Kennzeichnung nicht zu der Annahme, dass solche Namen im Sinne der Warenzeichen- und Markenschutz-Gesetzgebung als frei zu betrachten wären und daher von jedermann verwendet werden dürften.

Alle Warennamen werden ohne Gewährleistung der freien Verwendbarkeit benutzt und sind möglicherweise eingetragene Warenzeichen. Autoren und Herausgeber richten sich im Wesentlichen nach den Schreibweisen der Hersteller. Andere hier genannte Produkte können Warenzeichen des jeweiligen Herstellers sein.

© 2010 Herbert Voß, Berlin
Zweite, überarbeitete und erweiterte Auflage
ISBN 978-3-86541-370-3
Umschlag: Jens-Uwe Morawski, Herbert Voß
Gesamtlektorat: Christoph Kaeder, Hamburg
Satz: LaTeX
Verlag: Lehmanns Media, Berlin, (www.lob.de)
Druck: Konrad Triltsch Print und digitale Medien GmbH
        97199 Ochsenfurt-Hohestadt
Printed in Germany

Inhaltsverzeichnis

Vorwort

Ein ganzes Buch nur für Tabellen erscheint auf den ersten Blick etwas verwegen. Vergleicht man aber einmal die Zahl der Beiträge, beziehungsweise Fragen zum Satz von Tabellen unter LaTeX, dann zeigt dies schnell die Bedeutung bei Veröffentlichungen jeglicher Art. Axel Reichert hatte schon vor längerer Zeit das Dokument `tabsatz` [50] erstellt, welches bisher als allgemeine Referenz für Probleme im Umgang mit Tabellen galt. Die Beispiele dieses Dokuments findet man mehr oder weniger auch in dieser Veröffentlichung, wobei sie allerdings eigenen Vorstellungen angepasst wurden. Der *LaTeX-Begleiter* [42] ist mit seinem gut 40 Seiten umfassenden Kapitel auch nur eine kurze Einführung in die grundsätzliche Konstruktion von Tabellen und die Anwendung der bekanntesten Pakete.

Seit der Veröffentlichung von `tabsatz` ist jedoch die Zeit nicht stehen geblieben und es wurden weitere Pakete entwickelt, die auf unterschiedlichste Weise das Erstellen von Tabellen unterstützen. Sie alle werden hier behandelt, wobei insbesondere für das Paket `datatool` von Nicola Talbot eine Auswahl getroffen werden musste, denn der Umfang dieser Veröffentlichung war natürlicherweise begrenzt.

Prinzipiell wird von TeX kein Unterschied zwischen einer Tabelle und einer Matrix (array) gemacht. Dennoch wird hier nur die Tabelle behandelt, die normalen Text beinhaltet. Mathematische Elemente spielen dabei keine Rolle; man findet für dieses Themenfeld in [56] umfangreiche Beschreibungen.

Sämtliche Beispiele gibt es als vollständige LaTeX-Dokumente auf CTAN (Comprehensive TeX Archive Network – http://www.ctan.org) im Verzeichnis CTAN://info/examples/Tabellen/. Nur diese sollte man beim Experimentieren benutzen, da häufig aus reinen Platzgründen in den Beispielen das Laden von Paketen oder allgemeinem Code in den hier nicht sichtbaren Teil der Präambel ausgelagert wurde. Beispielsweise das Laden des Paketes `eurosym`, wenn das €-Symbol im Beispiel verwendet wurde. Es handelt sich dabei jedoch immer um Dinge, die nicht für das Verständnis des

Beispiels wichtig sind. Einige der Beispiele erfordern nicht standardmäßige Dokumentenklassen oder weitere externe Programme, diese sind dann ebenfalls mit in dem CTAN-Verzeichnis gespeichert.

Wenn nichts weiteres angegeben ist, so wurden immer die Pakete der zur Zeit aktuellen TEX Live 2007, beziehungsweise die Pakete von CTAN in der Ende 2007 gültigen Version, verwendet. Es ist nicht zu erwarten, dass die neue Ausgabe der TEX Live zu Problemen führen wird, wenn nicht zwischenzeitlich einzelne Pakete extreme Änderungen in der Syntax der Makros erfahren. An manchen Stellen wird man gleiche Erklärungen finden, da dies vorteilhafter erschien, als auf entsprechende Erklärungen anderer hier behandelter Pakete zu verweisen. Es ist immer schwierig eine Wertung für oder gegen einzelne Pakete vorzunehmen, aber standardmäßig die Pakete array, booktabs, tabularx und für externe Daten datatool zu laden, erscheint in jedem Fall sinnvoll. Die Wertung der anderen Pakete sei dem Leser überlassen. Zur besseren Unterscheidung von allgemeinen Argumenten sind optionale grundsätzlich mit einer [grauen] Box unterlegt.

Optionale Argumente

Wie immer haben Klaus Höppner, Lutz Ihlenburg, Christoph Kaeder, Rolf Niepraschk, Uwe Ziegenhagen und ganz besonders Volker RW Schaa dankenswerterweise über das Manuskript geschaut, dabei auf Fehler hingewiesen und wertvolle Hinweise gegeben.

Berlin, im Mai 2008   Herbert Voß

Vorwort zur 2. Auflage

Diese zweite Auflage hat einen erweiterten Umfang, da einige neue und interessante Pakete behandelt werden. Zu erwähnen sind insbesondere siunitx, welches vom Namen her nicht vermuten lässt, dass das Paket eine sehr gute Alternative zu dem Paket dcolumn ist, wenn es um das Formatieren von Zahlenkolonnen geht. Mit spreadtab lassen sich die Tabellenzellen wie bei einer Tabellenkalkulation miteinander verknüpfen.

Beseitigt wurden auch einige Druckfehler, auf die mich Marco Daniel, Dirk Jagdmann, Sebastian Kirchner und Christine Römer hingewiesen haben. Wieder einmal geht ein Dank an Rolf Niepraschk und Christoph Kaeder, sie haben den Weg des Manuskripts von der Erstellung bis zum Druck begleitet.

Berlin, im Januar 2010   Herbert Voß

Einführung

Beim Thema Tabellen spielt die Typografie eine bedeutende Rolle, denn Tabellen kann man in verschiedensten Varianten setzen, die zwar formal inhaltlich immer dasselbe darstellen, vom Leser aber nicht gleich schnell erfasst werden können. Konventionen als allgemein gültig zu bezeichnen, ist immer subjektiver Natur. Dennoch kann man folgende Voraussetzungen für eine typografisch gut gestaltete Tabelle als sinnvoll erachten:

▷ Keine vertikalen Linien
▷ Keine doppelten Linien
▷ Zeilen nicht zu eng setzen
▷ Spalten nicht zu weit auseinanderziehen
▷ Zeilen links- und rechtsbündig mit horizontalen Linien setzen
▷ Horizontale Linien unterschiedlicher Dicke verwenden

Standard LaTeX unterstützt zwei tabellenartige Umgebungen, die tabbing- und die tabular-Umgebung, wobei letztere prinzipiell der mathematischen array-Umgebung entspricht, nicht zu verwechseln mit dem array-Paket (siehe dazu Abschnitt 2.1 auf Seite 19).

1.1 Die tabular-Umgebung

Die Syntax der standardmäßigen tabular-Umgebung unterscheidet sich von der möglichen Sternversion:

```
\begin{tabular} [Position] {Spaltendefinition}
...&...&...\\
...
\end{tabular}

\begin{tabular*}{Breite} [Position] {Spaltendefinition}
...&...&...\\
...
\end{tabular*}
```

Zulässige Notationen für die Spaltendefinition sind:

l	linksbündige Spalte (ohne Zeilenumbruch!)
c	zentrierte Spalte (ohne Zeilenumbruch!)
r	rechtsbündige Spalte (ohne Zeilenumbruch!)
p{Länge}	entspricht der Definition von \parbox[c]{Länge}, welche grundsätzlich im Blocksatz und mit Zeilenumbrüchen gesetzt wird.
@{Spaltentrenner}	vor und nach jeder Spalte wird @{Spaltentrenner} eingefügt, im Normalfall der Abstand \tabcolsep.
|	senkrechte Linie, kann beliebig erweitert werden zu ||...

Die Breite der Tabelle 1.1 mit einer Spaltendefinition von {|l|r|p{3cm}|} lässt sich exakt ausmessen und ist tabellarisch im Beispiel angegeben.

Tabelle 1.1: Bedeutung des Abstandes \tabcolsep, wobei der hellere Block die linke und der dunklere die rechte Seite einer Spalte markiert.

01-01-1

width	value
\tabcolsep	6.0pt
\widthof{Links}	22.10013pt
2\tabcolsep	12.0pt
\widthof{Rechts}	27.59114pt
2\tabcolsep	12.0pt
p{3cm}	85.35826pt
\tabcolsep	6.0pt
Gesamtbreite	171.04953pt

171.04953pt

Setzt man die gesamte Tabelle in eine Box, so ergibt sich bei gleichzeitiger Anwendung des array-Paketes eine Breite von 172.6495pt, was einer Differenz von 1.59998pt entspricht, beziehungsweise gerundet 1.6pt. Dies ist die Summe der vier senkrechten Linien in der Tabelle 1.1, die durch die Breite von \arrayrulewidth=0.4pt vorgegeben ist. Lässt man diese senkrechten Linien weg oder benutzt nicht das array-Paket, so ergibt sich eine Boxbreite von 171.04953pt. Sämtliche der hier angegebenen Längen wurden durch TEX ausgemessen und mit \the\<Länge> ausgegeben. Dadurch wurde eine korrekte Berechnung sichergestellt.

Das obige Beispiel zeigt, dass man sehr wohl die exakte Breite einer Tabelle vorher bestimmen kann, was insbesondere bei solchen von Interesse ist, die über mehrere

Seiten gehen, aber die volle Textbreite ausnutzen sollen. Wie in Kapitel 4 auf Seite 125 gezeigt wird, ist dies sonst nur über das Einlesen einer externen Datei oder anderer Pakete möglich. Ohne jegliches Ergänzungspaket existieren nur zwei spezielle Symbole, ∗ und @, mit denen eine erweiterte Spaltendefinition möglich ist.

∗{*Anzahl*}{*Spaltentyp*}, wobei hier *Anzahl* für den Wiederholungsfaktor und *Spaltentyp* für eine beliebige Code-Sequenz steht.

`01-01-2`

l	l	l	r	r	r	r
L	L	L	R	R	R	R

```
\usepackage{array}

\begin{tabular}
 {|*{3}{l}|*{4}{r|}}\cline{1-3}
l&l&l&r&r&r&r\\ L&L&L&R&R&R&R\\\cline{1-3}
\end{tabular}
```

@{...}, wobei hier »...« wieder für eine beliebige Code-Sequenz steht, die diesmal *anstelle* eines Spaltenabstandes in jeder Zeile eingefügt wird, wobei links und rechts *kein* Abstand mehr zwischen den beiden Spalten besteht. In diesem Beispiel wird wieder anstelle des Spaltenabstandes ein Doppelpunkt bzw. ein Pfeil eingefügt. Der Unterschied zu obigem Beispiel ist offensichtlich.

`01-01-3`

Links	Rechts:Zentriert→Box
l	r: c →p{1.5cm}

```
\begin{tabular}%
 {@{}l|r@{:}c@{$\rightarrow$}p{1.5cm}@{}}
Links & Rechts & Zentriert & Box\\\cline{2-4}
l & r & c & p{1.5cm}\\\cline{1-1}
\end{tabular}
```

Die Sternversion der `tabular`-Umgebung erlaubt die Vorgabe einer bestimmten Tabellenbreite, wobei LaTeX ausschließlich die letzte Spalte in ihrer Breite anpasst, um auf die entsprechende Vorgabe zu kommen. Das folgende Beispiel zeigt dies deutlich, denn die zweite Tabelle hat zwar eine rechtsbündige Ausrichtung der letzten Spalte, jedoch bleibt dies wirkungslos, da der darauf folgende Abstand gleich geblieben ist.

`01-01-4`

1	2	3
A	B	Links

1	2	3
A	B	Rechts

```
\begin{tabular*}{\linewidth}{lll}
1 & 2 & 3 \\\hline A & B & Links \\\hline
\end{tabular*}\par\bigskip
\begin{tabular*}{\linewidth}{llr}
1 & 2 & 3 \\\hline A & B & Rechts \\\hline
\end{tabular*}
```

Dies stellt in der Regel ein unbefriedigendes Ergebnis dar. Durch Anwendung des @-Operators und des Macros \extracolsep kann jedoch eine gleichmäßige Verteilung der »Spaltenbreiten« erreicht werden. Dazu muss einfach die dynamische Länge \fill als Spaltenabstand übergeben werden.

\extracolsep{*Länge*}

Insbesondere bei Verwendung senkrechter Linien, erkennt man den Unterschied zwischen dem Vergrößern der Spaltenbreite und dem Vergrößern des Spaltenabstandes (\tabcolsep). `tabular*` arbeitet ausschließlich mit der letzten Variante, was durch die folgenden Beispiele deutlich wird.

1	2	3
A	B	C

1	2	3
A	B	C

01-01-5

```
\begin{tabular*}{\linewidth}%
    {|l@{\extracolsep{\fill}}|l|l|}
1 & 2 & 3 \\\hline A & B & C \\\hline
\end{tabular*}\par\bigskip
\begin{tabular*}{\linewidth}%
    {|l|l|@{\extracolsep{\fill}}r|}
1 & 2 & 3 \\\hline A & B & C \\\hline
\end{tabular*}
```

Eine gleichmäßige Verteilung des zusätzlichen Spaltenabstandes erreicht man durch Einfügen von `@{\extracolsep{\fill}}` *nach* der ersten Tabellenspalte. Alternativ auch vor der ersten Spalte, wenn kein linksbündiger Rand erwünscht ist.

1	2	3
A	B	C

1	2	3
Links	Links	Rechts

01-01-6

```
\begin{tabular*}{\linewidth}%
    {|@{\extracolsep{\fill}}l|l|l@{}|}
1 & 2 & 3 \\\hline A & B & C \\\hline
\end{tabular*}\par\bigskip
\begin{tabular*}{\linewidth}%
    {|@{\extracolsep{\fill}}l|l|r@{}|}
1 & 2 & 3 \\\hline
Links & Links & Rechts \\\hline
\end{tabular*}
```

Grundsätzlich ist die Anwendung der `tabularx`-Umgebung aus dem gleichnamigen Paket vorzuziehen, wenn man Tabellen einer bestimmten Breite erstellen möchte. Entsprechende Beispiele findet man im Abschnitt 2.18 auf Seite 86. Alternativ bietet sich auch die manuelle Berechnung der Spaltenbreiten an, wie es bereits in Tabelle 1.1 auf Seite 4 gezeigt wurde. Der Vorteil bei dieser Vorgehensweise ist die Tatsache, dass die Spaltenbreiten angepasst werden und nicht die Spaltenabstände, um auf die geforderte Breite zu kommen.

1.1.1 Linien

Grundsätzlich sollte man beachten, dass Linien im Allgemeinen *nicht* die Übersichtlichkeit einer Tabelle fördern und sehr häufig kontraproduktiv sind. Dies gilt ganz besonders für die vertikalen Linien. Die folgenden Beispiele dienen daher ausdrücklich nicht als Vorbild, sondern sollen lediglich als Beispiele für das formale Erstellen von Linien sein. Horizontale Linien werden mit `\hline` erzeugt und haben grundsätzlich Vorrang vor vertikalen Linien, was insbesondere für doppelte Linien zu beachten ist. Dies ergibt sich einfach aus der Tatsache, dass TeX die vertikalen Linien zeilenweise setzt und dafür nur die Zeilenhöhe berücksichtigt.

`\hline`	`\cline{`*Anfangsspalte-Endspalte*`}`

Beide Makros müssen in der Regel einem `\\` oder `\tabularnewline` folgen; die einzige Ausnahme ist eine Anwendung direkt nach der Spaltendefinition, um eine Linie über der Tabelle zu erhalten. Sind die Werte für *Anfangsspalte* und *Endspalte* gleich, so wird nur diese Spalte mit einer Linie versehen.

01-01-7

links	p-Spalte	rechts
A	jetzt hat diese Spalte eine fixe Breite und ein sorgt für eine neue Zeile in dieser Spalte	B
1	2	3

```
\begin{tabular}{|l|||p{4cm}|r||}\hline
links & p--Spalte & rechts\\
     \hline\hline\hline
A    & jetzt hat diese Spalte eine
       fixe Breite und ein \newline
       sorgt für eine neue Zeile in
       dieser Spalte & B \\\hline\hline
   1 & 2        & 3 \\\hline\hline
\end{tabular}
```

\cline{1-2} bedeutet eine Linie unter den ersten beiden Spalten und \cline{2-2} nur unter der zweiten Spalte.

01-01-8

links	p-Spalte	rechts
A	jetzt hat diese Spalte eine fixe Breite und ein sorgt für eine neue Zeile in dieser Spalte	B
1	2	3

```
\begin{tabular}{lp{4cm}r}
links & p--Spalte & rechts\\
     \cline{1-2}\hline% siehe Text
A    & jetzt hat diese Spalte eine
       fixe Breite und ein \newline
       sorgt für eine neue Zeile in
       dieser Spalte & B \\\cline{2-2}
   1 & 2        & 3 \\\cline{2-3}
\end{tabular}
```

Folgt ein \cline einem \hline oder geht diesem voran, so bleibt es ohne Wirkung, es wird von \hline überschrieben. \cline kann zwar mehrfach hintereinander auftreten, _\cline_ verhält sich aber ohne zusätzliche Codeänderungen wie ein einfaches \cline! Eine Lösung für farbige Teillinien findet man in Abschnitt 3.3 auf Seite 122.

Ein Problem ergibt sich bei sehr dicken Linien, da LaTeX hier nicht auf eine korrekte Verbindung in den Eckpunkten achtet und die Linienstärke bei der Bestimmung des _Linien-_ Zeilenabstandes in keiner Weise beachtet wird. Bezüglich der Eckverbindungen schafft _stärke_ die Anwendung des array-Paketes hier Abhilfe (siehe auch Abschnitt 2.1 auf Seite 19). Die Höhe einer einzelnen Zeile kann man leicht mit dem \rule-Befehl beeinflussen. Durch die Breite Null bleibt die Linie unsichtbar.

01-01-9

```
\setlength\arrayrulewidth{5pt}
\begin{tabular}{|c|c|}\hline
A & B \\\cline{1-1}
C & D \\\hline
\end{tabular}
```

Die Breite der vertikalen Linien hat _keinen_ Einfluss auf die horizontale Breite einer Tabelle; die Linien werden sozusagen »über« den Text gezeichnet. Dies ist besonders _Vertikale_ bei breiten senkrechten Linien zu beachten. Bei Anwendung des array-Pakets ändert _Linien_ sich dieses Verhalten (siehe Abschnitt 2.1.1 auf Seite 24).

01-01-10

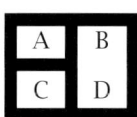

```
\usepackage{array}

\setlength\arrayrulewidth{5pt}
\begin{tabular}{|c|c|}\hline
A & B \\\cline{1-1}
\rule{0pt}{3.2ex}C & D \\\hline
\end{tabular}
```

1.1.2 Spaltenübergreifende Zellen

Der Befehl \multicolumn erlaubt das Zusammenfassen von *mehreren* Zellen einer Zeile zu *einer* Zelle mit einer eigenständigen Spaltendefinition, einschließlich eigener vertikaler Linien, die nur für diese Zelle gültig sind. Sie kann auch für eine einzelne Zelle zur Änderung des Spaltentyps genutzt werden.

> \multicolumn{*Spaltenanzahl*}{*Spaltendefinition*}{*Inhalt*}

Für die Spaltendefinition ist all das möglich, was auch innerhalb eines standardmäßigen tabular-Kopfes möglich ist. Bei Verwendung des array-Paketes erweitern sich diese Möglichkeiten entsprechend (siehe dazu Abschnitt 2.1 auf Seite 19).

Personen		Beruf	
Anzahl	Geschl.	Angest.	Frei
222	m	160	62
2	n	**1**	2
97	w	70	27
		Summen	
319		230	89
		319	

```
\begin{tabular}{@{}cccc@{}}\hline
\multicolumn{2}{|@{}c}{\textbf{Personen}} &
\multicolumn{2}{@{}c|}{\textbf{Beruf}}\\\hline
Anzahl& Geschl.& Angest.& Frei\\\hline
222   &   m   &  160 & 62  \\
  2   &   n   &\textbf{1}& 2 \\[5pt]
97    &   w   &   70 & 27  \\\hline
\multicolumn{4}{c}{Summen}     \\\cline{1-1}
\multicolumn{1}{@{}|c|@{}}{319}
    &       &   230 & 89 \\
            \cline{1-1}\cline{3-4}
  & & \multicolumn{2}{|c|}{319}\\\cline{3-4}
\end{tabular}
```
01-01-11

Die Anwendung von \multicolumn ist lediglich im Zusammenhang mit senkrechten Linien gewöhnungsbedürftig, denn bei der Spaltendefinition bilden der Spaltentyp mit eventuell *folgender* Liniendefinition eine Einheit. Durch \multicolumn werden diese Liniendefinitionen aber ignoriert, da sie als Teil der zusammengefassten Spalte aufgefasst werden. Daher *muss* innerhalb von \multicolumn die Liniendefinition zwingend wiederholt werden; ansonsten fehlt hier ein Teilstück der senkrechten Linie. Nur für den *Erste Spalte* Fall, dass die erste Spalte mit einbezogen wird, muss auch der linke Rand entsprechend beachtet werden; nur hier wird auch der linke Rand der Zelle zugeordnet.

Personen		Beruf	
Anzahl	Geschl.	Angest.	Frei
222	m	160	62
2	n	**1**	2
97	w	70	27
		Summen	
319		230	89
		319	

```
\begin{tabular}{|cc|cc|@{}}\hline
\multicolumn{2}{|c}{\textbf{Personen}} &
\multicolumn{2}{c|}{\textbf{Beruf}} \\\hline
\multicolumn{4}{c}{}\\% leere Zeile ohne |
Anzahl& Geschl.& Angest.& Frei\\\hline
222   &   m   &  160 & 62  \\
  2   &   n   &\textbf{1}&2  \\[5pt]
97    &   w   &   70 & 27  \\\hline
\multicolumn{4}{c}{Summen}     \\\cline{1-1}
\multicolumn{1}{|c|}{319} & & 230 & 89
    \\\cline{1-1}\cline{3-4}
  & & \multicolumn{2}{|c|}{319}\\\cline{3-4}
\end{tabular}
```
01-01-12

<table>
<tr><td>01-01-13</td></tr>
</table>

Personen		Beruf	
Anzahl	Geschl.	Angest.	Frei
222	m	160	62
2	n	**1**	2
97	w	70	27
Summen			
319		230	89
		319	

```
\begin{tabular}{@{}|cc|cc|@{}}
\multicolumn{2}{|c|}{\textbf{Personen}} &
\multicolumn{2}{c|}{\textbf{Beruf}} \\[5pt]
Anzahl & Geschl. & Angest. & Frei\\\hline
222     &    m    &    160  & 62  \\
  2     &    n    &\textbf{1}&  2 \\[5pt]
 97     &    w    &    70   & 27  \\\hline
\multicolumn{4}{|c|}{Summen}       \\\cline{1-1}
\multicolumn{1}{@{}|c|@{}}{319} & & 230 & 89
      \\\cline{1-1}\cline{3-4}
\multicolumn{1}{c}{}
   & &  \multicolumn{2}{|c|}{319} \\\cline{3-4}
\end{tabular}
```

1.1.3 Verschachtelte Tabellen

Tabellen können beliebig ineinander verschachtelt werden, wobei schon ab der zweiten Stufe auf eine sinnvolle Code-Anordnung geachtet werden sollte, denn Verschachtelungen erschweren sehr häufig die Übersicht und führen zu Fehlern, die dann nur mit hohem Zeitaufwand korrigiert werden können. Andererseits erlauben verschachtelte Tabellen faktisch jegliche auch noch so komplizierte Anordnung, ohne auf das multirow-Paket (siehe Abschnitt 2.3 auf Seite 28) zurückgreifen zu müssen, welches selbst nicht immer optimale Ergebnisse liefert. Im folgenden Beispiel sind die Zellen mit kleinen Buchstaben jeweils Teil einer geschachtelten Tabelle, die man zudem mit dem \cline-Makro einfach einrahmen kann.

<table>
<tr><td>01-01-14</td></tr>
</table>

A1	A1	A1	A1	A1
	a1	a2		a3
A2	a1	a2	A	a3
	a1	a2		a4
A3	A3	A3	A3	A3
A4	A4	A4*		A4
A5	A5	A5	A5	A5

```
\begin{tabular}{ccccc}
A1 & A1 & A1 & A1 & A1\\\hline
A2 & \begin{tabular}{|c|}\hline
      a1\\a1\\a1\\\hline
    \end{tabular} &
 \begin{tabular}{c}a2\\a2\\a2\\\end{tabular} &
   A &
 \begin{tabular}{|c|}\hline
    a3\\a3\\a4\\\hline\end{tabular}\\
A3 & A3 & A3 & A3 & A3\\\cline{3-4}
A4 & A4 & \multicolumn{2}{|c|}{A4*} & A4\\\cline{3-4}
A5 & A5 & A5 & A5 & A5\\
\end{tabular}
```

Das folgende Beispiel zeigt allerdings ein unbefriedigendes Ergebnis, denn die beiden senkrechten Linien liegen nicht übereinander. Der Grund liegt in dem Abstand \tabcolsep, der jeder Tabelle vorangestellt wird, was zu einem zusätzlichen Abstand führt, wenn eine Tabelle Teil einer anderen Tabelle ist. Entsprechend Tabelle 1.1 auf Seite 4 ergibt sich in solchen Fällen dann ein Abstand von 3\tabcolsep oder 4\tabcolsep zwischen zwei Spalten. Dieser Effekt ist deutlich im folgenden Beispiel zu sehen, wo die Spalten einen deutlich zu großen Abstand zueinander haben.

Sp1 Z1	Sp2 Z1	Sp3 Z1	
Sp1 Z2		Sp4 Z2	
Sp1 Z3	Sp2 Z2/3	Sp4 Z3	
Sp1 Z4	Sp2 Z4	Sp3 Z4	

```
\begin{tabular}{|ccc|}
 Sp1 Z1 & Sp2 Z1 & Sp3 Z1\\
 \begin{tabular}{c}Sp1 Z2\\Sp1 Z3\end{tabular}
 & \begin{tabular}{|c|}\hline
   Sp2 Z2/3\\\hline \end{tabular}
 & \begin{tabular}{c}Sp4 Z2\\Sp4 Z3\end{tabular}\\
  Sp1 Z4 & Sp2 Z4 & Sp3 Z4
\end{tabular}
```

01-01-15

Hier muss in der Regel der Spaltenoperator @ benutzt werden, um diese zusätzlichen Abstände zu korrigieren. In diesem Fall wird bereits in der übergeordneten Tabelle dafür gesorgt, dass alle Spalten (von außen betrachtet) keinen Abstand haben: {|@{}c @{}c@{} c@{}|}. Dass sich dennoch zwischen den Spalten 2\tabcolsep als Abstand ergibt, liegt an den inneren (geschachtelten) Tabellen. Man beachte die Reihenfolge von | und @{}, die besagt, erst die senkrechte Linie, dann kein weiterer Abstand.

|@{} und @{}| sind unterschiedlich

Im umgekehrten Fall (@{} und |) ist die Bedeutung von @{} wirkungslos, sie wird durch den folgenden senkrechten Strich aufgehoben. Denn diesem folgt in der Regel \tabcolsep, wenn nichts anderes vereinbart, wie beispielsweise wieder ein folgendes @{}.

Sp1 Z1	Sp2 Z1	Sp3 Z1	
Sp1 Z2		Sp4 Z2	
Sp1 Z3	Sp2 Z2/3	Sp4 Z3	
Sp1 Z4	Sp2 Z4	Sp3 Z4	

```
\begin{tabular}{|@{}c @{}c@{} c@{}|}
 Sp1 Z1 & Sp2 Z1 & Sp3 Z1\\
 \begin{tabular}{c} Sp1 Z2\\Sp1 Z3 \end{tabular} &
 \begin{tabular}{|c|}\hline
   Sp2 Z2/3\\\hline \end{tabular} &
 \begin{tabular}{c} Sp4 Z2\\Sp4 Z3 \end{tabular}\\
  Sp1 Z4 & Sp2 Z4 & Sp3 Z4
\end{tabular}
```

01-01-16

Je nachdem wie die Tabellen aufgebaut sind und Linien gesetzt werden, kann ein unterschiedliches Vorgehen notwendig sein, beispielsweise innere Tabellen ohne Spaltenabstand zu setzen oder den Rahmen von außen um die innere Tabelle zu setzen, wie im folgenden Beispiel gezeigt wird:

Sp1 Z1	Sp2 Z1	Sp3 Z1	
Sp1 Z2		Sp4 Z2	
Sp1 Z3	Sp2 Z2/3	Sp4 Z3	
Sp1 Z4	Sp2 Z4	Sp3 Z4	

```
\begin{tabular}{@{}c @{}c@{} c@{}}
 Sp1 Z1 & Sp2 Z1 & Sp3 Z1\\\cline{2-2}
 \begin{tabular}{c|} Sp1 Z2\\Sp1 Z3 \end{tabular} &
 \begin{tabular}{c} Sp2 Z2/3 \end{tabular} &
 \begin{tabular}{|c} Sp4 Z2\\Sp4 Z3 \end{tabular}
  \\\cline{2-2}
 Sp1 Z4 & Sp2 Z4 & Sp3 Z4
\end{tabular}
```

01-01-17

Weiterhin kann es hilfreich sein, sich aus Gründen der Übersichtlichkeit, Abkürzungen zu definieren, sodass insbesondere bei verschachtelten Tabellen Fehler vermieden werden können. Im folgenden Beispiel wurden die erste Zeile nach oben und die letzte nach unten gestreckt, sodass eine bessere Anordnung des Rahmens die Folge ist. Die Bedeutung von \rule kann man [57] entnehmen.

```
\newcommand\Btab{}% sicherstellen, dass es noch nicht existiert
\renewcommand\Btab[2][c]{\tabular[#1]{#2}}
\newcommand\Etab{}% dito
\renewcommand\Etab{\endtabular}
```

01-01-18

Sp1 Z1	Sp2 Z1	Sp3 Z1
Sp1 Z2	Sp2 Z2/3	Sp4 Z2
Sp1 Z3		Sp4 Z3
Sp1 Z4	Sp2 Z4	Sp3 Z4

```
\newcommand\Btab{}
\renewcommand\Btab[2][c]{\tabular[#1]{#2}}
\newcommand\Etab{}\renewcommand\Etab{\endtabular}

\Btab{|@{}c @{}c@{} c@{}|}\hline
  \rule{0pt}{3ex}% besserer Abstand nach Oben
  Sp1 Z1 & Sp2 Z1 & Sp3 Z1\\\cline{2-2}
  \Btab{c|} Sp1 Z2\\Sp1 Z3 \Etab &
  \Btab{c} Sp2 Z2/3\\ \Etab &
    \Btab{|c} Sp4 Z2\\Sp4 Z3 \Etab \\\cline{2-2}
  \rule[-1.5ex]{0pt}{2ex}% besserer Abstand nach Unten
  Sp1 Z4 & Sp2 Z4 & Sp3 Z4\\\hline
\Etab
```

Weitere Ausführungen zum Thema »Linien« finden sich unter anderem im:

  ▷ Beispiel 03-03-1 auf Seite 122 für farbige Linien,
  ▷ Abschnitt 2.2 auf Seite 26 für gestrichelte Linien,
  ▷ Abschnitt 2.10 auf Seite 62 für nicht überlappende doppelte (Teil-)Linien.

1.1.4 Fußnoten

Der Befehl \footnote kann innerhalb einer Tabelle zwar benutzt werden, führt jedoch nicht zum erwarteten Ergebnis; der Fußnotentext fehlt. Es bieten sich zum einen die Pakete an, die Fußnoten in Tabellen unterstützen oder zum anderen die Verwendung der Kombination \footnotemark und \footnotetext. Letzteres funktioniert faktisch in allen Anwendungsfällen, bei denen der Befehl \footnote nicht erwartungsgemäß funktioniert. Zu beachten ist lediglich, dass \footnotemark den Fußnotenzähler inkrementiert, sodass dieser wieder zurückgesetzt werden muss, bevor der Fußnotentext mit \footnotetext geschrieben wird.

01-01-19

L[1]	C	R
L	C	R
L	C[2]	R
L	C	R
L	C	R[3]

Normale Textzeile nach der zentrierten Tabelle mit normaler Fußnote[4].

```
\begin{center}
\begin{tabular}{lcr}\hline
L\footnotemark & C & R\\
L & C & R\\
L & C\footnotemark & R\\
L & C & R\\
L & C & R\footnotemark\\\hline
\end{tabular}
\addtocounter{footnote}{-2}
\footnotetext{Linksbündig}
\stepcounter{footnote}\footnotetext{Zentriert}
\stepcounter{footnote}\footnotetext{Rechtsbündig}
\end{center}
Normale Textzeile nach der zentrierten Tabelle
mit normaler Fußnote\footnote{Normale Fußnote}.
```

---

[1]Linksbündig
[2]Zentriert
[3]Rechtsbündig
[4]Normale Fußnote

1.2 Die tabbing-Umgebung

Die tabbing-Umgebung erzeugt im eigentlichen Sinne keine Tabelle, ermöglicht aber tabellarische Anordnungen, weshalb sie auch immer wieder im Zusammenhang mit Tabellen aufgeführt wird. Sie hat insbesondere den Vorteil, dass sie sowohl Fußnoten als auch Seitenumbrüche ermöglicht. Der Name der Umgebung weist schon auf die alte Tabulatortaste hin, wie sie schon bei der ersten Schreibmaschinen zur Anwendung kam. Das Prinzip dieser »Tabulatortaste« ist in der tabbing-Umgebung erhalten geblieben. Für die Steuerung der Tabulatoren stehen mehrere Kurzbefehle zur Verfügung, die alle in Tabelle 1.2 zusammengestellt sind.

```
\begin{tabbing}
Eine \=Musterzeile \=... \kill \\
Die \>formatierten \>Zeilen...\\
...
\end{tabbing}
```

Tabelle 1.2: Zusammenstellung der Tabulatorbefehle für die tabbing-Umgebung.

Symbol	Bedeutung
\=	Setzt einen Tabstop an der aktuellen Position.
\>	Springt zum nächsten Tabstop.
\<	Ermöglicht Text links vom linken Rand zu setzen ohne diesen zu ändern.
\+	Der linke Rand wird einen Tabstop nach rechts versetzt.
\-	Der linke Rand wird einen Tabstop nach links versetzt.
\'	Der vor dem \'-Befehl stehende Text wird rechtsbündig und der folgende Text linksbündig gesetzt.
\`	Der dem \`-Befehl folgende Text wird rechtsbündig in der Zeile gesetzt.
\a	Zum Setzen von Akzenten innerhalb der tabbing-Umgebung, beispielsweise \a 'e→é.
\kill	Löscht die aktuelle (Muster-)Zeile und behält die darin definierten Tabstops.
\pushtabs	Speichert oder setzt alle aktuellen Tabulatoren, je nach Reihenfolge.

Die Musterzeile kann „gekillt" werden
erster Tabstop
zweiter Tabstop
dritter
vierter

01-02-1

```
\usepackage{pst-node}

\begin{tabbing}
Die \=\rnode{A}{}Musterzeile \=\rnode{B}{}kann
    \=\rnode{C}{},,gekillt'' \=\rnode{D}{}werden\\
\>\rnode{a}{}erster Tabstop\\
\>\>\rnode{b}{}zweiter Tabstop\\
\>\>\>\rnode{c}{}dritter\\
\>\>\>\>\rnode{d}{}vierter
\end{tabbing}
\psset{nodesepA=-1ex,nodesepB=1ex}
\ncline{->}{A}{a}\ncline{->}{B}{b}
\ncline{->}{C}{c}\ncline{->}{D}{d}
```

Die sogenannte Musterzeile erlaubt zusammen mit dem \kill-Befehl auf einfache Weise eine Festlegung der einzelnen Tabulatoren; \kill löscht zwar die Zeile, nicht jedoch die mit \= festgelegten Positionen.

<table>
<tr><td>01-02-2</td><td>

erster Tabstop
   zweiter Tabstop
     dritter
       vierter
0 1   2 3 4

</td><td>

```
\begin{tabbing}
Die \=Musterzeile \=kann
   \=,,gekillt'' \=werden\kill\\
\>erster Tabstop\\ \>\>zweiter Tabstop\\
\>\>\>dritter\\ \>\>\>\>vierter\\
0 \>1 \>2 \>3 \>4
\end{tabbing}
```

</td></tr>
</table>

Ein Problem ergibt sich bei der Anwendung einiger Kurzbefehle, wenn diese gleichzeitig als Akzent definiert sind. In diesen Fällen müssen die Akzente innerhalb einer tabbing-Umgebung durch \a eingeleitet werden (vergleiche dazu auch das Paket Tabbing im Abschnitt 2.29 auf Seite 109). *Akzente*

<table>
<tr><td>01-02-3</td><td>

erstes Café
   zweites Café
     Mâitre
Crème   brûlée

</td><td>

```
\begin{tabbing}
Die \=Musterzeile \=kann
   \=,,gekillt'' \=werden\kill\\
\>erstes Caf\a'e\\ \>\>zweites Caf\a'e\\
\>\>\>M\a^aitre\\
\>Cr\a`eme\>\>\>br\a^ul\a'ee
\end{tabbing}
```

</td></tr>
</table>

Wenn in folgenden Zeilen auch jeweils ein zum aktuellen Tabulator folgender angesprungen werden soll, so kann man den Befehl \+ anwenden, der den linken Rand auf die folgende Tabulatorposition setzt. Damit ist dann ein \> überflüssig geworden, da der aktuelle linke Textrand dann der Tabulatorposition entspricht. Dieser Effekt lässt sich mit \- umkehren; der aktuelle linke Rand wird genau einen Tabstop nach links gesetzt. Diese beiden Möglichkeiten bieten sich besonders bei Algorithmen an, wenn man das sonst übliche Paket listings nicht verwenden will oder kann.

Ähnlich einer normalen Tabelle werden die einzelnen Elemente zwischen den Tabulatoren in einer Gruppe gesetzt, sodass eine Schriftumschaltung für die ganze tabbing-Umgebung grundsätzlich vor der Umgebung zu erfolgen hat. Die Tabulatoren \= können nach der Musterzeile nach Belieben ergänzt werden, sie werden jedoch immer in die vorhandene Liste zusätzlich eingefügt; bestehende werden nicht gelöscht.

<table>
<tr><td>01-02-4</td><td>

Eine normale Zeile...

```
function fact(n: integer): integer;
            begin
                 if n > 1 then
                 fact:= n * fact(n-1)
            else
                 fact:= 1;
end;
```

Eine normale Zeile...

</td><td>

```
\usepackage[scaled]{luximono}

Eine normale Zeile\ldots \ttfamily\small
\begin{tabbing}
function \=\textbf{fact(n: integer)}: integer;\\
\> begin \=\+ \\% linker Rand auf Tabstop
\> if \=n $>$ 1 then \+  \\
fact:= n * fact(n-1) \- \\
else \+ \\
fact:= 1; \-\-\\% 2 Tabs zurueck
end;
\end{tabbing}\normalfont\normalsize
Eine normale Zeile\ldots
```

</td></tr>
</table>

Die Festlegung der Tabulatoren muss nicht notwendigerweise über einen Mustertext erfolgen, es können auch mithilfe von \hspace Abstände festgelegt werden.

```
\usepackage[scaled]{luximono}

Eine normale Zeile\ldots
\begingroup\small\ttfamily % Schriftumschaltung lokal halten
\begin{tabbing}
\=\hspace{0.25in} \=\hspace{0.25in} \=\hspace{0.25in} \=\hspace{0.25in}\kill
\> <category> \+ \\
    \> <pattern>WHAT IS A *</pattern> \+ \\
    \> <template><srai>DEFINE <star index ="1"></srai> \\
    \> </template> \-\- \\
\> </category>    \\[0.5\normalbaselineskip]
\> <category> \+ \\
    \> <pattern>DO YOU KNOW WHAT A * IS</pattern> \+ \\
\> <template><srai>DEFINE <star index ="1"></srai></template> \-\- \\
\> </category>
\end{tabbing}
\endgroup
Eine normale Zeile\ldots
```

Eine normale Zeile…

01-02-5

```
<category>
    <pattern>WHAT IS A *</pattern>
        <template><srai>DEFINE <star index ="1"></srai>
        </template>
</category>

<category>
    <pattern>DO YOU KNOW WHAT A * IS</pattern>
        <template><srai>DEFINE <star index ="1"></srai></template>
</category>
```

Eine normale Zeile…

Die beiden Tabulatorbefehle \' und \` ermöglichen es, Wörter links- oder rechtsbündig zu setzen, wobei sich die Rechtsbündigkeit bei \` immer auf die Zeile als Ganzes bezieht; weitere Tabulatoren werden nach dem Befehl \` ignoriert. Dagegen bezieht sich der Befehl \' auf den aktuellen Tabulator, was deutlich im folgenden Beispiel zu sehen ist. Der Abstand zwischen den beiden rechts- und linksbündigen Zeichenfolgen ist durch \tabbingsep=5.0pt festgelegt und kann beliebig geändert werden. Dabei ist darauf zu achten, dass innerhalb der tabbing-Umgebung die Längenänderung global vorgenommen werden muss; der Inhalt zwischen zwei Tabstops wird intern lokal gehalten und die Änderung der Länge hätte sonst keine Auswirkung nach außen.

01-02-6

```
                                        \begin{tabbing}
0  1         2   3     4                Die \=Musterzeile \=kann
           2  Linksbündig                 \=,,gekillt`` \=werden\kill\\
           2     Linksbündig            0 \>1 \>2 \>3 \>4\\
      1 Linksbündig                        \>  \>2 \'Linksbündig\\
      0 Linksbündig                     \global\setlength\tabbingsep{20pt}
                                           \>  \>2 \'Linksbündig\\
                                        \global\setlength\tabbingsep{0pt}
                                           \>1      \'Linksbündig\\
                                        0         \'Linksbündig\\
                                        \end{tabbing}
```

01-02-7

```
0  1       2   3     4                  \begin{tabbing}
         2  Rechtsbündig in der Zeile   Die \=Musterzeile \=kann
      1              Rechtsbündig           \=,,gekillt`` \=werden\kill\\
                                        0 \>1 \>2 \>3 \>4\\
0                         Rechts           \>  \>2 \'Rechtsbündig in der Zeile\\
                                           \>1 \'Rechtsbündig \\
                                        0 \'Rechts \\
                                        \end{tabbing}
```

Das horizontale Zentrieren von tabbing-Umgebungen lässt sich durch Einfügen der *Zentrieren* Umgebung in eine minipage maximaler Breite erreichen. Diese wird nach Erstellung der tabbing-Umgebung intern auf die benötigte Breite »zugeschnitten«.

01-02-8

Dies ist ein normaler Text in einer normal breiten Textzeile.

```
                                        Dies ist ein normaler Text in einer
                                        normal breiten Textzeile.
                                        \begin{center}
0  1       2   3     4                  \begin{minipage}{\linewidth}
   Rechtsbündig Linksbündig             \begin{tabbing}
                                        Die \=Musterzeile \=kann
                                           \=,,gekillt`` \=werden\kill\\
Dies ist ein normaler Text in einer     0 \>1 \>2 \>3 \>4\\
normal breiten Textzeile.                  \>  \> Rechtsbündig\'Linksbündig\\
                                        \end{tabbing}
                                        \end{minipage}
                                        \end{center}
                                        Dies ist ein normaler Text in einer
                                        normal breiten Textzeile.
```

Fußnoten verhalten sich in der tabbing-Umgebung analog zur tabular-Umgebung *Fußnote* (siehe Abschnitt 1.1.4 auf Seite 11); sie sind formal nicht möglich, können aber mit der Kombination \footnotemark – \footnotetext erreicht werden.

\footnotemark [Nummer]	\footnotetext [Nummer] {*Text*}

\footnotemark inkrementiert den Fußnotenzähler footnote und setzt nur die Fußnotennummer, während \footnotetext nur den Fußnotentext setzt ohne den Zähler zu verändern. Ist das optionale Argument angegeben, so bleibt der Fußnotenzähler unbeeinflusst und es wird *Nummer* als Fußnote genommen, wobei *Nummer* in jedem Fall eine positive Zahl sein muss.

f	fb	fbb
f[1]	fb	fbb
f	fb	fbb
f	fb[2]	fbb
f	fb	fbb
f	fb	fbb[3]

Normale Textzeile nach der `tabbing`-Umgebung mit normaler Fußnote[4].

---

[1]foo
[2]foobar
[3]foobarbaz
[4]Normale Fußnote

01-02-9

```
\begin{center}\begin{minipage}{\textwidth}
\begin{tabbing}
foo \= foobar \= foobarbaz\kill
f \> fb \> fbb\\
f\footnotemark \> fb \> fbb\\
f \> fb \> fbb\\
f \> fb\footnotemark \> fbb\\
f \> fb \> fbb\\
f \> fb \> fbb\footnotemark
\end{tabbing}
\end{minipage}\end{center}
\addtocounter{footnote}{-2}
\footnotetext{foo}\stepcounter{footnote}
\footnotetext{foobar}\stepcounter{footnote}
\footnotetext{foobarbaz}

Normale Textzeile nach der
\texttt{tabbing}-Umgebung mit normaler
Fußnote\footnote{Normale Fußnote}.
```

Spezielle Pakete zu Tabulatoren findet man im Abschnitt 2.28 auf Seite 107. Sie erlauben ein vereinfachtes Setzen von Tabulatoren und erleichtern den Umgang mit Akzenten.

1.3 Zusammenfassung

▷ Alle Definitionen innerhalb einer Tabellenzelle bleiben lokal, da sie intern in eine `\begingroup`...`\endgroup`-Sequenz gesetzt werden.

▷ Senkrechte Linienabschnitte können fehlen, wenn Zeilen durch \\ oder bei Verwendung des `array`-Pakets mit `\tabularnewline` vorzeitig beendet werden. Auch leere Zellen sollten daher durch & & eingegeben werden.

▷ Ein häufiger Fehler entsteht durch eine zu geringe Zahl an definierten Bezeichnern für Spaltentypen. Die folgende Fehlermeldung entstand, weil nur zwei Spalten definiert, aber drei eingegeben wurden:

```
! Extra alignment tab has been changed to \cr.
<recently read> \endtemplate

l.7  text & text &
                    \\
?
```

▷ Zwischen zwei Spalten entsteht standardmäßig ein Abstand von 2`\tabcolsep`, da jede Spalte links und rechts den einfachen Abstand `\tabcolsep` hat.

▷ `\multicolumn` überschreibt standardmäßig eine bestehende Festlegung für die rechte Seite der Spalte oder Spalten. Dies ist besonders bei vertikalen Linien zu beachten. Für die erste Spalte ist auch der linke Rand betroffen.

▷ Die `tabbing`-Umgebung hat den Vorteil, dass sie im Zweispaltenmodus (`\twocolumn`) angewendet werden kann und außerdem Seitenumbrüche erlaubt.

Pakete

In diesem Kapitel werden alle zurzeit auf CTAN vorhandenen Pakete behandelt, die sich auf die Struktur einer Tabelle beziehen. Pakete, die mehrseitige Tabellen ermöglichen, werden in einem eigenen Kapitel 4 auf Seite 125 behandelt. In jedem Fall sollte man vor einer Anwendung noch einmal kontrollieren, ob nicht zwischenzeitlich eine Aktualisierung stattgefunden hat. Um dies zu erleichtern, sind in der folgenden Tabelle alle Pakete mit ihren derzeitigen Versionen und aktuellem Versionsdatum angegeben.

Es gibt sicherlich wichtige und weniger wichtige Pakete. Da dies jedoch einer subjektiven Wahrnehmung unterliegt, werden die Pakete einfach alphabetisch aneinandergereiht, wenn es keine offensichtlichen Unterscheidungsmöglichkeiten gibt. Die folgende Tabelle trennt daher die Pakete auch nur nach den Bereichen »Allgemein – Dezimalzahlen – Farbe – Tabulatoren – Seitenumbruch«. Es bleibt letztlich dem Leser überlassen, welche er dann als wichtig und notwendig empfindet.

Name	Datum	Version	Bedeutung
array	2008/09/09	2.4c	Erweiterung der array- und tabular-Umgebung.
arydshln	2004/08/31	1.71	Horizontale und vertikale gestrichelte Linien.
bigstrut	1994/05/31	1.0	Vertikale Längen für bessere Zeilenabstände.
blkarray	1999/03/24	0.05	Erweiterung der array- und tabular-Umgebung.
booktabs	2005/04/14	1.6183	Besseres Layout von Tabellen.
cellspace	2009/07/31	1.6	Einfache Anordnung von Zelleninhalten einer Tabelle.
ctable	2009/09/17	1.15	Zentrierte, links- oder rechtsseitige Tabellen.
datatool	2009/11/15	2.03	Mächtiges Paket zum Einlesen und Bearbeiten externer Daten (CSV) und Darstellung als Tabelle.
delarray	1994/03/14	1.01	Verschiedene Begrenzer (delimiter) für die array- und tabular-Umgebung.
easytable	2001/06/13	1.0	Tabellen mit gleicher Spaltenbreite oder Zeilenhöhe und unterschiedlichsten vertikalen und horizontalen Linien.
hhline	1994/05/23	v2.03	Erweiterte horizontale »Linien« in Tabellen.
makecell	2009/08/03	0.1e	Unterstützung für spezielle Tabellenköpfe und mehrzeilige Zellen.
mdwtab	1998/04/28	1.9	Eine Reimplementation der tabular und array-Umgebung.
multirow	2004/05/05	1.6	Mehrzeilige Zellen innerhalb einer Tabelle.
slashbox	1993/05/31		Geteilte Zellen in einer Tabelle.
spreadtab	2009/11/01	0.1	Tabellen mit Funktionen einer Tabellenkalkulation.
tabls	2006/01/13	3.5	Verbesserte vertikale Abstände in einer Tabelle (tabular lineskip).
tabularht	2007/04/11	2.5	tabular-Umgebung mit festlegbarer Höhe der Tabelle.
tabularkv	2006/02/20	1.1	tabular-Umgebung mit einem »key-value«-Interface.
tabularx	1999/01/07	2.07	Tabellen mit variablen Spaltenbreiten.
tabulary	2008/12/01	0.9	Tabellen mit gleicher Höhe und unterschiedlicher Breite.
threeparttable	2003/06/13	3.0	Erlaubt Tabellen mit Über-, Unterschriften und Fußnoten derselben Breite.
threeparttablex	2009/12/28	0.06	Bessere Unterstützung von Anmerkungen.
warpcol	2007/11/21	1.0c	Relative Anordnung von Zeilen mit numerischen Inhalten.
widetable	2009/10/26	1.1	Eine erweiterte Version der longtable*-Umgebung.
dcolumn	2001/05/28	1.06	Dezimalzahlen am Dezimaltrenner ausrichten.

Fortsetzung...

Name	Datum	Version	Bedeutung
rccol	2005/11/12	1.2c	Dezimalzahlen am Dezimaltrenner ausrichten, mit Rundungsmöglichkeit der Nachkommastellen.
siunitx	2009/12/25	1.3g	Setzen von Zahlenkolonnen mit und ohne Einheiten.
colortbl	2001/02/13	0.1j	Farbige Tabellenspalten, -zeilen und -zellen.
xcolor	2007/01/21	v2.11	Erweiterungen für farbige Tabellenzeilen, -spalten und -zellen.
polytable	2005/04/26	0.8.2	tabular-ähnliche Umgebung mit symbolischen Spaltennamen.
tabto	2006/09/12	1.0	»Tab« zu bestimmten Stellen einer Zeile.
Tabbing	1997/12/18	1.0	Erlaubt eine tabbing-Umgebung mit Akzenten in der üblichen Notation.
longtable	2004/02/01	4.11	Unterstützung für Seitenumbrüche innerhalb von Tabellen. Flexibler als das supertabular-Paket.
ltablex	1995/11/06	1.0	Erweiterung der tabularx-Umgebung um Seitenumbrüche innerhalb der Tabelle analog zum Paket longtable zu ermöglichen.
ltxtable	1995/12/11	0.2	Kombination aus den Paketen longtable und tabularx.
stabular	1998/03/19		Tabellen mit möglichem Seitenumbruch.
supertabular	2004/02/20	4.1e	Mehrseitige Tabellen, ähnlich dem longtable-Paket.
xtab	2008/07/26	2.3c	Eine erweiterte Version des supertabular-Pakets.

2.1 array

Mit dem array-Paket von Frank Mittelbach und David Carlisle stehen vielfältige Möglichkeiten für eine bessere Einteilung einer Tabelle zur Verfügung. Zu empfehlen ist in jedem Fall noch die Anwendung von booktabs. Ausgehend von der folgenden Tabelle wird zum Vergleich jeweils eine der neuen Möglichkeiten gezeigt, wobei der Vollständigkeit halber auch »normale« Spaltendefinitionen zur Anwendung kommen. Es sei darauf hingewiesen, dass die Vielzahl der horizontalen und vertikalen Linien nicht der »Lesbarkeit« einer Tabelle förderlich ist; sie dient hier nur zur besseren Erklärung der einzelnen Optionen. Im Allgemeinen sollte man vertikale Linien gar nicht und horizontale nur sparsam einsetzen (siehe auch Zusammenstellung auf Seite 3).

02-01-1

Links	Rechts	Zentriert	Eine parbox
l	r	c	p{1.5cm}

```
\begin{tabular}{|l|r|c|p{1.5cm}|}\hline
Links & Rechts & Zentriert &Eine parbox\\\hline
l    & r      & c         &p\{1.5cm\}\\\hline
\end{tabular}
```

\extrarowheight vergrößert die **Höhe** der Zeile ohne Einfluss auf die Tiefe zu nehmen, sodass dieser Abstand nicht zu groß gewählt werden sollte. Er dient im Wesentlichen nur zur Vermeidung des Anstoßens von Großbuchstaben an eine obere Linie.

Links	Rechts	Zentriert	Box
l	r	c	p{1.75cm}

```
\usepackage{array}

\setlength\extrarowheight{8pt}
\begin{tabular}{|l|r|c|p{1.75cm}|}\hline
Links & Rechts & Zentriert & Box\\\hline
l & r & c & p\{1.75cm\}\\\hline
\end{tabular}
```

02-01-2

\arraybackslash definiert den standardmäßigen Befehl für einen Tabellenzeilenumbruch, den Doppelbackslash \\, neu. Dieser hätte sonst bei gleichzeitiger Anwendung eines der Formatierungsmakros \raggedright, \raggedleft oder \centering ohne \arraybackslash in sogenannten p-Spalten nicht mehr seine ursprüngliche Bedeutung. Für eine neue *Zeile in einer Spalte* benutzt man dann \newline und für eine neue *Tabellenzeile* dann \\ oder alternativ das Makro \tabularnewline.

L	R	Z	Box
l	r	c	p{2.5cm} neue Zeile mit \newline
l	r	c	neue Tabellenzeile mit \\
wie jetzt			

```
\usepackage{array}

\begin{tabular}{|l|r|c|>{\raggedright%
    \arraybackslash}p{2.5cm}|}\hline
L & R & Z & Box\\\hline
l & r & c & p\{2.5cm\}\newline
  neue Zeile mit \verb+\newline+\\
l & r & c & neue Tabellenzeile mit \verb+\\+\\
  wie jetzt &&& \\\hline
\end{tabular}
```

02-01-3

Bei Anwendung des Pakets ragged2e kann auf das explizite Einfügen des Befehls \arraybackslash verzichtet werden.

L	R	Z	Box
l	r	c	p{2.5cm} neue Zeile mit \newline
l	r	c	neue Tabellenzeile mit \tabularnewline
wie jetzt			

```
\usepackage{array,ragged2e}

\begin{tabular}{|l|r|c|
    >{\RaggedRight}p{2.5cm}|}\hline
L & R & Z & Box\tabularnewline\hline
l & r & c & p\{2.5cm\}
  \newline neue Zeile mit \verb+\newline+\\
l & r & c & neue Tabellen\-zeile
  mit \verb=\tabularnewline=\\
wie jetzt&&&\tabularnewline\hline
\end{tabular}
```

02-01-4

>{...}, wobei hier »...« für eine beliebige Code-Sequenz steht, die *vor dem Beginn* der jeweiligen Spalte in jeder Zeile ausgeführt wird. Im folgenden Beispiel wird die Fettschrift für die erste Spalte gewählt.

Links	Rechts	Zentriert	Box
l	r	c	p{1.5cm}

```
\usepackage{array}

\begin{tabular}{|>{\bfseries}l|r|c|p{1.5cm}|}
Links & Rechts & Zentriert & Box\\
    l &    r &    c    & p\{1.5cm\}
\end{tabular}
```

02-01-5

<{...}, wobei hier »...« wieder für eine beliebige Code-Sequenz steht, die diesmal *vor dem Ende* der jeweiligen Spalte in jeder Zeile ausgeführt wird. Im folgenden Beispiel wird der mathematische Modus gewählt, indem >{$} den Inlinemodus ein- und das folgende <{$} diesen ausschaltet.

| 02-01-6 |

Links	*Rechts*	Zentriert	Box
l	*r*	c	p{1.5cm}

```
\usepackage{array}

\begin{tabular}{l>{$}r<{$}c|p{1.5cm}|}
Links & Rechts & Zentriert & Box\\\hline
l & r & c & p\{1.5cm\}
\end{tabular}
```

!{...}, wobei hier »...« für eine beliebige Code-Sequenz, die *anstelle* einer Trennlinie in jeder Zeile eingefügt wird, wobei links und rechts der gleiche Abstand zu den beiden Spalten bestehen bleibt. In diesem Beispiel wird anstelle der Trennlinie ein Doppelpunkt bzw. ein Pfeil eingefügt.

| 02-01-7 |

Links	Rechts : Zentriert → Box
l	r : c → p{1.5cm}

```
\usepackage{array}

\begin{tabular}{l ! {\vline}r !{:} c
      !{$\rightarrow$} p{1.5cm}}
Links & Rechts & Zentriert & Box\\\hline
l & r & c & p\{1.5cm\}
\end{tabular}
```

m{...}, wobei hier »...« für eine beliebige Längenangabe steht, beispielsweise m{3cm}, was für eine vertikale Zentrierung (middle) einer an der *aktuellen* Zeile ausgerichteten Box steht.

| 02-01-8 |

Links	Eine par-box
l	m{1.5cm}

```
\usepackage{array}

\begin{tabular}{|l | m{1.5cm}|}\hline
Links & Eine parbox \\\hline
l     & m\{1.5cm\}\\\hline
\end{tabular}
```

b{...}, wobei hier »...« für eine beliebige Längenangabe steht, beispielsweise b{3cm}, was für eine an der Unterkante (bottom) der *aktuellen* Zeile ausgerichteten Box steht.

| 02-01-9 |

Links	Eine par-box
l	b{1.5cm}

```
\usepackage{array}

\begin{tabular}{|l | b{1.5cm}|}\hline
Links & Eine parbox \\\hline
l     & b\{1.5cm\}\\\hline
\end{tabular}
```

| 02-01-10 |

Eine par-box	Eine par-box	Eine par-box
m{1.5cm}	p{1.5cm}	b{1.5cm}

```
\usepackage{array}

\begin{tabular}{|m{1.5cm} | p{1.5cm} | b{1.5cm}|}
\hline
Eine parbox & Eine parbox & Eine parbox\\\hline
m\{1.5cm\}  & p\{1.5cm\}  & b\{1.5cm\}\\\hline
\end{tabular}
```

2.1.1 \newcolumntype

> \newcolumntype{*Zeichen*} [n] {*Spaltendefinition*}

Das Makro \newcolumntype erlaubt beliebige neue Spaltentypen, die dann in abgekürzter Form als Spaltendefinition im Tabellenkopf benutzt werden können. *Zeichen* kann nur ein Buchstabe sein, der von den bereits reservierten abweichen muss, da diese sonst überschrieben werden. *n* bezeichnet die Anzahl der verwendeten Parameter und bleibt unberücksichtigt, wenn die Definition ohne Parameter erfolgt. Die *Spaltendefinition* muss auf einen bereits existierenden Spaltentyp Bezug nehmen. Die folgenden Beispiele zeigen jeweils exemplarisch die Anwendung des Makros.

```
\usepackage{array} \newcolumntype{L}{>{$}l<{$}} \newcolumntype{T}{>{\ttfamily\small}l}

\begin{tabular}{@{}lLT@{\qquad}lLT@{}}\hline
Sinus  & \sin(\alpha) &<Wert> sin &Cosinus & \cos(\alpha) & <Wert> cos \\
Tangens&\tan(\alpha)&<Wert> tan &Arcus Tangens&\arctan(x)&<Wert1> <Wert2> atan\\\hline
\end{tabular}
```

Sinus	$\sin(\alpha)$	<Wert> sin	Cosinus	$\cos(\alpha)$	<Wert> cos
Tangens	$\tan(\alpha)$	<Wert> tan	Arcus Tangens	$\arctan(x)$	<Wert1> <Wert2> atan

`02-01-11`

Im folgenden Beispiel wird eine Kopfzeile gedreht, um auf diese Weise die schmalen Spalten nicht unnötig zu verbreitern, was zu Lasten der Lesbarkeit der Tabelle ginge. Wenn bei einer Spalte mehrere Zeilen im Kopf erscheinen, dann sollte das Paket varwidth von Donald Arseneau mit der gleichnamigen Umgebung eingesetzt werden, welches gegenüber der minipage-Umgebung den Vorteil hat, dass man die benötigte Breite nicht explizit angeben muss.

```
\usepackage{array,rotating} \newcolumntype{B}{>{\bfseries}c}
\newcolumntype{T}{>{\ttfamily}l}\newcolumntype{R}[1]{>{\begin{turn}{#1}}l<{\end{turn}}}

\begin{tabular}[b]{BTl}
\multicolumn{1}{R{45}}{Abkürzung} & \multicolumn{1}{R{45}}{Bezugsspalte} &
\multicolumn{1}{R{45}}{Parameter}\\\hline B & c & - \\ T & l & - \\ R & l & 1\\\hline
\end{tabular} \qquad
\begin{tabular}[b]{@{}BTl@{}}
\multicolumn{1}{R{90}}{Abkürzung} & \multicolumn{1}{R{90}}{Bezugsspalte} &
\multicolumn{1}{R{90}}{Parameter}\\ B & c & - \\ T & l & - \\ R & l & 1
\end{tabular}
```

`02-01-12`

	Abkürzung	Bezugsspalte	Parameter
B	c	-	
T	l	-	
R	l	1	

	Abkürzung	Bezugsspalte	Parameter
B	c	-	
T	l	-	
R	l	1	

Nach Definition trennt TeX nicht das erste Wort eines Absatzes. Dies ist in schmalen *Trennung* Spalten aber manchmal wünschenswert. Man definiert daher einen Spaltentyp, der als erstes ein `\hspace{0pt}` in die Spalte schreibt, was TeX als ein Wort der Breite Null erkennt und daraus folgend dann das nächste reguläre Wort trennt. Im folgenden Beispiel erkennt man dies deutlich; die erste Tabelle ist fehlerhaft in der letzten Spalte, die zweite korrekt.

02-01-13

Links	Rechts	Zentriert	Box
l	r	c	Definitionsgemäß

Links	Rechts	Zentriert	Box
l	r	c	Definiti-onsgemäß

```
\usepackage{array}
\newcolumntype{P}[1]{>{\hspace{0pt}}p{#1}}

\begin{tabular}{|l|r|cp{1.75cm}|}
Links & Rechts & Zentriert & Box\\\hline
l & r & c & Definitionsgemäß
\end{tabular}\\[8mm]
\begin{tabular}{|l|r|cP{1.75cm}|}
Links & Rechts & Zentriert & Box\\\hline
l & r & c & Definitionsgemäß
\end{tabular}
```

Horizontale Ausrichtungen erreicht man mit den bereits mehrfach erwähnten drei Makros `\raggedleft`, `\centering` und `\raggedright`, beziehungsweise den modifizierten Makros `\RaggedLeft`, `\Centering` und `\RaggedRight` des Paketes `ragged2e` von Martin Schröder, die Worttrennungen erlauben.

```
\usepackage{array,ragged2e}
\newcolumntype{L}[1]{>{\hspace{0pt}\RaggedRight}p{#1}}
\newcolumntype{C}[1]{>{\hspace{0pt}\Centering}p{#1}}
\newcolumntype{R}[1]{>{\hspace{0pt}\RaggedLeft}p{#1}}

\begin{tabular}{@{}L{3cm}C{3cm}R{3cm}@{}}\hline
Eine linksbündige Spalte mit rechtsseitigem Flattersatz
  & Eine zentrierte Spalte mit linkem und rechtem Flattersatz
  & Eine rechtsbündige Spalte mit linksseitigem Flattersatz\\
L & C & R\\\hline
\end{tabular}
```

02-01-14

Eine linksbündige Spalte mit rechtsseitigem Flattersatz	Eine zentrierte Spalte mit linkem und rechtem Flattersatz	Eine rechtsbündige Spalte mit linksseitigem Flattersatz
L	C	R

Man kann mit `\newcolumntype` auch auf mehrere Spaltentypen Bezug nehmen, beispielsweise durch `\newcolumntype{x}{llcll}`.

02-01-15

R	L	L	C	L	L
RR	LL	LL	CC	LL	LL

```
\usepackage{array} \newcolumntype{x}{llcll}

\begin{tabular}{ r x }
R & L & L & C & L & L\\
RR& LL& LL& CC& LL& LL
\end{tabular}
```

Insbesondere bei der Benutzung größerer Pakete kann es manchmal hilfreich sein, sich mit `\showcols` die definierten Spaltentypen im Logfile ausgeben zu lassen.

```
\showcols
```

Für das Beispiel 02-01-14 findet man dann die folgenden Zeilen im Logfile:

```
Column L#1 -> >{\hspace {0pt}\RaggedRight }p{#1}
Column C#1 -> >{\hspace {0pt}\Centering }p{#1}
Column R#1 -> >{\hspace {0pt}\RaggedLeft }p{#1}
```

Vertikale Linien

Im Zusammenhang mit dem `\multicolumn`-Befehl muss auf die Definition vertikaler Linien geachtet werden. Insbesondere dann, wenn diese Definition sowohl in der übergeordneten Spaltendefinition als auch im Argument von `\multicolumn` erfolgt. Im nächsten Beispiel wurde die betroffene vertikale Linie absichtlich breiter gestaltet, um den Effekt deutlicher hervortreten zu lassen.

```
\usepackage{array}

\begin{tabular}{|l!{\vrule width 3pt}l|c|l|l|}\hline
L & L & C & L & L\\
LL&\multicolumn{3}{!{\vrule width 3pt}c|}{CCC} & L\\\hline
\end{tabular}
```
02-01-16

Es ist offensichtlich, dass die linke vertikale Linie sowohl von der normalen als auch der `\multicolumn`-Spaltendefinition gezeichnet wurde. Dieser Effekt ist nur bei Anwendung des `array`-Paketes zu sehen, da die vertikalen Linien hier mit ihrer wirklichen Breite beachtet werden. In der normalen `tabular`-Umgebung von Standard-LaTeX werden die Linien nicht zur Bestimmung der horizontalen Abstände herangezogen, sodass dieser Effekt dort nicht zu sehen ist; die Linien werden übereinander gezeichnet. Eine Ausnahme bildet allerdings eine `\multicolumn`-Umgebung, die bereits in der ersten Spalte beginnt. Dort müssen dann beide vertikalen Linien gesetzt werden. Ansonsten gilt die Regel, dass nur auf der rechten Seite der Spaltendeklaration eine Linie zu setzen ist. Linien sind bis auf die erste Spalte grundsätzlich der vorhergehenden Spalte zugeordnet.

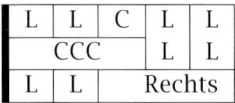

```
\usepackage{array}

\begin{tabular}{!{\vrule width 3pt}l|l|c|l|l|}\hline
L & L & C & L & L                \\\cline{1-3}
\multicolumn{3}{!{\vrule width 3pt}c|}{CCC} & L & L\\\hline
L & L & \multicolumn{3}{r|}{Rechts} \\\hline
\end{tabular}
```
02-01-17

Horizontale Linien

Solange man eine gerahmte Tabelle in einem eigenen Absatz oder vertikal zentriert in einer Zeile hat, beispielsweise wie diese | Eins / Zwei | Tabelle, ergibt sich keinerlei Problem in der Darstellung, wenn man hier einmal von dem typografisch ungünstigen Zeilenabstand absieht. Wird diese Tabelle dagegen mit dem optionalen Argument [t] mit ihrer oberen Kante an der Grundlinie (Baseline) der aktuellen Zeile ausgerichtet, beispielsweise wie diese ⸻ Tabelle, ergibt sich das Problem mit der ersten horizontalen Linie der

Eins
Zwei

Tabelle. Diese ist nach Definition auf die Basislinie der Zeile ausgerichtet und nicht an der Höhe dieser aktuellen Zeile. Das die untere Linie zu sehr an der folgenden Zeile »klebt« ist dabei noch das kleinere Problem. Das Paket `array` hat für diese Situation zwei weitere spezielle Befehle definiert:

```
\firsthline        \lasthline
```

Damit kann dann sowohl für die erste als auch letzte horizontale Linie der Tabelle eine entsprechende Ausrichtung erreicht werden. Im folgenden Beispiel ist die erste Tabelle die gewohnte Anordnung, die zweite wird durch \firsthline nach oben verschoben und die dritte hat durch \lasthline zusätzlich noch einen kleinen Abstand zur folgenden Zeile.

02-01-18

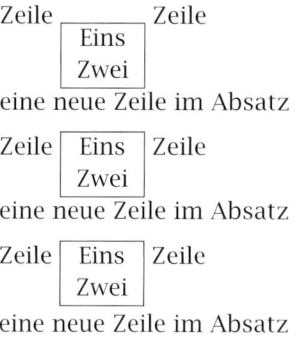

```
\usepackage{array}

Zeile \begin{tabular}[t]{|c|}\hline
  Eins\\Zwei\\\hline
\end{tabular} Zeile \\
eine neue Zeile im Absatz\par Zeile
\begin{tabular}[t]{|c|}\firsthline
  Eins\\Zwei\\\hline
\end{tabular} Zeile \\
eine neue Zeile im Absatz\par Zeile
\begin{tabular}[t]{|c|}\firsthline
  Eins\\Zwei\\\lasthline
\end{tabular} Zeile \\
eine neue Zeile im Absatz
```

Der Abstand der Tabelle kann nach oben und nach unten durch die Länge \extratabsurround beeinflusst werden. Standardmäßig hat diese Länge den Wert 2.0pt.

02-01-19

Eine Zeile im Absatz vor der Tabelle.
Zeile | Eins / Zwei | Zeile
Eine Zeile im Absatz nach der Tabelle.
Eine Zeile im Absatz vor der Tabelle und \addtolength\extratabsurround{10pt}.

Zeile | Eins / Zwei | Zeile

Fine Zeile im Absatz nach der Tabelle.

```
\usepackage{array}

Eine Zeile im Absatz vor der Tabelle.\par
Zeile \begin{tabular}[t]{|c|}\firsthline
  Eins\\Zwei\\\lasthline
\end{tabular} Zeile \\
Eine Zeile im Absatz nach der Tabelle.\par
Eine Zeile im Absatz vor der Tabelle und\\
\verb+\addtolength\extratabsurround{10pt}+.
\par Zeile
\addtolength\extratabsurround{10pt}
\begin{tabular}[t]{|c|}\firsthline
  Eins\\Zwei\\\lasthline
\end{tabular} Zeile \\
Eine Zeile im Absatz nach der Tabelle.
```

2.2 `arydshln`

Werden mehrere tabellenspezifische Pakete geladen, so sollte das von Hiroshi Nakashima erstellte `arydshln` in jedem Fall als letztes geladen werden. Nur so kann man
Interferenzen mit anderen Paketen vermeiden. `arydshln` ermöglicht gestrichelte vertikale oder horizontale Linien und kann mit den normalen Linienmakros zusammen
angewendet werden.

Links	Rechts	Zentriert	Box
l	r	c	p{1.5cm}
l	r	c	p{1.5cm}

02-02-1

```
\usepackage{arydshln}

\begin{tabular}{|l:r:|:c:p{1.5cm}|}\hline
Links & Rechts & Zentriert & Box\\\hdashline
l & r & c & p\{1.5cm\}\\\hline
l & r & c & p\{1.5cm\}\\\hdashline\hdashline
\end{tabular}
```

Dem obigen Beispiel kann bereits entnommen werden, dass der Doppelpunkt eine
vertikale und \hdashline eine horizontale Linie markiert. Die Anwendung erfolgt in
der bereits bekannten Art und Weise. Neben dem Doppelpunkt gibt es zusätzlich das
Semikolon, welches über sein Argument ebenfalls eine Modifizierung der gestrichelten
Linie erlaubt.

Vertikal	*Horizontal*
:	\hdashline [*dash/gap*]
;{*dash/gap*}	\cdashline{*von-bis*} [*dash/gap*]

Analog zu den Standardlinien gibt es auch hier die Möglichkeit, mit \cdashline eine
Teillinie zu zeichnen. Beide Makros haben ein optionales Argument, welches eine individuelle Festlegung der gestrichelten Linie durch Vorgabe der Längen von Schwarz/Weiß
(dash/gap) erlaubt.

Links	Rechts	Zentriert	Box
l	r	c	p{1.5cm}
l	r	c	p{1.5cm}
l	r	c	p{1.5cm}
l	r	c	p{1.5cm}

02-02-2

```
\usepackage{arydshln}

\begin{tabular}
  {|l:r:|:c;{2pt/2pt}p{1.5cm};{2pt/4pt}}
  \hdashline[3pt/1.5pt]
Links & Rechts & Zentriert & Box\\
  \cdashline{2-3}[1pt/3pt]
l & r & c & p\{1.5cm\}\\\hdashline[5pt/3pt]
l & r & c & p\{1.5cm\}\\\hline
l & r & c & p\{1.5cm\}\\\hdashline[3pt/5pt]
l & r & c & p\{1.5cm\}\\\hline
\end{tabular}
```

Bei Verwendung des `array`-Paketes (*muss* vorher geladen werden) stehen auch analoge
Versionen zu \firsthline und \lasthline zur Verfügung (siehe Abschnitt 2.1.1 auf
Seite 24), wobei hier jeweils ein optionales Argument für die Schwarz/Weiß-Folge der
Linie möglich ist:

```
\firsthdashline [dash/gap]
\lasthdashline [dash/gap]
```

02-02-3

eine neue Zeile im Absatz

Zeile | Eins | Zeile
| Zwei |
eine neue Zeile im Absatz

Zeile | Eins | Zeile
| Zwei |
eine neue Zeile im Absatz

```
\usepackage{array,arydshln}

eine neue Zeile im Absatz\par Zeile
\begin{tabular}[t]{:c:}\firsthdashline
  Eins\\Zwei\\\hdashline
\end{tabular} Zeile \\
eine neue Zeile im Absatz\par Zeile
\begin{tabular}[t]{:c:}\firsthdashline[3pt/1pt]
  Eins\\Zwei\\\lasthdashline[1pt/3pt]
\end{tabular} Zeile \\
eine neue Zeile im Absatz
```

Der Linienstil kann global über die beiden Längen \dashlinedash und \dashlinegap geändert werden. Beide sind intern mit einer Länge von 4 pt festgelegt.

02-02-4

Links	Rechts	Zentriert	Box
l	r	c	p{1.5cm}
l	r	c	p{1.5cm}

```
\usepackage{arydshln}
\setlength\dashlinedash{2pt}
\setlength\dashlinegap{2pt}

\begin{tabular}{|l:r:|:c:p{1.5cm}:}
    \hdashline
  Links & Rechts & Zentriert & Box\\
    \cdashline{2-3}
  l & r & c & p\{1.5cm\}\\\hdashline
  l & r & c & p\{1.5cm\}\\\hdashline
\end{tabular}
```

In den Abschnitten 1.1.1 auf Seite 6 und 2.1.1 auf Seite 24 wurde bereits auf das unterschiedliche Verhalten von Standard-LaTeX und dem array-Paket beim Erstellen von senkrechten Linien hingewiesen. Das Paket arydshln stellt zwei Befehle zur Verfügung, die ein Umschalten zwischen den unterschiedlichen Verhaltsweisen erlauben.

```
\ADLnullwide          \ADLsomewide
\ADLdrawingmode{Modus}
```

\ADLnullwide führt zum Verhalten von Standard-LaTeX; die Breite der Linie hat keinen Einfluss auf die Breite der Tabelle, wohingegen \ADLsomewide das Gegenteil bewirkt. Im Allgemeinen wird man dies nicht anwenden müssen, da die Liniendicke sehr häufig unter 1 pt sein wird und nicht, wie im folgenden Beispiel zu sehen, übertrieben dick.

02-02-5

```
\usepackage{arydshln}

\setlength\arrayrulewidth{5pt}
\begin{tabular}{:c:}\hdashline
  Eins\\Zwei\\\hdashline
\end{tabular}\par\medskip
\ADLsomewide% Umschalten auf array-Stil
\begin{tabular}{:c:}\hdashline
  Eins\\Zwei\\\hdashline
\end{tabular}
```

Unter bestimmten Umständen kann der Fall eintreten, dass die gestrichelten Linien nicht vernünftig am rechten beziehungsweise unteren Rand enden. In solchen Fällen kann versucht werden, über einen geänderten Zeichenmodus ein besseres Verhalten zu erreichen. Für das Makro \ADLdrawingmode stehen drei verschiedene Modi zur Verfügung, wobei in vielen Fällen der erste bereits hinreichende Ergebnisse liefern wird. Im folgenden Beispiel wird man schon genauer hinsehen müssen, um bei den Kreuzungspunkten der gestrichelten Linien den Unterschied zwischen den einzelnen Modi zu erkennen.

```
\usepackage{arydshln}

\setlength\tabcolsep{0pt}\setbox\strutbox\hbox{\vrule height14pt depth6pt width0pt}
\newcommand\mb{\makebox[20pt]}
\setlength\dashlinedash{3.01pt}\setlength\dashlinegap{3.01pt}
 \newcommand\Tabelle[1]{\begin{tabular}[b]{|c:c;{2pt/2pt}c|}\hline
    \noalign{\vskip-\arrayrulewidth}
 \mb{A}&\mb{A}&\mb{A}\\[-\arrayrulewidth]\hdashline
 \mb{B}&\mb{B}&\mb{B}\\[-\arrayrulewidth]\hdashline[2pt/2pt]
 \mb{C}&\mb{C}&\mb{C}\\[-\arrayrulewidth]\hline
 \multicolumn3c{(#1)}
\end{tabular}}
\Tabelle1\qquad\ADLdrawingmode{2}\Tabelle2\qquad\ADLdrawingmode{3}\Tabelle3
```

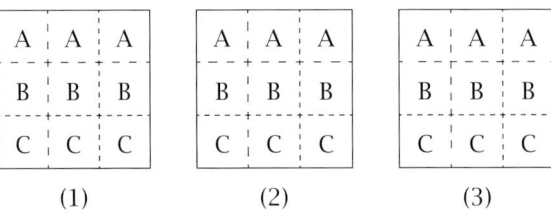

02-02-6

2.3 bigdelim, bigstrut und multirow

Die drei von Jerry Leichter und Piet van Oostrum erstellten Pakete stellen eigentlich eine Einheit dar und unterstützen im Wesentlichen das Erstellen von einzelnen Tabellenzellen über mehrere Zeilen. Prinzipiell kann jede \multirow-Anordnung durch eine geschachtelte Tabelle ersetzt werden, wie es bereits im Abschnitt 1.1.3 auf Seite 9 gezeigt wurde. Sehr häufig ist dies sogar die bessere Variante. Die anderen beiden Pakete erleichtern das Erstellen von Klammern um Tabellen oder Teilen von ihnen.

2.3.1 multirow

Das Paket kennt nur ein einziges Makro mit der folgenden Syntax:

\multirow{*Zeilen*} [Summe \bigstrut] {*Breite*} [Shift] {*Text*}
\multirow{*Zeilen*} [Summe \bigstrut] * [Shift] {*Text*}

Die Bedeutung der einzelnen verpflichtenden und optionalen Parameter ergibt sich aus der folgenden Zusammenstellung:

Zeilen
Anzahl der Tabellenzeilen, die formal zu einer `multirow`-Zelle zusammengefasst werden sollen.

Summe `\bigstrut`
Besonders in der `array`-Umgebung kann dieser optionale Parameter hilfreich sein, um einen besseren Abstand der Zeilen zu ermöglichen.

*
Der Spaltentyp der übergeordneten Tabelle wird übernommen.

Breite
Der Spaltentyp der übergeordneten Tabelle wird ignoriert und lokal zu einer p-Spalte der angegebenen Breite geändert.

Shift
Die optionale Angabe einer Länge ermöglicht eine vertikale Feinjustierung des Textes.

Text
Der Inhalt der `\multirow`-Zelle, der wiederum selbst aus einer Tabelle oder anderen komplexen Objekten, beispielsweise parbox bestehen kann.

<table>
<tr><td>02-03-1</td></tr>
</table>

Sp1 Z0	Sp2 Z0	Sp3 Z0
Sp1 Z1	Sp2 Z1	
Sp1 Z2	Sp2 Z2	Sp 3
Sp1 Z3	Sp 2	
Sp1 Z4	und	Sp3 Z4
	mehr	
	Text	

```
\usepackage{multirow}

\begin{tabular}{|l|l|l|}\hline
  Sp1 Z0 & Sp2 Z0 & Sp3 Z0\\
  Sp1 Z1 & Sp2 Z1
     & \multirow{3}{2cm}{Sp 3}\\\cline{1-1}
  Sp1 Z2 & Sp2 Z2 & \\\cline{1-2}
  Sp1 Z3 & \multirow{2}{1cm}{Sp 2 und mehr Text} &\\
     \cline{1-1}\cline{3-3}
  Sp1 Z4 &        & Sp3 Z4\\\hline
\end{tabular}
```

Das Prinzip ist relativ einfach zu verstehen; die `\multirow`-Anweisung ist in die Tabellenzelle zu setzen, die den Beginn der Mehrzeilenzelle markiert. *Danach*, d. h. mit der nächsten Tabellenzeile, lässt man die entsprechend der in `\multirow` definierten Zellen/Spalten leer. Standardmäßig wird der Eintrag horizontal linksbündig und vertikal zentriert eingefügt, wenn eine Spaltenbreite bei `\multirow` angegeben wurde; die Zelle entspricht dann dem Spaltentyp p. Dabei erfolgt keinerlei Kontrolle, ob der Text in die vorgegebene Zeilenzahl gesetzt werden kann oder nicht, was deutlich in obigem Beispiel zu sehen ist. In solchen Fällen muss man selbst dafür Sorge tragen, dass die entsprechende Zeilenzahl durch leere Zeilen erhöht wird.

<table>
<tr><td>02-03-2</td></tr>
</table>

Sp1 Z0	Sp2 Z0	Sp3 Z0
Sp1 Z1	Sp2 Z1	
Sp1 Z2	Sp2 Z2	Sp 3
Sp1 Z3	Sp 2	
Sp1 Z4	und	Sp3 Z4
	mehr	
	Text	

```
\usepackage{multirow,bigstrut}

\begin{tabular}{|l|l|l|}\hline
  Sp1 Z0 & Sp2 Z0 & Sp3 Z0\\
  Sp1 Z1 & Sp2 Z1 &
      \multirow{3}{2cm}{Sp 3}\\\cline{1-1}
  Sp1 Z2 & Sp2 Z2 & \\\cline{1-2}
  Sp1 Z3 & \multirow{4}{1cm}{Sp 2 und mehr Text} &\\
     \cline{1-1}\cline{3-3}
  Sp1 Z4 &        & Sp3 Z4\\
         &        & \\
         &        & \\\hline
\end{tabular}
```

Die Sternoption der \multirow-Anweisung übernimmt einfach den Typ der aktuellen Spalte, wie sie im Tabellenkopf definiert wurde.

Sp1 Z0	Sp2 Z0	Sp3 Z0
Sp1 Z1	Sp2 Z1	
Sp1 Z2	Sp2 Z2	Sp 3
Sp1 Z3		
Sp1 Z4	Sp 2	Sp3 Z4

```
\usepackage{multirow}

\begin{tabular}{|l|r|c|}\hline
  Sp1 Z0 & Sp2 Z0 & Sp3 Z0\\
  Sp1 Z1 & Sp2 Z1 & \multirow{3}*{Sp 3}\\\cline{1-1}
  Sp1 Z2 & Sp2 Z2 & \\\cline{1-2}
  Sp1 Z3 & \multirow{2}*{Sp 2} &  \\
    \cline{1-1}\cline{3-3}
  Sp1 Z4 &        & Sp3 Z4\\\hline
\end{tabular}
```

02-03-3

Die horizontalen Linien machen sich insbesondere in der linken Spalte negativ bemerkbar, da sie sehr dicht am Text erscheinen. Durch Angabe eines zusätzlichen Zeilenvorschubes \\[*Dim*] kann der Abstand vergrößert werden. Damit auch multirow davon etwas mitbekommt, sollte man hier auf das Paket bigstrut zurückgreifen und dafür das Makro \bigstrut verwenden, welches einer Box einer bestimmten Höhe und der Breite Null entspricht (Höhe 2.0pt, der Tiefe 2.0pt und Breite 0.0pt.). Über das optionale Argument kann dann dem \multirow-Makro mitgeteilt werden, wie viele derartiger \bigstrut-Makros vorhanden sind. Dann ist es auch möglich den Text nach wie vor vertikal zentriert anzuordnen.

Das folgende Beispiel zeigt dies erst einmal für den Fall, dass das optionale Argument nicht benutzt wird. Dies führt dann zu einem Ergebnis, bei dem die \multirow-Einträge nicht mehr vertikal zentriert sind.

Sp1 Z0	Sp2 Z0	Sp3 Z0
Sp1 Z1	Sp2 Z1	
Sp1 Z2	Sp2 Z2	Sp 3
Sp1 Z3		
Sp1 Z4	Sp 2	Sp3 Z4

```
\usepackage{multirow,bigstrut}

\begin{tabular}{|l|r|c|}\hline
  Sp1 Z0 & Sp2 Z0 & Sp3 Z0\\
  Sp1 Z1 & Sp2 Z1 &
    \multirow{3}{1.25cm}{Sp 3}\bigstrut\\\cline{1-1}
  Sp1 Z2 & Sp2 Z2 & \bigstrut\\\cline{1-2}
  Sp1 Z3 & \multirow{2}{1.25cm}{Sp 2} & \bigstrut\\
    \cline{1-1}\cline{3-3}
  Sp1 Z4 &        & Sp3 Z4\bigstrut\\\hline
\end{tabular}
```

02-03-4

Teilt man dem \multirow-Makro jetzt die Zahl der wirksamen zusätzlichen \bigstrut über das optionale Argument mit, so kann eine entsprechende Korrektur erfolgen. Die »wirksame« Zahl ergibt sich dabei durch Art der Anwendung des Makros. Ohne optionales Argument zählt jede Zeile doppelt und für \bigstrut [Position] einfach, wobei Position die Werte t für top und b für bottom steht. In diesen Fällen wird dann nur oben oder unten ein zusätzlicher Abstand eingefügt, der demzufolge auch nur einfach zählt.

Im folgenden Beispiel umfasst die erste \multirow-Anwendung drei Zeilen und die zweite zwei Zeilen, sodass sich daraus die entsprechenden Werte des optionalen Arguments ergeben, da \bigstrut in jeder betreffenden Zeile angewendet wurde.

02-03-5

Sp1 Z0	Sp2 Z0	Sp3 Z0
Sp1 Z1	Sp2 Z1	
Sp1 Z2	Sp2 Z2	Sp 3
Sp1 Z3		
Sp1 Z4	Sp 2	Sp3 Z4

```
\usepackage{multirow,bigstrut}

\begin{tabular}{|l|r|c|}\hline
  Sp1 Z0 & Sp2 Z0 & Sp3 Z0\\
  Sp1 Z1 & Sp2 Z1 &
  \multirow{3}[6]{1.25cm}{Sp 3}\bigstrut\\\cline{1-1}
  Sp1 Z2 & Sp2 Z2 & \bigstrut\\\cline{1-2}
  Sp1 Z3 & \multirow{2}[4]{1.25cm}{Sp 2} & \bigstrut\\
     \cline{1-1}\cline{3-3}
  Sp1 Z4 &        & Sp3 Z4\bigstrut\\\hline
\end{tabular}
```

Eine notwendige Feinjustierung ergibt sich in der Regel bei Anwendung von abgesetzten mathematischen Umgebungen, da diese selbst vertikale Abstände einfügen, die dann zu einem falschen Ergebnis bezüglich der vertikalen Zentrierung führen.

02-03-6

Sp1 Z0	Sp2 Z0	Sp3 Z0
Sp1 Z1	Sp2 Z1	
Sp1 Z2	Sp2 Z2	Sp 3
Sp1 Z3		
Sp1 Z4	$f(x,y) = xy$	Sp3 Z4

```
\usepackage{multirow,bigstrut}

\begin{tabular}{|l|r|c|}\hline
  Sp1 Z0 & Sp2 Z0 & Sp3 Z0\\
  Sp1 Z1 & Sp2 Z1 & \multirow{3}[6]{1.25cm}{Sp 3}
       \bigstrut\\\cline{1-1}
  Sp1 Z2 & Sp2 Z2 & \bigstrut\\\cline{1-2}
  Sp1 Z3 & \multirow{2}[4]{2cm}{\[f(x,y)=xy\]}
         & \bigstrut\\\cline{1-1}\cline{3-3}
  Sp1 Z4 &        & Sp3 Z4\bigstrut\\\hline
\end{tabular}
```

Der Abstand \abovedisplayskip ist bereits durch LATEX definiert und der Faktor 0.8 ist hier, wie bei einer Feinjustierung üblich, durch reines Probieren ermittelt worden.

02-03-7

Sp1 Z0	Sp2 Z0	Sp3 Z0
Sp1 Z1	Sp2 Z1	
Sp1 Z2	Sp2 Z2	Sp 3
Sp1 Z3		
Sp1 Z4	$f(x,y) = xy$	Sp3 Z4

```
\usepackage{multirow,bigstrut}

\begin{tabular}{|l|r|c|}\hline
  Sp1 Z0 & Sp2 Z0 & Sp3 Z0\\ Sp1 Z1 & Sp2 Z1 &
  \multirow{3}[6]{1.25cm}{Sp 3}\bigstrut\\\cline{1-1}
  Sp1 Z2 & Sp2 Z2 & \bigstrut\\\cline{1-2}
  Sp1 Z3 &
  \multirow{2}[4]{2cm}[0.8\abovedisplayskip]{%
    \[f(x,y)=xy\]} &
    \bigstrut\\\cline{1-1}\cline{3-3}
  Sp1 Z4 &        & Sp3 Z4\bigstrut\\\hline
\end{tabular}
```

Es wurde bereits darauf hingewiesen, dass \multirow grundsätzlich einen p-Spaltentyp annimmt, wenn nicht anstelle einer Breitenangabe die Sternversion verwendet wird, die die übergeordnete Spaltendefinition übernimmt. Eine p-Spalte wird per Definition immer linksbündig im Blocksatz gesetzt. Mit der Neudefinition des Makros \multirowsetup kann das Verhalten geändert werden, sodass sich, wie im folgenden Beispiel zu sehen ist (Sp 3), auch ein horizontales Zentrieren innerhalb einer r-Spalte möglich ist.

Sp1 Z0	Sp2 Z0	Sp3 Z0
Sp1 Z1	Sp2 Z1	
Sp1 Z2	Sp2 Z2	Sp3
Sp1 Z3	$f(x,y)=xy$	
Sp1 Z4		Sp3 Z4

```
\usepackage{multirow,bigstrut}
\renewcommand\multirowsetup{\centering}

\begin{tabular}{| l | r | r |}\hline
  Sp1 Z0 & Sp2 Z0 & Sp3 Z0\\  Sp1 Z1 & Sp2 Z1
& \multirow{3}[6]{2cm}{Sp3}\bigstrut\\\cline{1-1}
  Sp1 Z2 & Sp2 Z2 & \bigstrut\\\cline{1-2}
  Sp1 Z3 &
\multirow{2}[4]{2cm}[0.8\abovedisplayskip]{%
  \[f(x,y)=xy\]} &
  \bigstrut\\\cline{1-1}\cline{3-3}
  Sp1 Z4 &         & Sp3 Z4\bigstrut\\\hline
\end{tabular}
```

02-03-8

Für die Darstellung der Gleichung ist dies unerheblich, da abgesetzte Formeln im Allgemeinen immer horizontal zentriert werden.

2.3.2 bigstrut

Das Paket bigstrut definiert nur den gleichnamigen Befehl \bigstrut, der die bereits erwähnte Box bestimmter Höhe und Tiefe, aber der Breite Null definiert.

\bigstrut [Position]

Das optionale Argument erlaubt durch Vorgabe von t oder b die unsichtbare Box nur auf die Höhe oder Tiefe zu beschränken. In diesen Fällen ist dann auch die Zählung für das optionale Argument pro Zeile anzupassen; d. h. nur einfache statt doppelte Zählung. Im folgenden Beispiel ist die linke Tabelle mit \bigstrut ohne optionales Argument (⊥⊤), die mittlere mit t (⊥) und die rechte mit b (⊤) gesetzt worden.[1]

```
\usepackage{multirow,bigstrut}

\begin{tabular}{|l|r|c|}\hline
  11 & 21 & \multirow{3}[6]{1cm}{3}\bigstrut\\\cline{1-1}
  12 & 22 &                        \bigstrut\\\cline{1-2}
  13 & \multirow{2}[4]{1cm}{2} &   \bigstrut\\\cline{1-1}\cline{3-3}
  14 &     & 34                    \bigstrut\\\hline
\end{tabular}\quad
\begin{tabular}{@{}|l|r|c|@{}}\hline
  11 & 21 & \multirow{3}[3]{1cm}{3}\bigstrut[t]\\\cline{1-1}
  12 & 22 &                        \bigstrut[t]\\\cline{1-2}
  13 & \multirow{2}[2]{1cm}{2} &   \bigstrut[t]\\\cline{1-1}\cline{3-3}
  14 &     & 34                    \bigstrut[t]\\\hline
\end{tabular}\quad
\begin{tabular}{@{}|l|r|c|@{}}\hline
  11 & 21 & \multirow{3}[3]{1cm}{3}\bigstrut[b]\\\cline{1-1}
  12 & 22 &                        \bigstrut[b]\\\cline{1-2}
```

---

[1]Die »Rahmen« wurden mit \fbox und einem \fboxsep von 0 pt erzeugt, um sie überhaupt ansatzweise »sichtbar« zu machen und ihre Lage in Bezug zur Basislinie zu zeigen.

```
13 & \multirow{2}[2]{1cm}{2} &     \bigstrut[b]\\\cline{1-1}\cline{3-3}
14 &      & 34                     \bigstrut[b]\\\hline
\end{tabular}
```

02-03-9

Die Abstände können durch Neudefinition von \bigstrut oder einfacher durch Veränderung der Länge \bigstrutjot, welche für die Bestimmung der Box herangezogen wird. Standardmäßig ist diese Länge auf 0.0pt gesetzt. Mit Erhöhen von \bigstrutjot um 2 pt erhält man das folgende Aussehen:

02-03-10

\multirow und \bigstrut können auch für die eqnarray-Umgebung eingesetzt werden. Dabei entsteht dann aber das Problem, dass LaTeX bereits vor und nach jeder Zeile einen Abstand der Größe \jot=3.0pt einfügt, was zu leichten vertikalen Verschiebungen führen kann, da diese Länge dann nicht von \multirow für die vertikale Zentrierung herangezogen wird. Grundsätzlich sollte man beachten, dass die Anwendung von eqnarray ohnehin vermieden werden sollte, da es Probleme mit den vertikalen Abständen geben kann. Entsprechende Makros aus dem Paket amsmath sind zu bevorzugen. [56]

02-03-11

```
\usepackage{bigstrut,multirow}

\begin{minipage}{2cm}
\begin{eqnarray*}
    1&1\\2&2\\3&3\\
    \multirow{5}*{8} &4\\ &5\\ &6\\ &7\\ &8\\
    9&9\\10&10
\end{eqnarray*}
\end{minipage}\setlength\bigstrutjot{\jot}
\begin{minipage}{2cm}
\begin{eqnarray*}
    1&1\\2&2\\3&3\\
    \multirow{5}[20]*{8} &4\\ &5\\ &6\\ &7\\ &8\\
    9&9\\10&10
\end{eqnarray*}
\end{minipage}
```

2.3.3 `bigdelim`

Das Paket ist eine spezielle Anwendung des `\multirow`-Befehls und ermöglicht zeilen-übergreifende Klammern für Tabellen und Matrizen.

```
\ldelim{Klammersymbol}{Zeilen}{Abstand} [Text]
\ldelim{Klammersymbol}{Zeilen}* [Text]
\rdelim{Klammersymbol}{Zeilen}{Astand} [Text]
\rdelim{Klammersymbol}{Zeilen}* [Text]
```

Klammersymbol	Als Klammersymbol können alle so genannten »Delimiter« verwendet werden, die auch im mathematischen Modus für `\left` und `\right` zulässig sind, also im Wesentlichen geschweifte, runde, spitze und eckige Klammern.
Zeilen	Anzahl der Zeilen, die von der linken oder rechten Klammer umspannt werden sollen.
Abstand	Legt den Abstand zwischen der Klammer und der Tabelle/Matrix fest, indem die Spaltenbreite der Klammer auf *Abstand* gesetzt wird.
*	Mit der Stern-Variante wird der übergeordnete Spaltentyp der `tabular`-, beziehungsweise `array`-Umgebung berücksichtigt.
Text	Ein optionaler Text kann links oder rechts von der jeweiligen Klammer geschrieben werden.

$$
\text{Wenn } f(n) = \begin{cases} 0 & \dots \\ 1 & \text{dann mache}\dots \\ 2 & \text{dann mache}\dots \\ 3 & \text{dann mache}\dots \\ 4 & \text{dann mache}\dots \\ 5 & \text{dann mache}\dots \\ 6 & \dots \\ 7 & \dots \end{cases}
$$

```
\usepackage{multirow,bigdelim}

\begin{tabular}{lll}
  & 0 &\ldots\\
\ldelim\{{6}{1.9cm}[Wenn $f(n)=$]
  & 1 & dann mache\ldots\\
  & 2 & dann mache\ldots\\
  & 3 & dann mache\ldots\\
  & 4 & dann mache\ldots\\
  & 5 & dann mache\ldots\\
  & 6 &\ldots\\
  & 7 &\ldots
\end{tabular}
```

02-03-12

$$
\text{Wenn } f(n) = \begin{cases} 0 & \dots \\ 1 & \text{dann mache}\dots \\ 2 & \text{dann mache}\dots \\ 3 & \text{dann mache}\dots \\ 4 & \text{dann mache}\dots \\ 5 & \text{dann mache}\dots \\ 6 & \dots \end{cases} \Big]
$$

```
\usepackage{multirow,bigdclim}

\begin{tabular}{lllr}
  & 0 & \ldots          &\\
\ldelim\{{6}{1.9cm}[Wenn $f(n)=$]
  & 1 & dann mache\ldots &\\
  & 2 & dann mache\ldots &\\
  & 3 & dann mache\ldots &\rdelim{]}{4}{*}\\
  & 4 & dann mache\ldots &\\
  & 5 & dann mache\ldots &\\
  & 6 &\ldots            &\\
\end{tabular}
```

02-03-13

Das Prinzip ist bereits aus den Beispielen ersichtlich, denn die Klammern einschließlich eines optionalen Textes sind einfach innerhalb eines \multirow-Befehls angeordnet und somit Teil einer normalen Tabellenspalte. Dies ist auch der Grund, warum die Zellen vor und nach dem \ldelim- und \rdelim-Befehl jeweils leer bleiben müssen, was besonders für die erste Spalte wichtig ist. Ansonsten erscheint in diesen Zellen der entsprechende Inhalt. Die speziellen Spalten für \ldelim- und \rdelim müssen bei der Spaltendefinition berücksichtigt werden; hat man drei normale Spalten und möchte eine rechte Klammer setzen, so sind vier Spalten im Kopf von tabular oder array zu definieren.

2.3.4 Farbige Tabellenzeilen

Bei der Anwendung des colortbl- oder alternativ des xcolor-Paketes, gibt es ein Problem mit \multirow, \ldelim und \rdelim, wenn diese wie in den obigen Abschnitten angewendet werden. Dies ergibt sich aus der Tatsache, dass nicht Spalten und Zeilen in Tabellen in einem Durchgang gefärbt werden, sondern nacheinander einzelne Zellen. Die jeweils aktuelle Zelle wird zuerst gefärbt und danach wird dann der Text gesetzt. Bei \multirow wird dieser Text aber über mehrere Zellen einer Spalte gesetzt, von denen aber nur die erste Zelle vorher gefärbt wurde. Bei der nächsten Zeile führt das Färben der entsprechenden nächsten Spaltenzelle dazu, dass der in dieser Zelle sichtbare Text durch die Farbe verdeckt wird, was deutlich im folgenden Beispiel zu sehen ist.

\multirow erlaubt bei der Angabe der Zeilen auch eine negative Angabe, was dann dazu führt, dass diese nicht von oben nach unten sondern von unten nach oben gezählt werden. Durch die Umkehrung der Reihenfolge erreicht man gleichzeitig eine Umkehrung der Folge Färben/Schreiben; alle Zellen sind bereits gefärbt, bevor \multirow den Text setzt. Grundsätzlich könnte man ausschließlich mit negativen Zeilenangaben arbeiten, was jedoch etwas mehr Konzentration bei der Erstellung der Tabelle erfordert und zudem nur Sinn macht, wenn eine Einfärbung von Tabellenzellen in Erwägung gezogen wird.

```
\usepackage{multirow,bigstrut}
\usepackage[table]{xcolor}
\renewcommand\multirowsetup{\centering}
\begin{tabular}{|l|>{\columncolor{black!30}}r|>{\columncolor{black!20}}r|}\hline
  Sp1 Z1 & Sp2 Z1 & \multirow{3}[6]{2cm}{Sp 3} \bigstrut\\\cline{1-1}
  Sp1 Z2 & Sp2 Z2 & \bigstrut                     \\\cline{1-2}
  Sp1 Z3 & \multirow{2}[4]{2cm}[0.8\abovedisplayskip]{\[f(x,y)=xy\]} &
                         \bigstrut\\\cline{1-1}\cline{3-3}
  Sp1 Z4 &        & Sp3 Z4\bigstrut\\\hline
\end{tabular} \quad
\begin{tabular}{|l|>{\columncolor{black!30}}r|>{\columncolor{black!20}}r|}\hline
  Sp1 Z1 & Sp2 Z1 & \bigstrut                     \\\cline{1-1}
  Sp1 Z2 & Sp2 Z2 & \bigstrut                     \\\cline{1-2}
  Sp1 Z3 &  & \multirow{-3}[6]{2cm}{Sp 3} \bigstrut  \\\cline{1-1}\cline{3-3}
  Sp1 Z4 &  \multirow{-2}[4]{2cm}[0.8\abovedisplayskip]{\[f(x,y)=xy\]}
     & Sp3 Z4                   \bigstrut\\\hline
\end{tabular}
```

Sp1 Z1	Sp2 Z1			Sp1 Z1	Sp2 Z1	

(Die oberen zwei Tabellen: Spalten mit Einträgen)

Sp1 Z1 · Sp2 Z1 · Sp1 Z2 · Sp2 Z2 · Sp1 Z3 · $f(x, y) = xy$ · Sp1 Z4 · Sp3 Z4

Sp1 Z1 · Sp2 Z1 · Sp1 Z2 · Sp2 Z2 · Sp 3 · Sp1 Z3 · $f(x, y) = xy$ · Sp1 Z4 · Sp3 Z4

2.4 blkarray

Das Paket blkarray von David Carlisle erlaubt das Bilden von eigenständigen Blöcken (blockarray) innerhalb einer tabular oder array-Umgebung und hat eigene Befehle für die Definition von spaltenübergreifenden Zellen. Das Paket ist zwar nie über den Experimentierstatus hinausgelangt, bietet aber einige sehr interessante Eigenschaften, die sonst von keinem anderen Paket bereitgestellt werden.

Mathematischer Modus Das Paket benötigt Angaben über die Größe des mathematischen Fonts, wozu vor der ersten Anwendung der blockarray-Umgebung mindestens einmal der mathematische Modus aktiv gewesen sein muss. In Fällen, wo dies nicht durch andere Makros schon geschehen ist, beispielsweise die Standard-Umgebung tabular, muss dies vom Anwender selbst vorgenommen werden. Im einfachsten Fall in der Dokumentenpräambel durch:

```
\usepackage{blkarray}
\AtBeginDocument{\setbox0\hbox{$ $}}
```

Wird die blockarray-Umgebung ohnehin in eine mathematische Umgebung eingebettet, so kann darauf verzichtet werden.

In Abschnitt 2.1.1 auf Seite 24 wurde bereits auf das Problem im Zusammenhang mit \multicolumn und senkrechten Linien hingewiesen. blkarray bietet hier eine besondere Definition der Spalten an. Durch ein Voranstellen von & vor einer Liniendefinition kann diese von weiteren \BAmulticolumn-Befehlen nicht mehr überschrieben werden.

11	21	31
12	22	32
13	23	33

11	21	31
12	22	32
13	23	33

```
\usepackage{blkarray}

\begin{tabular}{c|c|c}
11 & 21 & 31\\
12 & \multicolumn{1}{r}{22} & 32\\
13 & 23 & 33
\end{tabular}

\begin{blockarray}{c|c&|c}
11 & 21 & 31\\
12 & \BAmulticolumn{1}{r}{22} & 32\\
13 & 23 & 33
\end{blockarray}
```

Die Syntax von \BAmulticolumn ist identisch zum bekannten \multicolumn-Befehl aus Standard-LaTeX. blkarray unterstützt geschachtelte Tabellen durch eine eigene

Umgebung block, die sich allerdings immer auf eine komplette Zeile der übergeordneten Tabelle beziehen muss.

```
\begin{blockarray} [Position] {Spaltendefinition}
...
...
\end{blockarray}
\begin{block*} [Position] {Spaltendefinition}
...
...
\end{block*}
```

02-04-2

$$\begin{array}{c|c|c} 11 & 21 & 31 \\ 12 & \multicolumn{2}{c}{23\text{-}32} \\ 13 & \multicolumn{2}{c}{23\text{-}33} \\ 14 & 24 & 34 \end{array}$$

```
\usepackage{blkarray}

\begin{blockarray}{c|c|c}
11 & 21 & 31\\
\begin{block}{>{\itshape}c\BAmulticolumn{2}{>{\itshape}r}}
12 & 23--32\\ 13 & 23--33\\
\end{block}
14 & 24 & 34
\end{blockarray}
```

Der Vorteil der block-Umgebung ergibt sich jedoch erst, wenn man die vom Paket erweiterten Spaltentypen benutzt, die ein Einfügen von Klammern (delimiter) an beliebigen Stellen erlauben. Voraussetzung ist dann allerdings die Verwendung des mathematischen Modus und daraus folgend einer Anwendung von \text aus dem Paket amsmath oder \mbox aus Standard-LaTeX, wenn Text eingegeben werden soll. Die Sternversion der block-Umgebung übernimmt die übergeordnete Definition von Klammern, die dann auch nicht mehr von der block-Umgebung unterbrochen werden.

02-04-3

$$\begin{array}{cccc} 11 & 21 & 31 & 41 \\ 12 & 23\text{-}32 & & 42 \\ 13 & 23\text{-}33 & & 43 \\ 14 & 24 & 34 & 44 \end{array}$$

```
\usepackage{blkarray}

\begin{blockarray}{c \{ c c \} c}
11 & 21 & 31 & 41\\
\begin{block*}{c \BAmulticolumn{2}{c} c}
12 & 23\mbox{--}32 & 42\\13 & 23\mbox{--}33 & 43\\
\end{block*}
14 & 24 & 34 & 44
\end{blockarray}
```

02-04-4

$$\begin{array}{cccc} 11 & 21 & 31 & 41 \\ 12 & 22 & 32 & 42 \\ 13 & 23 & 33 & 43 \\ 14 & 24 & 34 & 44 \end{array}$$

```
\usepackage{blkarray}

\begin{blockarray}{cccc}
11 & 21 & 31 & 41\\
\begin{block}{c | cc \} c}
12 & 22 & 32 & 42\\ 13 & 23 & 33  & 43\\
\end{block}
14 & 24 & 34 & 44
\end{blockarray}
```

Besonders gut eignen sich die blockarray- und block-Umgebung um einzelne Zeilen und/oder Spalten einer Matrix zu nummerieren, wobei im Gegensatz zur standard-mäßigen \bordermatrix (siehe dazu [56]) auch einfache Schriftänderungen für die Nummerierung möglich sind.

$$
\begin{array}{cccc}
1 & 2 & 3 & 4 \\
2 & \begin{pmatrix} 22 & 32 & 42 \\ 3 & 23 & 33 & 43 \\ 4 & 24 & 34 & 44 \end{pmatrix}
\end{array}
$$

02-04-5

```
\usepackage{blkarray}

\begin{blockarray}{>{\scriptsize}cccc}
\begin{block}{*{4}{>{\scriptsize}c}}
1 & 2 & 3 & 4\\
\end{block} \begin{block}{>{\scriptsize}c(ccc)}
2 & 22 & 32 & 42\\ 3 & 23 & 33  & 43\\
4 & 24 & 34 & 44\\
\end{block}
\end{blockarray}
```

Zwei weitere Makros erleichtern das Kennzeichnen von Blöcken mit Text, wo-bei diese ausschließlich in der jeweiligen Spaltendefinition auftreten dürfen. Mit \BAnoalign* kann beliebiger Text eingefügt werden, der über sämtliche Spalten hin-weg geht. Dieses Makro entspricht einem \multicolumn-Befehl, der wiederum eine \parbox definiert, die über die Breite der vorgegebenen Tabelle geht. Klammerungen werden jedoch analog zu block* nur bei der Sternversion nicht unterbrochen.

\Right{*Klammer*}{*Text*}	\Left{*Text*}{*Klammer*}
\BAmultirow{*Breite*}{*Text*}	
\BAnoalign*	
\BAenum	
\BAtablenotes	

\Right	Ermöglicht Text rechts von der Klammer.
\Left	Ermöglicht Text links von der Klammer.
\BAmultirow	Analog zu \multirow (siehe Abschnitt 2.3 auf Seite 28), jedoch mit Vorgabe der Breite; die Höhe ist durch den Block vorgegeben.
\BAnoalign	Ermöglicht einen Textblock, der die gesamte Blockbreite umfasst.
\BAnoalign*	dito, jedoch werden übergeordnete Klammern nicht unterbrochen.
\BAenum	Inkrementiert den internen Zeilenzähler BAenumi und gibt das Er-gebnis aus, welches durch \theBAenumi formatiert wird. Mit einem anschließenden !-Operator kann rechtsbündiger Freiraum erreicht werden.
\BAtablenotes	Durch Setzen von \BAtablenotestrue erscheinen die Fußnoten unterhalb und in der Breite der Tabelle. Mit \BAtablenotesfalse wird das Standardverhalten von Fußnoten erreicht, sie erscheinen unten auf der Seite.

02-04-6

$$\text{Demo}\left\{\begin{array}{cccc} 1 & 2 & 3 & 4 \\ 2 & 22 & 32 & 42 \\ 3 & 23 & 33 & 43 \\ 4 & 24 & 34 & 44 \end{array}\right\}3\times3\text{ Matrix}$$

Spalten

Zeilen

```
\usepackage{blkarray}

\begin{blockarray}{>{\scriptsize}ccccl}
\begin{block}{*{5}{>{\scriptsize}c}}
1 & 2 & 3 & 4 & Spalten\\
\end{block}
\begin{block}{\Left{Demo} \{ >{\scriptsize}cccc
    \Right\}}{3$\times$3 Matrix} l}
2 & 22 & 32 & 42\\ 3 & 23 & 33  & 43\\
4 & 24 & 34 & 44\\
\end{block}
\makebox[0pt][l]{\scriptsize Zeilen}
\end{blockarray}
```

Im folgenden Beispiel wird der !-Operator in der Tabellendefinition sowohl zur Formatierung als auch zur Schaffung von Freiraum verwendet. \BAenum!{.\quad} bedeutet, dass der Wert des Zählers BAenumi ausgegeben und als folgender »Spaltentrenner« der Punkt mit dem Abstand \quad verwendet wird. Innerhalb einer Tabelle sind alle Zellen lokal, sodass Änderungen, die Auswirkungen für folgende Zeilen haben sollen, global vorgenommen werden müssen. Im Beispiel wird mit \gdef\theBAenumi{\Roman{BAenumi}} die Zählerausgabe als römische Zahl gesetzt.

```
\usepackage{blkarray,ragged2e}

\begin{blockarray}{\BAenum!{.\quad}cc\Right{\}}{\texttt{Block 1}}}
  ccc &cc\\  c &ccccccccc \\
  \BAnoalign*{\cs{BAnoalign*} setzt den Text genau in der Tabellenbreite.}
  \begin{block}{\BAenum!{.\quad}(rr\Right{\}}{%
    \parbox{3cm}{Block 2, mit einem geschachtelten \texttt{block*}}
    }}
  rrr & rr \\ rrr & r \\  % Nächste Zeile leeres "Feld" für BAenum
    \begin{block*}{!{\quad}ll} & ll & ll\phantom{X}\\ & l & l\\ \end{block*}
      r & r \\
  \end{block}
  ccc \\
  \begin{block}{\BAenum!{.\quad}>{\bfseries}l \{c\Right{\}}{\texttt{Block 3}}}
    \gdef\theBAenumi{\Roman{BAenumi}}
    LLL & \BAmultirow{50pt}{\Centering Alle Spalten in einem Block.} \\ LL & \\ L & \\
  \end{block}
  \begin{block}{\BAenum \{l\}l\Right{\}}{\texttt{Block 4}}}
    ll & l\\ \BAnoalign{Im Gegensatz zu \cs{BAnoalign*}, unterbricht \cs{BAnoalign}
                alle Klammern im aktuellen Block.}
    l  & lll \\
  \end{block}
  c & c
\end{blockarray}
```

$$
\left.\begin{array}{lll}
1. & \text{ccc} & \text{cc} \\
2. & \text{c} & \text{cccccccc} \\
\multicolumn{3}{l}{\text{\textbackslash BAnoalign* setzt den Text}} \\
\multicolumn{3}{l}{\text{genau in der Tabellenbreite.}}
\end{array}\right\}\text{Block 1}
$$

02-04-7

$$
\left.\begin{array}{lll}
3. & \text{rrr} & \text{rr} \\
4. & \text{rrr} & \text{r} \\
 & \text{ll} & \text{ll} \\
 & \text{l} & \text{l} \\
7. & \text{r} & \text{r}
\end{array}\right\}
\begin{array}{l}
\text{Block 2, mit einem} \\
\text{geschachtelten} \\
\text{block*}
\end{array}
$$

$$
\begin{array}{lll}
8. & \text{ccc} & \quad\quad\quad\}\text{Block 1}
\end{array}
$$

$$
\left.\begin{array}{ll}
9. & \textbf{LLL} \\
\text{X.} & \textbf{LL} \\
\text{XI.} & \textbf{L}
\end{array}\right\}
\left\{\begin{array}{l}
\text{Alle} \\
\text{Spalten} \\
\text{in einem} \\
\text{Block.}
\end{array}\right\}\text{Block 3}
$$

XII ll { } }Block 4

Im Gegensatz zu \BAnoalign*, unterbricht \BAnoalign alle Klammern im aktuellen Block.

XIII l { }ll }Block 4

XIV. c c }Block 1

2.4.1 Fußnoten

Standard-LaTeX erlaubt nicht das direkte Setzen von Fußnoten innerhalb einer Tabelle. Mit blkarray ist dies möglich, wobei zwischen zwei Varianten gewählt werden kann. Mit der Angabe von \BAtablenotestrue wird das Setzen von Fußnoten innerhalb des jeweils aktuellen Blocks erreicht.

```
\usepackage{blkarray}\BAtablenotestrue

\begin{blockarray}{|c||c|}
   I\footnotetext[\textsc{Quelle:}]{Chicago Manual of Style.}
 & II\footnote{Anmerk. zu II. Dies ist eine lange Fußnote zur Demonstration des
       Zeilenumbruchs in der Fußnote.}\\
   \begin{blockarray}{(ll)}
     \footnotetext[\textsc{Quelle:}]{Chicago Manual of Style.}
     \footnotetext[\textsc{Anm.:}]{Obige Angabe ist inkorrekt.}
     Linke Spalte--1 & Links--2\\ Links--3\footnote{Fußnote zu Links-3.} & Links--4\\
   \end{blockarray} & \begin{blockarray}{(ll)}
     \footnotetext[\textsc{Quelle:}]{Chicago Manual of Style.}
     \footnotetext[\textsc{Anm.:}]{Obige Angabe ist inkorrekt.}
     Rechte Spalte--1 & Rechts--2\\ Rechts--3\footnote{Fußnote zu Rechts-3} & Rechts--4\
   \end{blockarray}\\
  III\footnote{Note on THREE.} & IV \\
\end{blockarray}
```

02-04-8

$$
\begin{array}{|c|c|}
\multicolumn{1}{c}{\text{I}} & \multicolumn{1}{c}{\text{II}^*} \\
\begin{pmatrix} \text{Linke Spalte-1} & \text{Links-2} \\ \text{Links-3}^* & \text{Links-4} \end{pmatrix} & \begin{pmatrix} \text{Rechte Spalte-1} & \text{Rechts-2} \\ \text{Rechts-3}^* & \text{Rechts-4} \end{pmatrix}
\end{array}
$$

QUELLE: Chicago Manual of Style. QUELLE: Chicago Manual of Style.
ANM.: Obige Angabe ist inkorrekt. ANM.: Obige Angabe ist inkorrekt.
* Fußnote zu Links-3. * Fußnote zu Rechts-3

$$\text{III}^\dagger \qquad\qquad \text{IV}$$

QUELLE: Chicago Manual of Style.
* Anmerk. zu II. Dies ist eine lange Fußnote zur Demonstration des Zeilenumbruchs in der Fußnote.
† Note on THREE.

02-04-9

$$
\begin{bmatrix}
\text{I}^1 & \text{II}^2 \\
\begin{pmatrix} \text{l-1}^3 & \text{l-2} \\ \text{l-3}^4 & \text{l-4} \end{pmatrix} & \begin{pmatrix} \text{r-1}^5 & \text{r-2} \\ \text{r-3}^6 & \text{r-4} \end{pmatrix} \\
\text{III}^7 & \text{IV}
\end{bmatrix}
$$

[1] Chicago Manual of Style (CMoS).
[2] Dies ist eine lange Fußnote zur Demonstration des Zeilenumbruchs.
[3] Chicago Manual of Style.
[4] Fußnote zu l-3.
[5] CMoS
[6] …
[7] Anm. zu III.

```
\usepackage{blkarray}
\BAtablenotesfalse

\begin{blockarray}{[c c]}
  I\footnote{Chicago Manual of Style (CMoS).} &
  II\footnote{Dies ist eine lange Fußnote
  zur Demonstration des Zeilenumbruchs.}\\
\begin{blockarray}{(ll)}
  l-1\footnote{Chicago Manual of Style.} & l-2 \\
  l-3\footnote{Fußnote zu l-3.} & l-4 \\
  \end{blockarray}
& \begin{blockarray}{(ll)}
  r-1\footnote{CMoS}
& r-2\\r-3\footnote{\ldots} & r-4\\
\end{blockarray}\\
III\footnote{Anm. zu III.} & IV \\
\end{blockarray}
```

2.4.2 Linien

Vertikale Linien werden analog zu Standard-LaTeX erzeugt, wobei aber die vom Paket hhline bekannten Erweiterungen auch hier möglich sind. Horizontale Linien mit \hline sind hier nicht möglich. blkarray stellt dafür eigene Makros bereit, wobei ebenfalls zwei weitere Makros für einen besseren vertikalen Abstand vorhanden sind.

```
\BAhline
\BAhhline{Liniennotation}
\BAextrarowheight
\BAextraheightafterhline
```

Für die senkrechten beziehungsweise waagerechten Linien gilt die folgende Notation, die eine Erweiterung von der aus dem Paket hhline darstellt:

- Eine einfache Linie der Spaltenbreite.
= Eine doppelte Linie der Spaltenbreite.
. Eine einfach gestrichelte Linie der Spaltenbreite.
" Eine doppelt gestrichelte Linie der Spaltenbreite.

~ Kennzeichnung einer Spalte ohne Linie.

| Eine senkrechte Linie, die durch doppelte horizontale Linien hindurchgeht.
: dito, jedoch doppelte horizontale Linien nicht schneidend.

\# Ein einzelne Linie zwischen zwei senkrechten.
t Die obere Hälfte einer doppelten horizontalen Linie.
b Die untere Hälfte einer doppelten horizontalen Linie.
* Wiederholungsoperator: *{3}{==#} expandiert zu ==#==#==#, analog zur Definition von mehrfachen gleichen Spaltentypen.

Bei der Aufstellung ist zu beachten, dass die Notationen t und b nur zwischen zwei Typen senkrechter Linien auftreten dürfen.

02-04-10

```
\usepackage{blkarray}

\begin{blockarray}{||c||c|cc||cc||}
   \BAhhline{|t:=:t:=|==#==:t|}
0 & 1 & 2 & 3 & 4 & 5\\\BAhline
0 & 1 & 2 & 3 & 4 & 5\\\BAhline\BAhline
0 & 1 & 2 & 3 & 4 & 5\\\BAhhline{||-||-..||.-}
0 & 1 & 2 & 3 & 4 & 5\\\BAhhline{=::=""::"=}
0 & 1 & 2 & 3 & 4 & 5\\\BAhhline{|b:=:b:=""::"=:b|}
\end{blockarray}
```

Zum besseren Verständnis sollen die einzelnen Linien ausführlich erklärt werden, da es manchmal nicht ganz einfach ist, insbesondere die Eckverbindungen und Kreuzungen zu verstehen.

||c||c|cc||cc|| ▷ Die standardmäßigen senkrechten Linien.

\BAhhline{|t:=:t:=|==#==:t|}

|t: ▷ Eine senkrechte Linie (|), die obere Hälfte einer doppelten waagerechten (t) und eine senkrechte Linie (:), die aber waagerechte Linien nicht schneidet: Zusammen mit der Spaltendefinition ergibt dies ‖

= ▷ Eine normale doppelte waagerechte Linie: , zusammen mit den bisherigen Linien:

:t: ▷ Eine senkrechte (:), obere Hälfte einer waagerechten (t) und noch mal eine senkrechte Linie (:), wobei diese nicht die waagerechten schneiden: , zusammen mit den bisherigen Linien:

==#== ▷ Zwei Spalten mit doppelten Linien (==), eine doppelte Linie zwischen zwei senkrechten (#) und wieder zwei Spalten mit doppelten horizontalen Linien: , zusammen mit den bisherigen Linien:

:t| ▷ Eine senkrechte Linie (:), die obere Hälfte einer doppelten waagerechten (t) und eine senkrechte Linie (t), die aber waagerechte Linien schneidet. Das Ganze stellt spiegelbildlich den Anfang der Tabelle dar: ⌐ , zusammen mit den bisherigen Linien:

`\BAhline` ▷ Erstellt eine Linie über die ganze Tabellenbreite.

`\BAhline\BAhline` ▷ Erstellt eine doppelte Linie über die ganze Tabellenbreite.

`\BAhhline{||-||-..||.-}` ▷ Die mittlere Linie der Tabelle.

> `||-||-]` ▷ Jeweils zwei senkrechte Linien (||), gefolgt von einer einfachen Linie der Spaltenbreite: Zusammen mit den bisherigen Linien:

> `..||.-` ▷ Jeweils zwei gestrichelte Linien über die Spaltenbreite (..), gefolgt von zwei senkrechten Linien (||), einer gestrichelten Linie (.) und abschließend einer einzelnen durchgehenden Linie (-), jeweils von der Spaltenbreite: Zusammen mit den bisherigen Linien:

> `=::=""::"=` ▷ Eine doppelte horizontale (=), gefolgt von zwei senkrechten (;;), einer weiteren horizontalen (=), zwei doppelt gestrichelten (""), wieder zwei senkrechten (::), einer doppelt gestrichelten (") und abschließend einer normalen doppelten Linie (=). Zusammen mit den bisherigen Linien ergibt dies:

`|b:=:b:=""::"=:b|` ▷ Eine senkrechte Linie (|), untere Hälfte einer doppelten (b), eine senkrechte (:), eine doppelte horizontale (=), eine senkrechte (:), untere Hälfte einer doppelten (b), eine senkrechte (:), eine doppelte horizontale (=), zwei doppelte gestrichelte (""), zwei senkrechte (::), eine doppelt gestrichelte ("), eine doppelte waagerechte (=), eine senkrechte (:), eine untere Hälfte einer doppelten (b) und abschließend einer senkrechten Linie (|): Alles zusammen führt dann zu dem bereits angegeben Beispiel 02-04-10 auf der vorherigen Seite.

2.5 booktabs

Das Paket booktabs von Simon Fear gehört sicherlich in die Kategorie »sehr empfehlenswert« und sollte standardmäßig benutzt werden. Das Paket bezieht sich primär auf allgemeingültige typografische Konventionen, auf die man bei der Erstellung von Tabellen achten sollte und auf die bereits in Kapitel 1 auf Seite 3 verwiesen wurde. Diese Vorgaben werden von booktabs insbesondere bei senkrechten Linien übernommen; sie werden nicht vom Paket in besonderer Weise unterstützt. In der Paketbeschreibung zu booktabs wird ein Beispiel aus [34, Seite 73] als Ausgangspunkt für eine typografisch *schlechte* Tabelle genommen:

Gnome	Pfund	€13.65
	Stück	.01
Gnu	gefüllt	92.50
Emu		33.33
Schnabeltier	gefroren	8.99

```
\begin{tabular}{||l|lr||} \hline
Gnome       & Pfund   & \euro13.65\\
                              \cline{2-3}
            & Stück   & .01    \\\hline
Gnu         & gefüllt & 92.50 \\
        \cline{1-1}\cline{3-3}
Emu         &         & 33.33 \\\hline
Schnabeltier & gefroren & 8.99  \\\hline
\end{tabular}
```

02-05-1

Natürlich gilt es hier zu beachten, dass Fragen der Makroanwendung und nicht Fragen der Typografie im Vordergrund stehen. Dennoch eignet sich diese Tabelle als Ausgangspunkt für eine Diskussion »was gut und was weniger gut ist«. Betrachten wir zum Vergleich diese Tabelle erst einmal ohne senkrechte Linien und links- beziehungsweise rechtsbündige horizontale Linien.

Gnome	Pfund	€13.65
	Stück	.01
Gnu	gefüllt	92.50
Emu		33.33
Schnabeltier	gefroren	8.99

```
\usepackage{eurosym}

\begin{tabular}{@{}llr@{}} \hline
Gnome & Pfund   & \euro13.65\\\cline{2-3}
      & Stück   & .01  \\\hline
Gnu   & gefüllt & 92.50\\\cline{1-1}\cline{3-3}
Emu   &         & 33.33\\\hline
Schnabeltier& gefroren& 8.99 \\\hline
\end{tabular}
```

02-05-2

Der Text rückt dabei rein optisch betrachtet etwas in den Vordergrund, was immer ein sinnvolles Ziel ist. Einige der horizontalen Linien kann man sich ebenfalls sparen und mit dem \multirow- oder \raisebox-Befehl den einen gemeinsamen Eintrag »gefüllt« vertikal zentriert setzen.

Gnome	Pfund	€13.65
	Stück	.01
Gnu	gefüllt	92.50
Emu		33.33
Schnabeltier	gefroren	8.99

```
\usepackage{eurosym,multirow}

\begin{tabular}{@{}llr@{}} \hline
Gnome & Pfund & \euro13.65    \\
      & Stück   & .01         \\
Gnu   & \multirow{2}*{gefüllt} & 92.50\\
Emu   &         & 33.33       \\
Schnabeltier & gefroren & 8.99\\\hline
\end{tabular}
```

02-05-3

Das Paket booktabs bietet nun weitere Möglichkeiten der Verbesserung. Insbesondere lassen sich auf einfach Weise unterschiedliche Liniendicken erreichen. Zur Erleichterung der Anwendung werden dazu unterschiedliche Makros definiert:

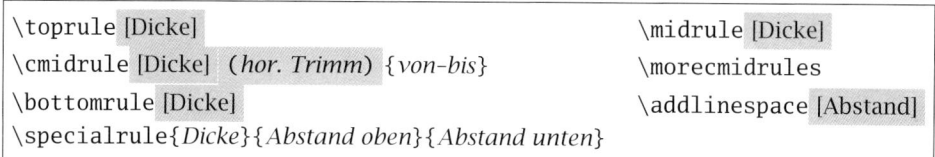

```
\toprule [Dicke]                              \midrule [Dicke]
\cmidrule [Dicke] (hor. Trimm) {von-bis}      \morecmidrules
\bottomrule [Dicke]                           \addlinespace [Abstand]
\specialrule{Dicke}{Abstand oben}{Abstand unten}
```

Die vorgegebenen Werte für die einzelnen Liniendicken mit ihren zugeordneten Längen und Abständen darüber/darunter, beziehungsweise für \cmidrule dem optionalen horizontalen Trimm, sind in der Tabelle 2.2 zusammengefasst. Benutzt man jetzt die Linientypen von booktabs und versieht die Beispieltabelle 02-05-3 auf der vorherigen Seite noch mit einer Überschrift, kommt man zu einer ansprechenden Anordnung. Da in vielen Fonts die Ziffern immer die gleiche Breite haben, reicht eine rechtsbündige Anordnung, um die Zahlenreihe zu formatieren.

Tabelle 2.2: Zusammenfassung der relevanten Längen und ihrer Zuordnung zu den Makros, wobei die Spalte *Aktuell* die Werte für die hier zugrundeliegende Klasse wiedergibt.

Länge	Vorgabe	Aktuell	Linientyp
\heavyrulewidth	0.08 em	0.79982pt	\toprule, \bottomrule
\lightrulewidth	0.05 em	0.4999pt	\midrule
\cmidrulewidth	0.03 em	0.29991pt	\cmidrule
\belowrulesep	0.65 ex	2.7979pt	\toprule, \midrule, \cmidrule
\belowbottomsep	0 pt	0.0pt	\bottomrule
\aboverulesep	0.4ex	1.72177pt	\midrule, \cmidrule, \bottomrule
\abovetopsep	0 pt	0.0pt	\toprule
\cmidrulesep	2\p@	2.0pt	\cmidrule, \morecmidrules
\cmidrulekern	0.5 em	4.99878pt	\cmidrule
\defaultaddspace	0.5 em	4.99878pt	\addlinespace

02-05-4

Fleisch		
Tier	Einheit	Preis in €
Gnome	Pfund	13.65
	Stück	0.01
Gnu	gefüllt	92.50
Emu		33.33
Schnabeltier	gefroren	8.99

```
\usepackage{eurosym,array,multirow,booktabs}

\begin{tabular}{@{}ll>{$}r<{$}@{}} \toprule
\multicolumn{2}{c}{Fleisch}\\\cmidrule(r){1-2}
Tier  &Einheit& \textrm{Preis in \euro}\\\midrule
Gnome & Pfund & 13.65         \\
      & Stück &  0.01         \\
Gnu   & \multirow{2}*{gefüllt} & 92.50\\
Emu   &       & 33.33         \\
Schnabeltier & gefroren & 8.99\\\bottomrule
\end{tabular}
```

Grundsätzlich kann man auch einfache Balkendiagramme mit Tabellen erstellen, die dann die Anwendung anderer Pakete oder externer Programme ersparen.

```
\usepackage{xcolor,booktabs}
\newlength{\basis}\setlength{\basis}{10cm} \newlength{\balkenlaenge}
\newcommand*{\Balken}[1]{%
  \setlength{\balkenlaenge}{0.01\basis}\setlength{\balkenlaenge}{#1\balkenlaenge}%
  \textcolor{black!40}{\rule{\balkenlaenge}{1.5ex}} #1\,\%}

\begin{tabular}{@{}ll@{}}\toprule
\Balken{57}  & sehr groß     \\ \Balken{23}  & groß\\
\Balken{12}  & weniger groß\\ \Balken{8}    & klein\\\bottomrule
\end{tabular}
```

02-05-5

Das Makro \cmidrule erlaubt über die Werte für die horizontale Justierung eine bessere Ausrichtung als der standardmäßige \cline-Befehl. Für die Justierung kann man die beiden Werte l und/oder r verwenden. Zum besseren Verständnis soll dies erst einmal an zwei einfachen Beispielen gezeigt werden. Das erste unterscheidet sich vom zweiten im Code nur durch den Tabellenkopf; im zweiten Fall ist die Tabelle links-/rechtsbündig.

Eins	Zwei	Drei	Vier
Eins	Zwei	Drei	Vier
Eins	Zwei	Drei	Vier
Eins	Zwei	Drei	Vier
Eins	Zwei	Drei	Vier

```
\usepackage{booktabs}

\begin{tabular}{cccc}
Eins&Zwei&Drei&Vier\\\cmidrule{1-1}\cmidrule{2-2}
                    \cmidrule{3-3}\cmidrule{4-4}
Eins&Zwei&Drei&Vier\\\cmidrule(lr){1-2}\cmidrule(lr){3-4}
Eins&Zwei&Drei&Vier\\\cmidrule(lr){1-1}\cmidrule(lr){2-2}
                    \cmidrule(lr){3-3}\cmidrule(lr){4-4}
Eins&Zwei&Drei&Vier\\\cmidrule(r){1-2}\cmidrule(l){3-4}
Eins&Zwei&Drei&Vier\\\cmidrule(r){1-1}\cmidrule(lr){2-2}
                    \cmidrule(lr){3-3}\cmidrule(l){4-4}
\end{tabular}
```

02-05-6

Eins	Zwei	Drei	Vier
Eins	Zwei	Drei	Vier
Eins	Zwei	Drei	Vier
Eins	Zwei	Drei	Vier
Eins	Zwei	Drei	Vier
Eins	Zwei	Drei	Vier

```
\usepackage{booktabs}

\begin{tabular}{@{}cccc@{}}
Eins&Zwei&Drei&Vier\\\cmidrule{1-2}\cmidrule{3-4}
Eins&Zwei&Drei&Vier\\\cmidrule{1-1}\cmidrule{2-2}
                    \cmidrule{3-3}\cmidrule{4-4}
Eins&Zwei&Drei&Vier\\\cmidrule(lr){1-2}\cmidrule(lr){3-4}
Eins&Zwei&Drei&Vier\\\cmidrule(lr){1-1}\cmidrule(lr){2-2}
                    \cmidrule(lr){3-3}\cmidrule(lr){4-4}
Eins&Zwei&Drei&Vier\\\cmidrule(r){1-2}\cmidrule(l){3-4}
Eins&Zwei&Drei&Vier\\\cmidrule(r){1-1}\cmidrule(lr){2-2}
                    \cmidrule(lr){3-3}\cmidrule(l){4-4}
\end{tabular}
```

02-05-7

Der Unterschied in der Anwendung sollte offensichtlich sein. Aufeinanderfolgende \cmidrule sind ohne die horizontale Ausrichtung nicht zu unterscheiden, denn sie bilden eine aneinandergereihte Linienkette. Benutzt man dagegen einen oder beide der optionalen Trimmparameter l oder r, so wird die Teillinie links und rechts um den Wert \cmidrulekern verkürzt, wobei \cmidrule dabei nicht zwischen Zellen in der Tabellenmitte oder am Tabellenrand unterscheidet. Der Wert von \cmidrulekern ist mit 0.5 em vorbelegt und kann jederzeit überschrieben werden. Alternativ ist auch eine explizite Angabe einer Länge als Parameter für l und r möglich, sodass beispielsweise mit r{\tabcolsep} eine Verkürzung um \tabcolsep möglich ist. Negative Werte bewirken eine Verlängerung der Linie nach links beziehungsweise rechts.

Das folgende Beispiel ist eine eher komplexe Anwendung der booktabs-Makros. Durch @{\kern-30pt} (negativer Spaltenabstand) im Kopf der Tabelle erreicht man ein »Heranziehen« der folgenden Spalte.

```
\usepackage{eurosym,array,booktabs}

\begin{tabular}{@{}>{\raggedright}p{4.5cm}@{\kern-30pt}*{6}{>{\small}r}@{}}\toprule
\textit{Alternative 1}  &  Investitions- & Jahr\\[-2pt]
                        & zeitpunkt      & 2006 & 2007 & 2008 & 2009 & 2010 \\
\cmidrule(lr){3-3}\cmidrule(lr){4-4}\cmidrule(lr){5-5}
                \cmidrule(lr){6-6}\cmidrule(l){7-7}
Einführungszahlungen    & 0 &      0 &      0 &      0 &      0 &      0 \\
Lfd. Personalzahlungen & 0 &  7.187 &  7.187 &  7.187 &  7.187 &  7.187 \\
Lfd. Zahlungen für \newline
Wartung/Systempflege    & 0 & 13.572 & 13.572 & 13.572 & 13.572 & 13.572\\
    \cmidrule[0.8pt](r){1-2}\cmidrule(lr){3-3}\cmidrule(lr){4-4}\cmidrule(lr){5-5}
    \cmidrule(lr){6-6}\cmidrule(l){7-7}
Gesamtzahlungen für die Investition
  & 0 & 20.759 & 20.759 & 20.759 & 20.759 & 20.759\\\bottomrule
%
\multicolumn{7}{c}{\rule{0pt}{3ex}\small(Alle Angaben in \euro)}
\end{tabular}
```

Alternative 1	Investitions-zeitpunkt	Jahr				
		2006	2007	2008	2009	2010
Einführungszahlungen	0	0	0	0	0	0
Lfd. Personalzahlungen	0	7.187	7.187	7.187	7.187	7.187
Lfd. Zahlungen für Wartung/Systempflege	0	13.572	13.572	13.572	13.572	13.572
Gesamtzahlungen für die Investition	0	20.759	20.759	20.759	20.759	20.759

02-05-8

(Alle Angaben in €)

\cmidrule kann analog zum Standard-LaTeX Befehl \cline zwar mehrmals hintereinander mit gleichen Parametern aufgerufen werden, hat aber dennoch keine doppelten oder mehrfachen Linien zur Folge. Mit dem Befehl \morecmidrules zwischen zwei gleichen

\cmidrule-Befehlen kann dies aber erreicht werden, wobei dieser Vorgang bei höherer Linienzahl zu wiederholen ist. Der Linienabstand ist durch \doublerulesep=2.0pt vorgegeben und kann wie üblich durch einen Längenbefehl geändert werden.

Eins	Zwei	Drei	Vier
Eins	Zwei	Drei	Vier
Eins	Zwei	Drei	Vier

```
\usepackage{booktabs}

\begin{tabular}{cccc}
Eins & Zwei & Drei & Vier\\\cmidrule{2-3}\cmidrule{2-3}
Eins & Zwei & Drei & Vier\\
                \cmidrule{2-3}\morecmidrules\cmidrule{2-3}
Eins & Zwei & Drei & Vier\\\cmidrule{2-3}\morecmidrules
                \cmidrule{2-3}\morecmidrules\cmidrule{2-3}
\end{tabular}
```

02-05-9

Besonders im Zusammenhang mit farbigen Tabellen ist die Anwendung des Makros \specialrule hilfreich, da es damit möglich ist, Linien zu erstellen, die keinen vertikalen Abstand davor und dahinter erzeugen und somit direkt hinter farbige Blöcke gesetzt werden können. Dies ermöglicht gleichzeitig auch die Verwendung senkrechter Linien, die ansonsten wegen der zusätzlichen vertikalen Abstände vor und nach horizontalen Linien unterbrochen wären.

```
\usepackage{array,booktabs}  \usepackage[table]{xcolor}
\definecolor{cLightRed}{rgb}{1,.70,.70}   \definecolor{cLightYellow}{rgb}{.90,.85,.55}
\definecolor{cLightGray}{rgb}{.90,.90,.90}\definecolor{cMediumGray}{rgb}{.70,.70,.70}
\definecolor{cDarkGray}{rgb}{.50,.60,.70} \newcommand\thickc[1][0.5pt]{\vrule width #1}
\newcommand\myMidrule{\specialrule{0.6pt}{0pt}{0pt}}

\renewcommand{\arraystretch}{1.35}
\begin{tabular}{|l|c|c|m{4cm}|} \specialrule{2pt}{5pt}{0pt}
  \multicolumn{4}{!{\thickc[2pt]}c!{\thickc[2pt]}}{%
      \large \textbf{Boot Loader Header Table}}\\\specialrule{2pt}{0pt}{0pt}
  \multicolumn{4}{!{\thickc[1pt]}>{\columncolor{cLightYellow}}r!{\thickc[1pt]}}{%
      \large Version Independent }\\\specialrule{1pt}{0pt}{0pt}
  \multicolumn{1}{!{\thickc[1pt]}>{\columncolor{cDarkGray}}c|}{Entry}
  & \multicolumn{1}{|>{\columncolor{cDarkGray}}c|}{Location}
  & \multicolumn{1}{|>{\columncolor{cDarkGray}}c|}{Size}
  & \multicolumn{1}{|>{\columncolor{cDarkGray}}c!{\thickc[1pt]}}{Comments} \\
      \specialrule{1pt}{0pt}{0pt}
%
  \rowcolor{cLightGray} JmpTrap & 0 & Word & OEBFEh (JMP \$)\\\myMidrule
  \rowcolor{cMediumGray} MagicNumber & 2 & Word & 0AA55h \\\myMidrule
  \rowcolor{cLightGray} Name & 4 & 4 Bytes & 'EBLH' \\\myMidrule
  \rowcolor{cMediumGray} Version & 8 & Word & Version of BLH table\\\myMidrule
  \rowcolor{cLightGray} Size & 10 & Byte & Size of BLH table \\\myMidrule
  \rowcolor{cMediumGray}SizeVDT & 11 & Byte & Size of following version
      dependent table\\\myMidrule
  \multicolumn{4}{!{\thickc[1pt]}>{\columncolor{cLightYellow}}r!{\thickc[1pt]}}{%
      \large Version 1.x }\\\myMidrule
  \rowcolor{cLightGray} Empty & 0 & 0 & No Data for 1.x\\\myMidrule
  \multicolumn{4}{!{\thickc[2pt]}c!{\thickc[2pt]}}{%
      \large \textbf{End of Boot Loader Header Table}}\\[-2pt]\bottomrule[2pt]
\end{tabular}
```

02-05-10

Boot Loader Header Table			
			Version Independent
Entry	Location	Size	Comments
JmpTrap	0	Word	0EBFEh (JMP $)
MagicNumber	2	Word	0AA55h
Name	4	4 Bytes	'EBLH'
Version	8	Word	Version of BLH table
Size	10	Byte	Size of BLH table
SizeVDT	11	Byte	Size of following version dependent table
			Version 1.x
Empty	0	0	No Data for 1.x
End of Boot Loader Header Table			

In obigem Beispiel war ein zusätzlicher vertikaler Abstand wegen der farbigen Zeilen unerwünscht. Im folgenden ist es genau das Gegenteil; mit \addlinespace kann man an jeder beliebigen Stelle der Zeile zusätzlichen vertikalen Abstand angeben. Bei Anwendung einer longtable kann man zusätzlich mit dem \specialrule-Befehl den Abstand nach einer Tabellenüberschrift steuern. Bei der Anwendung von longtable und booktabs ist zu beachten, dass sich die Syntax der Befehle etwas ändert:

Achtung: longtable

```
\toprule (hor. Trimm) [Dicke]
\midrule (hor. Trimm) [Dicke]
\bottomrule (hor. Trimm) [Dicke]
\specialrule (hor. Trimm) {Dicke}{Abstand oben}{Abstand unten}
```

Das optionale Argument für den horizontalen Trimm ist nun bei allen Makros möglich. Dies ist wichtig zu wissen, denn im folgenden Beispiel ist das \relax nach dem letzten \midrule wichtig, weil es sonst wegen der in der folgenden Zeile erscheinenden runden Klammer zu einer Fehlermeldung kommt; \midrule würde diese für sich als den Beginn eines optionales Arguments betrachten.

```
\usepackage{longtable}
\usepackage{booktabs}

\begin{longtable}{@{}lrccccr@{}}
\caption{Übersicht}\\        \specialrule{1pt}{5pt}{5pt}
\multicolumn{1}{l}{Verbindung} & \multicolumn{1}{c}{Lit.}
   & \multicolumn{1}{c}{X-Ray} & \multicolumn{1}{c}{Lsm.}
   & \multicolumn{1}{c}{$^{125}$Te-shift}
   & \multicolumn{1}{c}{$^{19}$F-shift} \\\midrule
```

```
\addlinespace[0.3em]
\endhead
%
\addlinespace[0.5em]
\endfoot
%
\bottomrule
\endlastfoot
%
(CF$_3$C$_6$F$_4$)$_2$Te$_2$  &---&---&---&---&---  \\\midrule
Ph$_2$Te                      &---&---&---&729&---  \\\midrule\relax
(C$_6$F$_4$)$_2$Te$_2$        &---& ja&---&762& $-108,0$; $-152,0$
\end{longtable}
```

Tabelle 1: Übersicht

02-05-11

Verbindung	Lit.	X-Ray	Lsm.	^{125}Te-shift	^{19}F-shift
$(CF_3C_6F_4)_2Te_2$	—	—	—	—	—
Ph_2Te	—	—	—	729	—
$(C_6F_4)_2Te_2$	—	ja	—	762	$-108,0$; $-152,0$

2.6 cellspace

Das Paket cellspace von Josselin Noirel lädt automatisch die Pakete ifthen, array und calc und sorgt für einen besseren Zeilenabstand bei Verwendung von abgesetzten Gleichungen in Tabellen und Matrizen. Besonders bei Verwendung von Brüchen, Wurzeln oder Exponenten in tabular-Umgebungen zeigen sich Probleme wie in der folgenden Abbildung:

$$f(x) = \frac{\sqrt{x^2-1}}{x^2+1}$$
$$f(x) = \frac{\sqrt{x^2-1}}{x^2+\frac{1}{x^2}}$$

```
\begin{tabular}{c}\hline
$ f(x)=\frac{\sqrt{x^2-1}}{x^2+1}$            \\\hline
$ f(x)=\frac{\sqrt{x^2-1}}{x^2+\frac{1}{x^2}}$\\\hline
\end{tabular}
```

02-06-1

Allgemein könnte man über das Makro \arraystretch eine Streckung der Tabelle erreichen, was jedoch nicht immer bei verschiedenen Tabellen zu gleichen Abständen führt, da der Wert für \arraystretch zwingend angepasst werden müsste. Außerdem braucht man sehr viel Erfahrung, um auf sinnvolle Werte zu kommen, die dann auch nicht notwendigerweise eine erwartete Lösung ergeben.

$$f(x) = \frac{\sqrt{x^2-1}}{x^2+1}$$

$$f(x) = \frac{\sqrt{x^2-1}}{x^2+\frac{1}{x^2}}$$

```
\renewcommand\arraystretch{2.5}
\begin{tabular}{c}\hline
$ f(x)=\frac{\sqrt{x^2-1}}{x^2+1}$ \\\hline
$ f(x)=\frac{\sqrt{x^2-1}}{x^2+\frac{1}{x^2}}$\\\hline
\end{tabular}
```

02-06-2

Das Paket `cellspace` versucht durch Berechnung der benötigten Zellenhöhe einen sinnvollen oberen und unteren Abstand zu ermitteln. Dazu wurde mit dem Befehl `\newcolumntype` ein neuer Spaltentyp S definiert, der als Parameter den eigentlichen Typ erwartet, wobei l, c, r, p, m und b möglich sind. Dabei kann für die einfachen Typen auf die Klammerung verzichtet werden, da dann automatisch das nächste Zeichen als Argument genommen wird; Sl und S{l} sind in diesem Fall identisch.

02-06-3

$$f(x) = \frac{\sqrt{x^2-1}}{x^2+1}$$
$$f(x) = \frac{\sqrt{x^2-1}}{x^2+\frac{1}{x^2}}$$

```
\usepackage{cellspace}

\begin{tabular}{Sc}\hline
$ f(x)=\frac{\sqrt{x^2-1}}{x^2+1}$ \\\hline
$ f(x)=\frac{\sqrt{x^2-1}}{x^2+\frac{1}{x^2}}$\\\hline
\end{tabular}
```

Der obere und untere Abstand in einer Zelle wird dabei von den beiden Längen `\cellspacetoplimit`=1 pt und `\cellspacebottomlimit`=1 pt kontrolliert. Beide Werte können über `\setlength` oder `\addtolength` verändert werden, was auch empfehlenswert ist, da die Vorgaben im Paket sehr klein gewählt wurden.

02-06-4

$$f(x) = \frac{\sqrt{x^2-1}}{x^2+1}$$
$$f(x) = \frac{\sqrt{x^2-1}}{x^2+\frac{1}{x^2}}$$

```
\usepackage{cellspace}
\addtolength\cellspacetoplimit{3pt}
\addtolength\cellspacebottomlimit{3pt}

\begin{tabular}{Sc}\hline
$ f(x)=\frac{\sqrt{x^2-1}}{x^2+1}$ \\\hline
$ f(x)=\frac{\sqrt{x^2-1}}{x^2+\frac{1}{x^2}}$\\\hline
\end{tabular}
```

`cellspace` ermöglicht über das Makro `\addparagraphcolumntypes` das Hinzufügen von weiteren Spaltentypen, was sich hauptsächlich auf vom Anwender selbst definierte Typen bezieht, von denen `cellspace` sonst nichts mitbekommt. Ein typischer Fall wäre das Hinzufügen des Spaltentyps X bei Verwendung des Paketes `tabularx`.

02-06-5

x	die unabhängige Variable, kann willkürlich vorgegeben werden
y	die abhängige Variable
$f(x)$	die Funktion $y = f(x)\dfrac{1}{\sqrt{x}}$

```
\usepackage{amsmath,cellspace,tabularx}
\addparagraphcolumntypes{X}
\addtolength\cellspacetoplimit{3pt}
\addtolength\cellspacebottomlimit{3pt}

\begin{tabularx}{\linewidth}{S{p{3em}}SX}\hline
$x$ & die unabhängige Variable, kann
  willkürlich vorgegeben werden \\\hline
$y$ & die abhängige Variable     \\\hline
$f(x)$ & die Funktion
    $y=f(x)\dfrac{1}{\sqrt{x}}$\\\hline
\end{tabularx}
```

2.7 ctable

Das Paket `ctable` von Wybo Dekker fast die Eigenschaften der Pakete `array`, `tabularx` und `booktabs` zusammen. Zusätzlich zu diesen werden noch `rotating`, `xspace`, `color` und xkeyval geladen. ctable definiert das gleichnamige Makro, mit welchem über Schlüsselworte gesteuert, das Layout einer Tabelle beeinflusst werden kann. Zusätzlich werden weitere Makros für Fußnoten und Linien definiert.

```
\ctable [Optionen] {Spaltendeklaration}{Fußnoten}{Tabellenzeilen}
\tmark [Symbol]
\tnote [Symbol] {Text}
\NN [Abstand]      \FL [Abstand]      \ML [Abstand]      \LL [Abstand]
```

Im einfachsten Fall wird das Makro ohne Optionen und mit leerem Argument für die Fußnoten angewendet:

Links	Zentriert	Rechts
l	c	r
left	center	right

```
\usepackage{ctable}

\ctable{lcr}{}{% <-- leeres Fussnotenargument!
  \emph{Links} & \emph{Zentriert} & \emph{Rechts}\\\hline
  l            & c                & r \\
  left         & center           & right }
```

02-07-1

Tabelle 2.3 fasst alle möglichen optionalen Parameter zusammen und gibt auch die entsprechenden Standardwerte an. Ein wesentlicher Teil der Optionen bezieht sich auf die Tabelle als Gleitumgebung, was hier jedoch nicht von Bedeutung ist, sodass darauf nicht weiter eingegangen wird.

Tabelle 2.3: Zusammenstellung der möglichen Optionen für das Makro ctable

Name	Bedeutung
caption	Tabellenüber- oder Tabellenunterschrift, die in Klammern gesetzt werden *muss*, falls der Text ein Komma oder ein Gleichheitszeichen enthält.
cap	Alternative Kurzform für die Liste der Tabellen (\listoftables).
captionskip	Abstand zwischen Tabellentitel und Tabelle (Vorgabe ist 2 ex).
mincapwidth	Vorgabe der Mindestbreite der Tabellenüber- oder Tabellenunterschrift. Sinnvoll für sehr schmale Tabellen, wobei Fußnoten jedoch immer mit der »caption«-Breite gesetzt werden.
pos	Floatposition (Vorgabe ist tbp).
label	Setzt eine Tabellenüber- oder Tabellenunterschrift voraus. Entspicht dem \label-Makro
width	Bei Angabe einer Breite wird die tabularx-Umgebung für das Setzen der Tabelle benutzt, sodass sich daraus folgend die Anwendung mindestens einer X-Spalte ergibt.
maxwidth	Erreicht die Tabelle nicht die maximale Breite, so wird jede X-Spalte in eine normale l-Spalte umgewandelt.
center	Zentriert die Tabelle in der aktuellen Zeile (Vorgabe).
left	Setzt die Tabelle linksbündig in der aktuellen Zeile.
right	Setzt die Tabelle rechtsbündig in der aktuellen Zeile.

Fortsetzung...

...Fortsetzung

figure	Anstelle einer `table`- wird eine `figure`-Gleitumgebung für das Setzen der Tabelle benutzt.
botcap	Setzt eine Tabellenunterschrift anstelle einer -überschrift.
sideways	Dreht die Tabelle entgegen (oneside) oder mit (twoside) dem Uhrzeigersinn um 90 Grad und setzt sie auf eine eigene Seite. Die pos-Option darf in diesem fall nicht benutzt werden.
nosuper	Setzt die Fußnotensymbole *nicht* im »superscript«-Modus.
notespar	Setzt alle Fußnotentexte hintereinander in *einen* Absatz.
star	Verwendet als Gleitumgebung die jeweilige Sternvariante, was nur im `\twocolumn`-Modus sinnvoll ist, um damit die Tabelle über beide Spalten zu setzen.
framerule	Die Tabelle wird *grundsätzlich* mit einem Rahmen versehen, der jedoch standardmäßig eine Liniendicke von 0 pt hat, sodass er unsichtbar bleibt, wenn kein anderer Wert angegeben wird.
framesep	Entspricht dem `\fboxsep` und legt den Abstand zwischen Rahmen und Tabelle fest (Vorgabe ist 0 pt).
framefg	Erwartet drei durch Lerzeichen getrennte Angaben (RGB) im Bereich [0...1] für die Rahmenfarbe (Vorgabe ist 0 0 0 für Schwarz).
framebg	dito, für die Hintergrundfarbe (Vorgabe ist 1 1 1 für Weiß).

Fußnoten werden grundsätzlich unter die Tabelle gesetzt und orientieren sich in ihrer Breite (Marke und Text) an der Tabellenüber- beziehungsweise Tabellenunterschrift. Ist diese nicht vorhanden, so wird automatisch die Tabellenbreite genommen. Bei Anwendung des standardmäßigen `\footnotetext`-Befehls wird eine Trennlinie gezogen. Die Zählung erfolgt dabei in der für eine `minipage` üblichen Form, d. h. für `\tmark` ist der »echte« Buchstabe und für `\footnotetext` die entsprechende Zahl einzusetzen (f→6). Werden `\tmark` und `\tnote` ohne optionales Argument angewendet, wird automatisch als Label a genommen, wobei keine automatische Inkrementierung des Fußnotenzählers erfolgt.

02-07-2

I QUELLE:	II[a]
Links–1	Rechts–1
Links–2	Rechts–2
Links–3[b]	Rechts–3[*]
Links–4	Rechts–4
III[c]	IV[f]

QUELLE: Chicago Manual of Style. [a] Anmerk. zu II. Dies ist eine sehr lange Fußnote zur Demonstration des Zeilenumbruchs in der Fußnote. [b] Fußnote zu Links-3. [*] Fußnote zu Rechts-3 [c] Fußnote zu III.

[f] Noch eine echte Fußnote zu III.

```
\usepackage{ctable}

\ctable[notespar=true]{|c||c|}{%
\tnote[\textsc{Quelle:}]{Chicago Manual of Style.}%
\tnote{Anmerk. zu II. Dies ist eine sehr lange Fußnote
zur Demonstration des Zeilenumbruchs in der Fußnote.}%
\tnote[b]{Fußnote zu Links-3.}%
\tnote[*]{Fußnote zu Rechts-3}%
\tnote[c]{Fußnote zu III.}%
\footnotetext[6]{Noch eine echte Fußnote zu III.}}{%
I\tmark[\textsc{Quelle:}] & II\tmark \\
Links--1        & Rechts--1        \\
Links--2        & Rechts--2        \\
Links--3\tmark[b]& Rechts--3\tmark[*]\\
Links--4        & Rechts--4        \\
III\tmark[c]    & IV\tmark[f] }
```

Ein Rahmen wird grundsätzlich nur um die Tabelle gezogen, die Fußnoten erscheinen daher außerhalb. Bei der Angabe der Liniendicke ist darauf zu achten, dass bei zu dünnen Linien diese manchmal nicht auf dem Bildschirm sichtbar sind. Eine Vergrößerung der Darstellung oder ein Ausdruck sind dann zur Kontrolle hilfreich. Farbangaben in einer der erweiterten xcolor-Notation sind nicht möglich.

xcolor

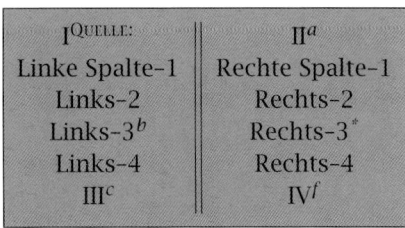

I Quelle:	II^a
Linke Spalte-1	Rechte Spalte-1
Links-2	Rechts-2
Links-3^b	Rechts-3^*
Links-4	Rechts-4
III^c	IV^f

Quelle: Chicago Manual of Style.
^a Anmerk. zu II. Dies ist eine sehr lange Fußnote zur Demonstration des Zeilenumbruchs in der Fußnote.
^b Fußnote zu Links-3.
^* Fußnote zu Rechts-3
^c Fußnote zu III.

―――――――

^f Noch eine „echte" Fußnote zu III.

02-07-3

```
\usepackage{ctable}

\ctable[framerule=0.5pt,framesep=5pt,
    framebg=0.8 0.5 0.6]{@{}c||c@{}}{%
  \tnote[\textsc{Quelle:}]{Chicago Manual of Style.}%
  \tnote{Anmerk. zu II. Dies ist eine sehr lange
    Fußnote zur Demonstration des Zeilenumbruchs
    in der Fußnote.}%
  \tnote[b]{Fußnote zu Links-3.}%
  \tnote[*]{Fußnote zu Rechts-3}%
  \tnote[c]{Fußnote zu III.}%
  \footnotetext[6]{Noch eine ,,echte'' Fußnote
    zu III.}%
}{%
  I\tmark[\textsc{Quelle:}] & II\tmark \\
  Linke Spalte--1 & Rechte Spalte--1  \\
  Links--2        & Rechts--2         \\
  Links--3\tmark[b]& Rechts--3\tmark[*]\\
  Links--4        & Rechts--4         \\
  III\tmark[c]    & IV\tmark[f]
}
```

Die Anwendung des sideways-Parameters führt immer zu einer eigenen Seite für die Tabelle und macht daher nur bei entsprechend großen Tabellen Sinn. Ist die Tabelle dagegen nur sehr breit bei geringer Höhe, dann sollte man auf eine einfache Rotation mit \rotatebox zurückgreifen.

Anstelle der standardmäßigen Zeilenendebefehle wie \\ oder \tabularnewline kann man mit ctable die alternativen Varianten benutzen, die auf Seite 52 angegeben sind. Zu beachten ist lediglich, dass *alle* Linienmakros innerhalb des Tabellenblocks erscheinen müssen. Für den Fall, dass eine Linie gezogen wird, beziehen sich die Befehle auf die entsprechenden booktabs-Varianten \toprule, \midrule und \bottomrule mit der jeweiligen Möglichkeit, die Dicke der Linie anzugeben.

\FL im Tabellenblock

```
\usepackage{ctable}
```

Hier kommt zur Demonstration ziemlich sinnloser Text vor der folgenden Tabelle, die wegen der \texttt{sideways}-Option auf einer eigenen Seite erscheinen wird.

```
\ctable[sideways,maxwidth=\textheight,
  caption=Eine Tabelle mit \texttt{\textbackslash ctable}]{@{}>{\ttfamily}l X@{}
}{%
  \tnote[*]{Eine Demonstration mit \texttt{\textbackslash ctable}.}%
}{%
\FL% FirstLine mit Standarddicke
```

```
sideways\tmark[*] & Dreht die Tabelle entgegen (oneside) oder mit (twoside) dem
      Uhrzeigersinn um 90 Grad und setzt sie auf eine eigene Seite. Die
      \texttt{pos}-Option darf in diesem Fall nicht benutzt werden.\ML[0.1pt]% MidLine
star    & Verwendet als Gleitumgebung die jeweilige Sternvariante, was nur im
      \texttt{\textbackslash twocolumn}-Modus sinnvoll ist, um damit die Tabelle über
      beide Spalten zu setzen.\LL[0.5pt]% LastLine
}% Ende des Tabellenarguments
```

02-07-4

2

Hier kommt zur Demonstration ziemlich sinnloser Text vor der folgenden Tabelle, die wegen der sideways-Option auf einer eigenen Seite erscheinen wird.

3

Tabelle 1: Eine Tabelle mit \ctable

sideways[*]	Dreht die Tabelle entgegen (oneside) oder mit (twoside) dem Uhrzeigersinn um 90 Grad und setzt sie auf eine eigene Seite. Die pos-Option darf in diesem Fall nicht benutzt werden.
star	Verwendet als Gleitumgebung die jeweilige Sternvariante, was nur im \twocolumn-Modus sinnvoll ist, um damit die Tabelle über beide Spalten zu setzen.

[*] Eine Demonstration mit \ctable.

Die maxwidth-Option ist immer dann hilfreich, wenn Tabellen durch externe Skripte oder Programme generiert werden, bei denen der Tabelleninhalt vorher nicht unbedingt bekannt ist. Die generelle Anwendung einer X-Spalte zusammen mit dem tabularx-Paket kann dann manchmal störend wirken, wenn die zwingend anzugebene Breite der Tabelle größer als notwendig ist. Durch Angabe einer maximalen Breite durch maxwidth kann mit \ctable eine automatische Umwandlung einer X- in eine normale l-Spalte erreicht werden, wenn die Tabelle insgesamt schmaler als die maximale Breite ist.

Die horizontale Ausrichtung der Tabelle, die standardmäßig in der aktuellen Zeile zentriert ist, kann über die Optionen left, center und right leicht beeinflusst werden.

Links	Zentriert	Rechts
l	c	r
left	center	right

```
\usepackage{ctable}
```

02-07-5

```
\ctable{@{}lcr@{}}{}{%
  \emph{Links} & \emph{Zentriert}
    & \emph{Rechts}\\\hline
  l    & c       & r\\
  left & center & right }
\ctable[left]{@{}lcr@{}}{}{%
  \emph{Links} & \emph{Zentriert}
    & \emph{Rechts}\\\hline
  l    & c       & r\\
  left & center & right }
\ctable[right]{@{}lcr@{}}{}{%
  \emph{Links} & \emph{Zentriert}
    & \emph{Rechts}\\\hline
  l    & c       & r\\
  left & center & right }
```

Links	Zentriert	Rechts
l	c	r
left	center	right

Links	Zentriert	Rechts
l	c	r
left	center	right

2.8 datatool

Das Paket datatool von Nicola Talbot löst das alte Paket csvtools der Autorin ab und macht dieses daher überflüssig. datatool ist eigentlich eine Sammlung von mehreren Paketen, die allesamt externe Daten einlesen und in irgendeiner Weise darstellen, sei es als Tabelle, als Tortendiagramm oder als Funktionsgraph. Alle Datensätze werden zeilenweise eingelesen und müssen einen einheitlichen Trenner haben, der vom Anwender festgelegt werden kann.

Vorname	Nachname	Alter
Hannes	Wader, sen.	68
Jane	Austen	75
James	Brown	42
Jana	Voss	26
Roger	Daltry	58
Claire	Waldoff	45
Felix	Voss	29

02-08-1

```
\usepackage{datatool}

\DTLloaddb{Liste}{data0.csv}
\begin{tabular}{llc}
\bfseries Vorname & \bfseries Nachname
  & \bfseries Alter
\DTLforeach{Liste}{\vorname=Vorname,
  \nachname=Nachname,\alter=Alter}{%
  \\ \vorname & \nachname & \alter}
\end{tabular}
```

Im Standardfall wird die externe Datei eine kommaseparierte Liste sein, wobei einzelne Einträge zusätzlich durch Anführungsstriche »geklammert« werden können, wenn sie selbst ein Komma enthalten, wie im ersten Datensatz (zweite Zeile) zu sehen ist. Die erste Zeile eines Datensatz *muss* Bezeichner für die einzelnen Spalten enthalten, auf die dann mit \DTLforeach bezug genommen werden kann.

```
Vorname,Nachname,AusweisNo,Alter
Hannes,"Wader, sen.",102689,68
Jane,Austen,102647,75
James,Brown,103569,42
```

```
Jana,Voss,105488,26
Roger,Daltry,106872,58
Claire,Waldoff,104356,45
Felix,Voss,513110,29
```

\DTLloaddb{*Datenliste*}{*Dateiname*}
\DTLforeach * [Bedingung] {*Datenliste*}{*Zuweisungsliste*}{*Tabellenzeile*}

Die Sternversion arbeitet bei größeren Datenlisten etwas schneller, da sie keine Veränderungen der einzelnen Einträge erlaubt, sozusagen die Daten nur »Read only« einliest. Das erste Argument von \DTLforeach erwartet den logischen Dateinamen, das zweite liefert die Zuweisung der einzelnen Spalten zu Makronamen und das letzte Argument stellt die Formatierung einer einzelnen Tabellenzeile dar. Wie man den Doppelbackslash einfügt, bleibt dem Anwender überlassen; es kann vor oder nach der neuen Zeile erfolgen. Eine Nummerierung der einzelnen Zeilen kann man leicht mit dem internen Zähler DTLrowi erreichen, der in der üblichen Weise abgefragt und auch gleich für ein Label benutzt werden kann. Dann kann man jederzeit die einzelnen Zeilen der Tabelle referenzieren.

02-08-2

No.	Vorname	Nachname	Alter
1.	Hannes	Wader, sen.	68
2.	Jane	Austen	75
3.	James	Brown	42
4.	Jana	Voss	26
5.	Roger	Daltry	58
6.	Claire	Waldoff	45
7.	Felix	Voss	29

Man findet den Eintrag von James Brown in Zeile 3 der Tabelle und den von Claire in Zeile 6.

```
\usepackage{datatool}
\usepackage{booktabs}
\DTLloaddb{Liste}{data0.csv}

\begin{tabular}{ @{}cllc@{}}\toprule
\emph{No.} & \emph{Vorname} &
  \emph{Nachname} & \emph{Alter}\\
  \midrule
\DTLforeach{Liste}{\vorname=Vorname,
  \nachname=Nachname,\alter=Alter}{%
\label{tab:\nachname} \theDTLrowi.
  & \vorname & \nachname   & \alter\\}
\end{tabular}\par
Man findet den Eintrag von James Brown in
Zeile~\ref{tab:Brown} der Tabelle und den
von Claire in Zeile~\ref{tab:Waldoff}.
```

Ein Referenzieren ist dann mit dem allgemein bekannten \ref-Befehl möglich, wobei zu beachten ist, dass man das Label vor den Zeilenumbruch \\ setzen *muss*, damit der Bezug zu der internen Anweisung \refstepcounterDTLrowi gegeben ist; alle Zähler werden am Begin des Arguments *Tabellenzeile* gesetzt (siehe Syntax des Befehls). Die Zähler werden den Elementen der *Zuweisungsliste* zugeordnet und ähnlich wie bei einer normalen Liste mit kleinen römischen Buchstaben fortlaufend bezeichnet. Der Erste lautet DTLrowi, der zweite DTLrowii, usw.

\DTLisopenbetween{*Liste*}{*Anfangszeichen*}{*Endzeichen*}
\DTLiffirstrow{*Wahr*}{*Falsch*}   \DTLifoddrow{*Wahr*}{*Falsch*}

Über das optionale Argument von \DTLforeach kann eine Bedingung formuliert werden, die es erlaubt, nur bestimmte Einträge auszugeben, beispielsweise nur diejenigen, deren

Nachname mit »W« beginnt. Das Makro \DTLisopenbetween definiert den Bereich, für den die Datenliste »offen« ist, wobei die Angabe des Anfangs einschließlich und die des Endes ausschließlich zu verstehen ist.

No.	Vorname	Nachname	Alter
1.	Hannes	Wader, sen.	68
2.	Claire	Waldoff	45

```
\usepackage{datatool}
\DTLloaddb{Liste}{data0.csv}

\begin{tabular}{cllc}
\bfseries No. & \bfseries Vorname
  & \bfseries Nachname & \bfseries Alter
\DTLforeach[\DTLisopenbetween{\nachname}{W}{X}]%
    {Liste}{\vorname=Vorname,
  \nachname=Nachname,\alter=Alter}{\\
  \theDTLrowi.&\vorname&\nachname&\alter}
\end{tabular}
```

02-08-3

No.	Vorname	Nachname	Alter
1.	Hannes	Wader, sen.	68
2.	Jane	Austen	75
3.	James	Brown	42
4.	Jana	Voss	26
5.	Roger	Daltry	58
6.	Claire	Waldoff	45
7.	Felix	Voss	29

```
\usepackage{datatool}
\usepackage[table]{xcolor}

\DTLloaddb{Liste}{data0.csv}
\begin{tabular}{cllc}
\emph{No.} & \emph{Vorname} &
  \emph{Nachname} & \emph{Alter}
\DTLforeach{Liste}{\vorname=Vorname,
  \nachname=Nachname,\alter=Alter}{\\
  \DTLifoddrow%
    {\rowcolor{black!20}}{\rowcolor{black!40}}
  \theDTLrowi.&\vorname&\nachname&\alter}
\end{tabular}
```

02-08-4

Mit dem Makro \DTLifoddrow kann auf einfache Weise eine »doppelte« Tabelle erreicht werden, indem ein Test auf die Zeile zu einem Zeilenumbruch \\ oder zu einem Spaltentrenner & führt. Die Reihenfolge ist hier wichtig, da als erstes der fehlende Zeilenumbruch für die Kopfzeile erstellt werden muss. Hierbei ist allerdings zu beachten, dass die Zeilenzählung analog zur Datenliste erfolgt, bei der die erste Zeile die Spaltenbezeichner enthalten muss (vergleiche den Datensatz auf Seite 56).

```
\usepackage{datatool}
\DTLloaddb{Liste}{data0.csv}

\begin{tabular}{cllc@{\qquad}cllc}
\bfseries No. & \bfseries Vorname & \bfseries Nachname & \bfseries Alter &
\bfseries No. & \bfseries Vorname & \bfseries Nachname & \bfseries Alter
\DTLforeach{Liste}{\vorname=Vorname,\nachname=Nachname,\alter=Alter}%
  {\DTLifoddrow{\\}{&} \theDTLrowi. & \vorname & \nachname   & \alter}
\end{tabular}
```

No.	Vorname	Nachname	Alter	No.	Vorname	Nachname	Alter
1.	Hannes	Wader, sen.	68	2.	Jane	Austen	75
3.	James	Brown	42	4.	Jana	Voss	26
5.	Roger	Daltry	58	6.	Claire	Waldoff	45
7.	Felix	Voss	29				

02-08-5

\DTLiffirstrow kann benutzt werden, um nach der ersten Zeile eine horizontale Linie zu erzeugen.

No.	Vorname	Nachname	Alter
1.	Hannes	Wader, sen.	68
2.	Jane	Austen	75
3.	James	Brown	42
4.	Jana	Voss	26
5.	Roger	Daltry	58
6.	Claire	Waldoff	45
7.	Felix	Voss	29

02-08-6

```
\usepackage{datatool}
\usepackage{booktabs}
\DTLloaddb{Liste}{data0.csv}

\begin{tabular}{@{} cllc @{}}\toprule
\emph{No.} & \emph{Vorname} &
  \emph{Nachname} & \emph{Alter}
\DTLforeach{Liste}{\vorname=Vorname,
  \nachname=Nachname,\alter=Alter}{%
  \DTLiffirstrow{\\\midrule}{\\}
  \theDTLrowi.&\vorname&\nachname&\alter}
\\\bottomrule
\end{tabular}
```

Eine weitere interessante Möglichkeit des datatool-Pakets besteht in der Sortierung der Datenzeilen.

> \DTLsort * [Sortierreihenfolge] {*Sortierkriterium*}{*Datenliste*}

Die optionale Angabe der Sortierreihenfolge ist nur für den Fall interessant, dass das eigentliche Sortierkriterium versagt, weil kein entsprechender Eintrag in der Spalte der Datenliste vorhanden ist, ähnlich dem Null-Eintrag in einer SQL-Datenbank. Im folgenden Beispiel ist alternativ *Nachname* angegeben, was als Sortierkriterium herangezogen würde, falls eine Datenzeile keine Altersangabe hätte.

02-08-7

No.	Vorname	Nachname	Alter
1.	Jane	Austen	75
2.	Hannes	Wader, sen.	68
3.	Roger	Daltry	58
4.	Claire	Waldoff	45
5.	James	Brown	42
6.	Felix	Voss	29
7.	Jana	Voss	26

```
\usepackage{datatool}
\DTLloaddb{Liste}{data0.csv}

\DTLsort[Nachname]{Alter=descending}{Liste}
\begin{tabular}{@{}cllc@{}}
\bfseries No. & \bfseries Vorname
  & \bfseries Nachname & \bfseries Alter
\DTLforeach{Liste}{\vorname=Vorname,
  \nachname=Nachname,\alter=Alter}{%
  \DTLiffirstrow{\\\hline}{\\}
  \theDTLrowi.&\vorname&\nachname&\alter}
\end{tabular}
```

Die optionale Angabe *descending* führt zur absteigenden Sortierung, während *ascending* zur standardmäßigen aufsteigenden Liste führt. Bei der Sortierung ist die Groß- und Kleinschreibung von Zeichenketten signifikant, wohingegen diese bei Anwendung der Sternversion ignoriert wird. In diesem Fall werden vor der Sortierung alle Zeichenketten in Kleinbuchstaben gewandelt.

No.	Vorname	Nachname	Alter
1.	Jane	Austen	75
2.	James	Brown	42
3.	Roger	Daltry	58
4.	Jana	Voss	26
5.	Felix	Voss	29
6.	Hannes	Wader, sen.	68
7.	Claire	Waldoff	45

```
\usepackage{datatool}
\DTLloaddb{Liste}{data0.csv}

\DTLsort*{Nachname}{Liste}
\begin{tabular}{@{}cllc@{}}
\bfseries No. & \bfseries Vorname
  & \bfseries Nachname & \bfseries Alter
\DTLforeach{Liste}{\vorname=Vorname,
  \nachname=Nachname,\alter=Alter}{%
  \DTLiffirstrow{\\\hline}{\\}
  \theDTLrowi.&\vorname&\nachname&\alter}
\end{tabular}
```

02-08-8

Die Zahl der Möglichkeiten des `datatool`-Pakets ist vielfältig, wovon hier nicht alle aufgeführt werden können. Man findet viele Beispiele in der Dokumentation zum Paket. [53]

2.9 easytable

Das Paket `easytable` von Enrico Bertolazzi erlaubt zwei Paketoptionen: `thinlines` und `thicklines`, sodass bereits mit dem Laden des Paketes die allgemeine Liniendicke gewählt werden kann. Das Paket ist Teil der `easy`-Reihe und lädt auch automatisch das gleichnamige Paket. Sollte beim Laden von zusätzlichen Paketen der Fall eintreten, dass die LaTeX-Fehlermeldung »no room for a new dimen« kommt, dann muss in jedem Fall das Paket `etex` geladen werden, welches mehr als die sonst üblichen Dimensionsregister erlaubt.

Tabelle 2.4: Festlegung der Liniendicken durch die Paketoption

Option	\@tab@size@rule	\@tab@size@dash
thinlines	0.7 pt	0.5 pt
thicklines	1.5 pt	1.2 pt

Grundsätzlich stellt das Paket mit der TAB-Umgebung eine vereinfachte `tabular`-Umgebung zur Verfügung, die allerdings eine erweiterte Möglichkeit aufweist. Die Syntax ist etwas gewöhnungsbedürftig:

> `\begin{TAB}(` *Typ* *,xMin,yMin* `)` `[Rand,XMin,YMin]` `{`*Spalten*`}{`*Zeilen*`}`

Typ *,xMin,yMin* Typ muss einen der folgenden Werte annehmen:
- **@** keine Wirkung
- **r** gleiche Zeilenhöhen
- **c** gleiche Spaltenbreiten
- **b** gleiche Zeilenhöhen und gleiche Spaltenbreiten
- **e** gleiche Zeilenhöhen und Spaltenbreiten (identische Werte)

Die optionale Angabe von `xMin,yMin` erzwingt eine Mindestgröße der Box und muss als Maßzahl mit einer TeX-typischen Einheit angegeben werden, beispielsweise 10pt,30pt.

Rand,XMin,YMin	Optional gibt *Rand* analog zu \fboxsep den Wert für den äußeren Rand um die einzelnen Zellen an und ist mit 2 pt vorbesetzt. Die zusätzlichen optionalen Argumente XMin,YMin geben die Mindestgröße der gesamten Tabelle vor, beispielsweise »10cm,5cm«.
Spalten	Dies sind die standardmäßigen Spaltendefinitionen von LaTeX, können jedoch nur die drei Standardwerte l, c, r annehmen.
Zeilen	Hiermit muss die Ausrichtung der Zeilen vorgegeben werden, wobei die Werte c, t, b möglich sind. Die Zahl der Zeilen *muss* bereits am Anfang der Umgebung feststehen, beziehungsweise nachträglich geändert werden, wenn sich die Zeilenzahl erhöht. Intern ist die maximale Spalten- und Zeilenzahl auf 30 festgelegt.

Zu beachten ist allerdings, dass easytable keine horizontalen Linien in der gewohnten Syntax erlaubt, womit eine Kombination mit dem booktabs-Paket nicht möglich ist. Die Vorteile von easytable sind insbesondere Fälle, bei denen es auf eine gleichmäßige Spalten- und Zeilenformatierung ankommt. Das folgende Beispiel zeigt den Fall für quadratische Zellen, was durch der Wert e erreicht wird. Innerhalb dieser Zellen werden die Zellen und Zeilen dann entsprechend der Vorgaben lrc und ctb angeordnet. Das Fehlen von \hline und \cline stellt keine Einschränkung dar, denn durch die Definition der Zeilenformatierung können dort die Linien in derselben Notation vorgegeben werden, wie bei den Spalten üblich.

kein \hline und kein \cline!

02-09-1

```
l    r   c          l   r   c
AA  BB  tt         AA  BB  tt

l    r   b          l   r   b
```

```
\usepackage[thinlines]{easytable}

\begin{TAB}(e){lrc}{ctb}
l  & r  & c \\
AA & BB & tt\\
l  & r  & b
\end{TAB}\qquad
\begin{TAB}(e){|l|r|c|}{|c|t|b|}
l  & r  & c\\AA & BB & tt\\l  & r  & b
\end{TAB}
```

Obigem Beispiel kann entnommen werden, dass die Formatierungsvorgabe für die Zeile immer für alle Spalten einer Zeile gilt, wodurch in der ersten Zeile des obigen Beispiels nur das l innerhalb der einzelnen Zelle korrekt zentriert erscheinen kann; r und c haben keine Oberlänge.

02-09-2

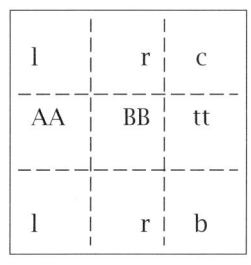

```
\usepackage[thinlines]{easytable}

\fbox{%
\begin{TAB}(e,15pt,15pt)[5pt,3cm,3cm]{l:r:c}{c:t:b}
l  & r  & c  \\
AA & BB & tt \\
l  & r  & b
\end{TAB}}
```

Horizontale und vertikale Linien brauchen hinsichtlich ihrer eigenen Syntax jetzt nicht mehr unterschiedliche Makros oder Symbole. Die vorgegebene Syntax der TAB-Umgebung behandelt sowohl Spalten als auch Zeilen gleichberechtigt, sodass alle Linien dort mit denselben Symbolen angegeben werden können, beziehungsweise müssen. Für die Linien gelten die in Tabelle 2.1 zusammengestellten Symbole.

Abbildung 2.1: Zusammenstellung der Symbole für horizontale und vertikale Linien.

Symbol	Bedeutung	Symbol	Bedeutung
|	durchgehende Linie	:	gestrichelte Linie
;	strichpunktierte Linie	.	Punktlinie
0	wie |, nur 1/5 der Stärke	1	wie |, nur 1/4 der Stärke
2	wie |, nur 1/3 der Stärke	3	wie |, nur 1/4 der Stärke
4	wie |	5	wie |, nur doppelte Stärke
6	wie |, nur dreifache Stärke	7	wie |, nur vierfache Stärke
8	wie |, nur fünffache Stärke	9	wie |, nur sechsfache Stärke

Teillinien sind hierbei nicht möglich, jedoch kann die TAB-Umgebung beliebig geschachtelt werden, womit derselbe Zweck erreicht werden kann.

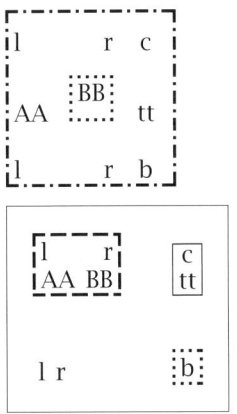

```
\usepackage[thicklines]{easytable}

\begin{TAB}(e){;lrc;}{;ctb;}
l   & r   & c \\
AA & \begin{TAB}(e){.r.}{.t.}BB\end{TAB} & tt\\
l   & r   & b
\end{TAB}\\[\medskipamount]
\begin{TAB}(@)[10pt]{0lr0}{0tt0}
  \begin{TAB}(@){:lr:}{:ct:}
    l  & r  \\ AA & BB
  \end{TAB} &
  \begin{TAB}(@){1c1}{2bb2}
    c\\tt
  \end{TAB}\\
  \begin{TAB}(@){lr}{c}
    l  & r
  \end{TAB} & \begin{TAB}(@){.c.}{.c.} b \end{TAB}
\end{TAB}
```

02-09-3

2.10 hhline

Das Paket hhline von David Carlisle erweitert die standardmäßigen Linienmakros. Im Abschnitt 2.4 auf Seite 36 wurde bereits das Paket blkarray vom selben Autor behandelt, das ebenfalls Linienerweiterungen bereitstellt, teilweise mit gleicher Syntax. hhline definiert das gleichnamige Makro, welches nur einen Parameter erwartet:

\hhline{*Liniendefinition*}

Es gelten die in Tabelle 2.5 auf der nächsten Seite zusammengestellten Symbole für die Linien.

Tabelle 2.5: Symbole und ihre Eigenschaften

Symbol	Beschreibung
–	Eine einfache Linie der Spaltenbreite.
=	Eine doppelte Linie der Spaltenbreite.
~	Kennzeichnung einer Spalte ohne Linie.
|	Eine senkrechte Linie, die durch doppelte horizontale Linien hindurchgeht.
:	dito, jedoch doppelte horizontale Linien nicht schneidend.
#	Ein einzelne Linie zwischen zwei senkrechten.
t	Die obere Hälfte einer doppelten horizontalen Linie.
b	Die untere Hälfte einer doppelten horizontalen Linie.
*	Wiederholungsoperator: *{3}{==#} expandiert zu ==#==#==#, analog zur Definition von mehrfachen gleichen Spaltentypen.

Das folgende Beispiel lässt sich prinzipiell mit den sehr ausführlichen Erklärungen zu Beispiel 02-04-10 auf Seite 42 verstehen, sodass hier keine weiteren Erklärungen folgen.

02-10-1

0	1	2	3	4	5
0	1	2	3	4	5
0	1	2	3	4	5
0	1	2	3	4	5
0	1	2	3	4	5

```
\usepackage{hhline}

\begin{tabular}{||c||c|cc||cc||}
   \hhline{|t:=:t:=|==#==:t|}
 0 & 1 & 2 & 3 & 4 & 5\\\hline
 0 & 1 & 2 & 3 & 4 & 5\\\hhline{======}
 0 & 1 & 2 & 3 & 4 & 5\\\hhline{||-||-..||.-}
 0 & 1 & 2 & 3 & 4 & 5\\\hhline{=::=~~::~=}
 0 & 1 & 2 & 3 & 4 & 5\\\hhline{|b:=:b:=--::-=:b|}
\end{tabular}
```

2.11 makecell

Das Paket makecell von Olga Lapko eignet sich hervorragend um einzelne Tabellenzellen speziell zu formatieren. Grundsätzlich ließe sich all das, was das Paket an speziellen Makros zur Verfügung stellt, auch mit denen aus diversen anderen Paketen bewerkstelligen, aber makecell vereinfacht vieles.

\makecell * [Spalten-/Zeilentyp] {Zelleninhalt}

Wie der Makroname schon andeutet, geht es immer um die Formatierung einer einzelnen Zelle, wobei als Parameter für die horizontale Ausrichtung alle Werte zulässig sind, die das Paket array erlaubt: l, c, r, p, m und b. Da die letzten drei einen eigenen Parameter erwarten, sind sie zwingend noch einmal zu klammern, beispielsweise {p{4cm}} oder auch {>{\ttfamily}m{4em}}. Fehlt dabei der Parameter für die horizontale Ausrichtung, so muss es in diesen Fällen durch {} dem Makro mitgeteilt werden. Für die vertikale Ausrichtung gibt es die gewohnten drei Werte b, c und t. \makecell erstellt prinzipiell eine Zelle, die aus einer einspaltigen Tabelle besteht. Bei fehlenden optionalen Werten wird horizontal und vertikal zentriert.

1.	Ohne Parameter
2.	Ohne Parameter aber zweizeilig
3.	horizontal linksbündig
4.	horizontal linksbündig
5.	horizontal rechtsbündig
6.	horizontal rechtsbündig

7.	feste Breite
8.	feste Breite

```
\usepackage{makecell}

\begin{tabular}{|c|c|}\hline
1. & \makecell{Ohne Parameter} \\\hline
2. & \makecell{Ohne Parameter\\aber zweizeilig}\\\hline
3. & \makecell[l]{horizontal linksbündig}   \\\hline
4. & \makecell[l]{horizontal\\ linksbündig} \\\hline
5. & \makecell[r]{horizontal rechtsbündig}  \\\hline
6. & \makecell[r]{horizontal\\ rechtsbündig}\\\hline
\end{tabular}\\[5pt]
\begin{tabular}{|c|c|}\hline
7. & \makecell[{}{p{3cm}}]{feste Breite}   \\\hline
8. & \makecell[{}{p{3cm}}]{feste\\ Breite}\\\hline
\end{tabular}
```

02-11-1

1.	Ohne Parameter
2.	vertikal oben
3.	vertikal oben
4.	vertikal unten
5.	vertikal unten

```
\usepackage{makecell}

\begin{tabular}{|c|c|}\hline
1. & \makecell{Ohne Parameter}        \\\hline
2. & \makecell[t]{vertikal oben}      \\\hline
3. & \makecell[t]{vertikal\\ oben} \\\hline
4. & \makecell[b]{vertikal unten}     \\\hline
5. & \makecell[b]{vertikal\\ unten}\\\hline
\end{tabular}
```

02-11-2

1.	Ohne Parameter
2.	vertikal oben horizontal links
3.	vertikal oben horizontal rechts
4.	vertikal unten horizontal links
5.	vertikal unten horizontal rechts

```
\usepackage{makecell}

\begin{tabular}{|c|c|}\hline
1. & \makecell{Ohne Parameter} \\\hline
2. & \makecell*[tl]{vertikal oben\\
          horizontal links}\\\hline
3. & \makecell[tr]{vertikal oben\\
          horizontal rechts}\\\hline
4. & \makecell*[bl]{vertikal unten\\
          horizontal links}\\\hline
5. & \makecell[br]{vertikal unten\\
          horizontal rechts}\\\hline
\end{tabular}
```

02-11-3

Die Sternversion fügt sowohl vor als auch nach der aktuellen Zelle den vertikalen Abstand 1\jot=3.0pt ein. Im Gegensatz zu \makecell arbeitet das Makros \thead mit bereits definierten Werten für die Formatierung von Kopfzeilen einer Tabelle.

\thead [Spaltentyp] {*Text*}	\rothead{*Text*}	\theadfont *Text*

	Titel für die Spalte 1	Spalte 2	Spalte 3
	A	vertikal oben horizontal links	B
	C	vertikal oben horizontal rechts	RECHTS

02-11-4

```
\usepackage{makecell}

\begin{tabular}{ccc}
\thead{Titel für die\\Spalte 1}
    & \thead[l]{Spalte 2}
    & \thead[r]{Spalte 3} \\\hline
A & \makecell*[tl]{vertikal oben\\
    horizontal links} & B\\
C & \makecell[tr]{vertikal oben\\
    horizontal rechts} & RECHTS \\\hline
\end{tabular}
```

Mit dem optionalen Parameter kann man lediglich die horizontale Ausrichtung beeinflussen, alles andere ist durch die folgenden Makros festgelegt. Eine Modifikation durch \renewcommand ist bei Makros natürlich immer möglich.

```
\cellset{Definition}
\cellalign{Horizontaler/Vertikaler Spaltentyp}
\cellrotangle{Winkel}
\theadalign{Horizontaler/Vertikaler Spaltentyp}
\theadfontFontgröße
\theadsetDefinition
```

Das Paket hat intern folgende Vorbelegungen für die einzelnen Makros:

```
\newcommand\cellset{\def\arraystretch{1}\extrarowheight\z@\nomakegapedcells}
\newcommand\cellgape{}
\newcommand\cellalign{cc}
\newcommand\cellrotangle{90}
\newcommand\theadfont{\footnotesize}
\newcommand\theadset{}
\newcommand\theadgape{\gape}
\newcommand\rotheadgape{}
\newcommand\theadalign{cc}
\newcommand\bottopstrut{\gape{\strut}}
\newcommand\topstrut{\gape[t]{\strut}}
\newcommand\botstrut{\gape[b]{\strut}}
```

Bei den einzelnen Makros kommen jeweils die angebenenen Makros zur Ausführung:

```
\makecell:   \cellalign\cellset
\thead:      \theadalign\cellset\theadfont\theadset
\rothead:    \cellset\theadfont\theadset
```

Das folgende Beispiel zeigt eine Anwendung für \cellalign, \theadalign und \theadfont, wobei die Änderungen global vorgenommen wurden, was für die Titelzeile immer zu empfehlen ist. Alle Zellen werden mit lt (left/top) und die Überschriften mit lb (left/bottom) formatiert.

Titel für die Spalte 1	Spalte 2	Spalte 3
A	vertikal oben LINKS	B
C	vertikal oben LINKS	RECHTS

02-11-5

```
\usepackage{makecell}

\renewcommand\cellalign{lt}
\renewcommand\theadalign{lb}
\renewcommand\theadfont{\itshape\small}
\begin{tabular}{@{}ccc@{}}
\thead{Titel für die\\Spalte 1}
  & \thead{Spalte 2}
    & \thead{Spalte 3} \\\hline
A & \makecell*{vertikal oben\\LINKS} & B\\
C & \makecell{vertikal oben\\ LINKS}
  & RECHTS \\\hline
\end{tabular}
```

Paket rotating laden!

Für den Fall gedrehter Überschriften *muss* man mit einer Längenzuweisung an \rotheadsize vorab die Höhe des Textes festlegen. Dies kann man einfach mit dem Makro \settowidth erreichen, indem diesem als Muster der aktuelle Font und die längste Zeile übergeben wird. Wird \rotheadsize keine Länge zugewiesen, wird automatisch die Breite 0 pt genommen, was zu keiner sinnvollen Ausgabe führt. Der Drehwinkel ist durch \cellrotangle vorgegeben und kann mit \renewcommand geändert werden. Im Logfile wird eine entsprechende Warnung ausgegeben, falls man für die Drehung nicht das Paket rotating geladen hat.

02-11-6

```
\usepackage{makecell,rotating}

\renewcommand\cellalign{lt}
\renewcommand\theadalign{lb}
\renewcommand\theadfont{\itshape\normalsize}
\settowidth\rotheadsize{\theadfont Titel für die}
\begin{tabular}{@{}ccc@{}}\hline
\rothead{Titel für die\\Spalte 1}
  & \thead{Spalte 2}
    & \renewcommand\cellrotangle{45}
      \rothead{Spalte 3} \\\hline
A & \rotcell{vertikal oben\\LINKS} & B\\
C & \makecell*{vertikal oben\\ LINKS}
  & RECHTS \\\hline
\end{tabular}
```

2.11.1 Zellengröße

Der Inhalt einzelner Tabellenzellen kann hinsichtlich seiner Position zur Grundlinie (Baseline) mit dem Standard-Befehl \raisebox nach oben oder unten verschoben werden. Das Paket makecell vereinfacht diese Anwendung etwas, indem es zwei spezielle Makros für diese vertikale Verschiebung definiert.

```
\gape [Position] {Text}
\Gape [Höhe] [Tiefe] {Text}
```

Das Makro \gape ist analog zu \smash aus dem Paket amsmath und verändert die vertikale Größe der Box von *Text*. Das optionale Argument b lässt dabei die Boxtiefe und t die Boxhöhe unangetastet. Die jeweils andere Größe wird also so minimiert, dass *Text* gerade erfasst wird. Ohne Argument werden sowohl Tiefe als auch Höhe der Box um \jot=3.0pt vergrößert.

```
\usepackage{makecell}

\rule{1em}{0.5pt}\fbox{guter Text}\rule{1em}{0.5pt}\fbox{\gape{guter Text}}%
\rule{1em}{0.5pt}\fbox{\gape[b]{guter Text}}\rule{1em}{0.5pt}
\fbox{\gape[t]{guter Text}}\rule{1em}{0.5pt}
```

02-11-7

guter Text guter Text guter Text guter Text

Während \gape die Verschiebungen in Abhängigkeit der bestehenden Boxgröße vornimmt, kann dies mit \Gape individuell eingestellt werden.

```
\usepackage{makecell}

\rule{1em}{0.5pt}\fbox{guter Text}\rule{1em}{0.5pt}\fbox{\Gape{guter Text}}%
\rule{1em}{0.5pt}\fbox{\Gape[5pt]{guter Text}}\rule{1em}{0.5pt}
\fbox{\Gape[5pt][-5pt]{guter Text}}\rule{1em}{0.5pt}
```

02-11-8

guter Text guter Text guter Text guter Text

Während \gape und \Gape die Tiefe und Höhe *einer* Zelle verändern, kann dies mit den folgenden Makros für eine oder alle Zeilen einer Tabelle erreicht werden:

```
\bottopstrut
\topstrut
\botstrut
\setcellgapes [Position] {Länge}
\makegapedcells
\nomakegapedcells
```

Die ersten drei Makros vergrößern den vorgegebenen Wert für \strut um jeweils \jot=3.0pt, entweder für Tiefe und Höhe (\bottopstrut), nur die Tiefe (\botstrut) oder nur die Höhe (\topstrut).

02-11-9

normale Zeile

oben und unten

nur unten

nur oben

```
\usepackage{makecell}

\begin{tabular}{@{}c@{}}\hline
normale Zeile\\\hline
\bottopstrut oben und unten\\\hline
\botstrut nur unten\\\hline
\topstrut nur oben\\\hline
\end{tabular}
```

Mit \setcellgapes kann dies wieder individuell für die Höhe und Tiefe aller Zeilen der Tabelle eingestellt werden. Mit den beiden Schaltern \makegapedcells und \nomakegapedcells kann das zusätzliche Einfügen des vertikalen Abstandes aktiviert oder deaktiviert werden. Ohne Angabe eines optionalen Parameters (b oder t) wird die Längenangabe sowohl auf die Höhe als auch die Tiefe bezogen.

| normale Zeile |
| oben und unten |
| oben und unten |

| normale Zeile |
| oben und unten |
| oben und unten |

02-11-10

```
\usepackage{makecell}

\setcellgapes{5pt}\makegapedcells
\begin{tabular}{@{}c@{}}\hline
normale Zeile\\\hline  oben und unten\\\hline
oben und unten\\\hline
\end{tabular}\\[10pt]
\nomakegapedcells
\begin{tabular}{@{}c@{}}\hline
normale Zeile\\\hline  oben und unten\\\hline
oben und unten\\\hline
\end{tabular}
```

2.11.2 Mehrzeilige Zellen

In Abschnitt 2.3 auf Seite 28 wurde bereits das Makro \multirow erklärt, welches vom Paket makecell durch zwei eigene Makros nachgebildet wird. Es werden jedoch andere interne Makros von multirow benutzt, sodass dieses Paket ebenfalls geladen werden muss.

\multirowcell{*Zeilen*} [vert. Shift] [Pos] {*Text*}
\multirowhead{*Zeilen*} [vert. Shift] [Pos] {*Text*}

Das Verhalten dieser beiden Makros ist analog zu \makecell und \thead, wie es bereits im Beispiel 02-11-5 auf Seite 66 gezeigt wurde.

```
\usepackage{multirow,makecell}

\begin{tabular}{ l c c }\hline
\multirowhead{4}{Erster Spaltenkopf}
  & \multicolumn{2}{c}{\thead{Mehrspaltenkopf}}\\\cline{2-3}
  & \thead{Zweiter und\\\mehrzeiliger\\\Spaltenkopf} & \thead{Dritter\\\Spaltenkopf}\\\hline
Zellentext & A &\multirowcell{4}{28--31}\\ \cline{1-2}
\makecell{Mehrzeiliger      \\ Zellentext}  & B & \\ \hline
\makecell[l]{Linksbündiger   \\ Zellentext} & C
  & \multirowcell{4}[.5\normalbaselineskip][l]{37--43}\\\cline{1-2}
\makecell[r]{Rechtsbündiger \\ Zellentext} & D & \\\hline
\makecell[b]{Fußbündiger     \\ Zellentext} & E
  & \multirowcell{6}[\normalbaselineskip][r]{37--43\\52--58}\\\cline{1-2}
\makecell[{{p{5cm}}}]{langer langer langer
         Zellentext mit fester Breite} & F & \\\cline{1-2}
\makecell[{{>{\setlength\parindent{1em}}p{5cm}}}]{langer langer langer
         Zellentext mit fester Breite} & G & \\\hline
\end{tabular}
```

02-11-11

	Mehrspaltenkopf	
Erster Spaltenkopf	Zweiter und mehrzeiliger Spaltenkopf	Dritter Spaltenkopf
Zellentext	A	
Mehrzeiliger Zellentext	B	28–31
Linksbündiger Zellentext	C	
Rechtsbündiger Zellentext	D	37–43
Fußbündiger Zellentext	E	
langer langer langer Zellentext mit fester Breite	F	37–43 52–58
langer langer langer Zellentext mit fester Breite	G	

```
\usepackage{booktabs,multirow,makecell}
\renewcommand\theadfont{\itshape\footnotesize}

\begin{tabular}{@{}llr@{--}rrlr@{--}rrl@{}}\toprule
  & \multicolumn{8}{l}{\thead{Zum Umsetzen}} & \\\cmidrule(lr){2-9}
  & \multicolumn{4}{l}{\thead{von Frequenzen im}}
  & \multicolumn{4}{l}{\thead{auf Frequenzen im}}\\\cmidrule(lr){2-5}\cmidrule(lr){6-9}
 \thead[b]{Typ} & \thead[t]{Fernseh-\\bereich} & \multicolumn{2}{l}{\thead{Kanal}}
  & \thead{MHz} & \thead[t]{Fernseh-\\bereich} & \multicolumn{2}{l}{\thead{Kanal}}
  & \thead{MHz} & \thead[t]{Bau-\\form}\\\cmidrule(r){1-1}\cmidrule(lr){2-2}
    \cmidrule(lr){3-4}\cmidrule(lr){5-5}\cmidrule(lr){6-6}\cmidrule(lr){7-8}
    \cmidrule(lr){9-9}\cmidrule(l){10-10}
  SAFE 381 WK & F I   & 2 & 4 & 174 & F III & 5 & 12 & 174 & DO \\
  SAFE 382 WK & F II  & 5 & 12 & 68 & F I   & 2 & 4 & 47 & DO \\
  SAFE 383 WK & F III & 21 & 38 & 174 & F III & 5 & 12 & 174 & ES \\
  SAFE 384 WK & F IV  & 42 & 48 & 47 & F III & 5 & 12 & 174 & ET \\\bottomrule
\end{tabular}
```

02-11-12

		Zum Umsetzen					
	von Frequenzen im			*auf Frequenzen im*			
Typ	*Fernseh-bereich*	*Kanal*	*MHz*	*Fernseh-bereich*	*Kanal*	*MHz*	*Bau-form*
SAFE 381 WK	F I	2– 4	174	F III	5–12	174	DO
SAFE 382 WK	F II	5–12	68	F I	2– 4	47	DO
SAFE 383 WK	F III	21–38	174	F III	5–12	174	ES
SAFE 384 WK	F IV	42–48	47	F III	5–12	174	ET

2.11.3 Spaltennummerierung

Das Paket erlaubt mit \nline das automatische Nummerieren von Spalten, wobei mit dem Befehl \eline eine bestimmte Anzahl von Spalten übersprungen werden kann. Die Nummerierung kann über das optionale Argument *Typ* in gewissen Grenzen frei vorgegeben werden, wobei *Typ* lediglich auf LaTeX-typische Ausgabeformen Bezug nehmen muss: arabic, alpha, Alpha, roman und Roman.

```
\eline{Spalten}
\nline [Typ] [Start] {Spalten}
\rnline [Typ] [Start] {Spalten}
```

Dabei ist \rnline ähnlich zu \nline, mit dem einzigen Unterschied, dass die Zählung mit russischen Symbolen erfolgt.

1	2	3	4	5	6	7	8	9	10
2	A								Z
3	1	2						1	2
4	S4	S5	S6	S7	S8	S9	S10	S11	S12
5	(2)	(3)	(4)	(5)	(6)	(7)			
6					4	5	6		

```
\usepackage{makecell}

\begin{tabular}{@{}c|*{9}{c}@{}}
1 & \nline[1][2]{9}\\\hline
2 & A & \eline{7} & Z\\
3 & \nline{2} & \eline{5} & \nline{2}\\
4 & \nline[S1][4]{9}\\
5 & \nline[(a)][2]{6}\\
6 & \eline{4} & \nline[1][4]{3}
\end{tabular}
```

02-11-13

2.12 mdwtab

Das Paket mdwtab von Mark Wooding ist Teil einer ganzen Reihe, der sogenannten mdwtools. Das Paket stellt im eigentlichen Sinne keine Erweiterung der Standard-Umgebungen tabular und array dar, da es diese beiden Umgebungen völlig neu implementiert. Es ist daher mit Problemen zu rechnen, wenn man Pakete verwendet, die selbst die beiden Umgebungen erweitern, dabei aber von der Standarddefinition ausgehen.

▷ Eine wesentliche Neuerung ist die Art- und Weise wie die Spaltendefinitionen gelesen und interpretiert werden. Ein Ausdruck wie {|@{}|} ist in Standard-LaTeX erlaubt, bei Benutzung von mdwtab aber nicht; der »Missbrauch« von @{} zur Vermeidung von \doublerulesep zwischen zwei senkrechten Linien soll absichtlich unterbunden werden. Eine entsprechende Fehlermeldung weist darauf hin:

```
! Package mdwtab Error: Missing column type.
See the mdwtab package documentation for explanation.
```

Andererseits sind aber Konstrukte wie {c@*{4}{{:}@}{-}c} bei Verwendung von mdwtab erlaubt. Dieses spezielle Beispiel expandiert dann zum Ausdruck {c@{:}@{:}@{:}@{:}@{-}c}.

▷ Folgt einer vertikalen Linie ein @-Ausdruck, so bezieht sich dieser auf die *folgende* Spalte und nicht die aktuelle.

▷ Neben den üblichen Spaltentypen gibt es mit `mdwtab` einige weitere Typen:

Ml, Mc, Mr	M steht für *Math* und kennzeichnet Spalten mit mathematischen Ausdrücken, wobei l, c und r die gewohnte Bedeutung haben.
Tl, Tc, Tr	dito für reinen Text
#{*pre*}{*post*}	Benutzerdefinierter Spaltentyp, der durch die *pre*- und *post*-Angaben genauer spezifiziert werden muss.

Mit dem neuen Makro `\tabpause` lässt sich auf einfache Weise eine optische Unterbrechung einer Tabelle erreichen, um entsprechende Linien ziehen zu können oder aber Text über alle Spalten hinweg einzufügen, ohne den `\multicolumn`-Befehl benutzen zu müssen. *Text* wird hierbei im sogenannten Paragraph-Modus gesetzt, Zeilenumbrüche sind daher möglich.

```
\tabpause{Text}
\vline [Länge]
\vgap [Länge]
\hlx{Argumente}
```

Mit `\vline` und einem möglichen optionalen Argument kann eine vertikale Linie bestimmter Dicke vorgegeben werden. Das folgende Beispiel zeigt eine Anwendung beider Makros. Durch den verwendeten Spaltentyp Mc brauchen die mathematischen Ausdrücke nicht in `$...$` eingeschlossen zu werden. Das Argument von `\tabpause` wird grundsätzlich im Textmodus gesetzt. Mit dem Befehl `\vgap` kann an beliebiger Stelle einer Tabellenzeile vertikaler Abstand eingefügt werden. Die Anwendung von `\hlx` erscheint in jedem Fall effektiver.

02-12-1

	Gleichungen	
1.	$f(x) = \frac{\sqrt{x^2-1}}{x^2+1}$	
2.	$f(x) = \frac{\sqrt{x^2-1}}{x^2+\frac{1}{x^2}}$	

Jetzt kommen dieselben Gleichungen noch mal!

3.	$f(x) = \frac{\sqrt{x^2-1}}{x^2+1}$	
4.	$f(x) = \frac{\sqrt{x^2-1}}{x^2+\frac{1}{x^2}}$	

```
\usepackage{mdwtab}

\begin{tabular}{!{\vline[3pt]}l@{\quad}|Mc|}\hlx{hv[1]}
 \multicolumn{2}{!{\vline[3pt]}c|}{%
    Gleichungen}\\\hlx{v[1]hv}
1.& f(x)=\frac{\sqrt{x^2-1}}{x^2+1} \\\hlx{vhv}
2.& f(x)=\frac{\sqrt{x^2-1}}{x^2+\frac{1}{x^2}}\\\hlx{vh}
\tabpause{Jetzt kommen dieselben\\
        Gleichungen noch mal!}\hlx{hv}
3.& f(x)=\frac{\sqrt{x^2-1}}{x^2+1} \\\hlx{vhv}
4.& f(x)=\frac{\sqrt{x^2-1}}{x^2+\frac{1}{x^2}}\\\hlx{vh}
\end{tabular}
```

Die Verwendung des speziellen Linienbefehls `\hlx` (**\hlineextended**) erlaubt ohne Anwendung weiterer Befehle einen entsprechenden Zeilenabstand zu schaffen. Dafür stehen folgende Argumente für `\hlx` zur Verfügung:

h	Wirkung wie `\hline`, wobei mehrere h entsprechend vielen `\hline`-Anweisungen entsprechen.

v [Linie] [H] Fügt einen vertikalen Abstand von *H* ein, wobei alle Linien, bis auf die optional angegebenen, entsprechend verlängert werden. In obigem Beispiel bedeutet `\hlx{v[1]hv[1]}`, dass ein vertikaler Abstand eingefügt wird, aber die Linie Nr. 1 *nicht* verlängert wird; diese ist durch die Anwendung von `\multicolumn` ohnehin nicht sichtbar. Linien werden von 0 bis *n* (der Spaltenanzahl) gezählt. Mehrere Linien können durch eine kommaseparierte Liste oder Von-bis-Angabe oder beiden ausgeschlossen werden. Fehlt die optionale Angabe der Höhe wird `\doublerulesep=2.0pt` angenommen.

s [H] Wie die Option v, jedoch ohne Verlängerung der Linien.

c [von-bis] Analog zu `\cline`.

b Fügt einen negativen horizontalen Vorschub (Backspace) von der Liniendicke ein, was in der Regel nur bei der `longtable`-Umgebung benötigt wird.

/ [Zahl] Analog zum normalen `\pagebreak[`*Zahl*`]`-Befehl, wo *Zahl* die Dringlichkeit des Seitenumbruchs festlegt.

. Der Punkt beginnt unmittelbar danach eine neue Tabellenzeile und wird nur für spezielle Zwecke benötigt. Dem Punkt darf direkt kein tabellentypischer Befehl wie `\hline` folgen.

Im Beispiel 02-12-1 auf der vorherigen Seite haben die einzelnen Argumente folgende Bedeutung, wobei diese immer der Reihe nach interpretiert werden müssen:

hv[1]   `\hline`, vertikaler Abstand, Linie Nr. 1 nicht verlängern
v[1]hv   vertikaler Abstand Linie Nr. 1 nicht verlängern, `\hline`, vertikaler Abstand
vhv   vertikaler Abstand, `\hline`, vertikaler Abstand
vh   vertikaler Abstand, `\hline`
hv   `\hline`, vertikaler Abstand
vhv   vertikaler Abstand, `\hline`, vertikaler Abstand
vh   vertikaler Abstand, `\hline`

Bei Verwendung von `mdwtab` hat auch der Befehl `\newcolumntype` eine veränderte Syntax. Im Gegensatz zum Paket `array` erlaubt `mdwtab` ein optionales Argument.

`\newcolumntype{`*Zeichen*`}` [Anz. Param.] [Standard] `{`*Anz. Spalten*`}{`*Spaltentyp*`}{`*Inhalt*`}`

```
\usepackage{mdwtab}
\newcolumntype{P}[1][2cm]{>{\raggedright\hspace{0pt}}p{#1}}

\begin{tabular}{| P[1cm] | P | }\hlx{hv}
Beliebiger Text & Noch mal beliebiger Text\\\hlx{vh}
\end{tabular}
```

Belie- biger Text	Noch mal beliebiger Text

02-12-2

2.13 slashbox

Ein häufiger Anwendungsfall ist die gleichzeitige Angabe einer Spalten- und Zeilenbezeichnung in der obersten linken Zelle einer Tabelle.

```
\usepackage{slashbox,pict2e}

\begin{tabular}{l|*{5}{c}}
\backslashbox{Feiertag}{Jahr} & 2007 & 2008 & 2009 & 2010 & 2011\\\hline
Ostern     & 08.04. & 23.03. & 12.04. & 04.04. & 24.04.\\
Pfingsten & 27.05. & 11.05. & 31.05. & 23.05. & 12.06.
\end{tabular}
```

02-13-1

Feiertag \ Jahr	2007	2008	2009	2010	2011
Ostern	08.04.	23.03.	12.04.	04.04.	24.04.
Pfingsten	27.05.	11.05.	31.05.	23.05.	12.06.

Das Paket slashbox von Koichi Yasuoka ermöglicht geteilte Zellen durch zwei Makros und sollte standardmäßig mit dem Paket pict2e von Hubert Gäßlein und Rolf Niepraschk geladen werden, um einen besseren Linienverlauf zu erreichen.

> \slashbox [Breite] [Position] {*L-Text*}{*R-Text*}
> \backslashbox [Breite] [Position] {*L-Text*}{*R-Text*}

Beide Makros unterscheiden sich nur in der Anordnung der Linie, \slashbox zieht die Linie von Linksunten nach Rechtsoben und \backslashbox von Linksoben nach Rechtsunten.

```
\usepackage{slashbox,pict2e}

\begin{tabular}{r|*{5}{c}|l}
\backslashbox{Fest}{Jahr}& 2007& 2008& 2009& 2010& 2011& \slashbox{Jahr}{Fest}\\\hline
Ostern     & 08.04. & 23.03. & 12.04. & 04.04. & 24.04. & Ostern\\
Pfingsten & 27.05. & 11.05. & 31.05. & 23.05. & 12.06. & Pfingsten
\end{tabular}
```

02-13-2

Fest \ Jahr	2007	2008	2009	2010	2011	Jahr / Fest
Ostern	08.04.	23.03.	12.04.	04.04.	24.04.	Ostern
Pfingsten	27.05.	11.05.	31.05.	23.05.	12.06.	Pfingsten

Die Argumente für *L-Text* und *R-Text* werden im Paragraph-Modus gesetzt, sodass \\ im Argument verwendet werden kann. Dadurch wird allerdings automatisch die Spalte breiter. Eine Anwendung des optionalen Arguments für die Breite kann sinnvoll sein, jedoch hat diese nur dann eine Wirkung, wenn sie größer ist, als die intern berechnete Breite. Im folgenden Beispiel bleibt die Angabe 20 mm unberücksichtigt, da sie kleiner ist als die benötigte Breite.

```
\usepackage{slashbox,pict2e}

\begin{tabular}{l|*{5}{c}}
\backslashbox[20mm]{Zwei\\ Feiertage}{Jahr} & 2007 & 2008 & 2009 & 2010 & 2011\\\hline
Ostern    & 08.04. & 23.03. & 12.04. & 04.04. & 24.04.\\
Pfingsten & 27.05. & 11.05. & 31.05. & 23.05. & 12.06.
\end{tabular}
```

Zwei Feiertage ╲ Jahr	2007	2008	2009	2010	2011
Ostern	08.04.	23.03.	12.04.	04.04.	24.04.
Pfingsten	27.05.	11.05.	31.05.	23.05.	12.06.

02-13-3

\slashbox und \backslashbox gehen standardmäßig davon aus, dass der Abstand \tabcolsep links und rechts von der Tabelle vorhanden ist. Wird bei der Spaltendefinition der @{}-Operator verwendet, so ergibt sich eine Linie, die genau um \tabcolsep zu weit nach links bzw. rechts verschoben ist. Mit beiden optionalen Argumenten kann dem Makro jedoch mitgeteilt werden, wie viel Platz zur Verfügung steht. Als Argumente für die *Position* sind l für Links, r für Rechts oder lr für beide Fälle möglich.

```
\usepackage{slashbox,pict2e}

\begin{tabular}{|@{}r|*{5}{c}|l@{}|}\hline
\backslashbox[0pt][l]{Fest}{Jahr} & 2007 & 2008 & 2009 & 2010 & 2011
    & \slashbox[0pt][r]{Jahr}{Fest}\\\hline
Ostern    & 08.04. & 23.03. & 12.04. & 04.04. & 24.04. & Ostern\\
Pfingsten & 27.05. & 11.05. & 31.05. & 23.05. & 12.06. & Pfingsten\\\hline
\end{tabular}
```

Fest ╲ Jahr	2007	2008	2009	2010	2011	Jahr ╲ Fest
Ostern	08.04.	23.03.	12.04.	04.04.	24.04.	Ostern
Pfingsten	27.05.	11.05.	31.05.	23.05.	12.06.	Pfingsten

02-13-4

2.14 spreadtab

Das Paket spreadtab von Christian Tellechea stellt eine einfache Tabellenkalkulation zur Verfügung, sodass ein Summieren von Zahlenwerten in Spalten möglich wird. Die Umgebung tabular wird dabei durch spreadtab ersetzt:

\begin{spreadtab} [Optionen] {{*Name der Tabellenumgebung*}{*Spaltendefinition*}}
... Tabellenzeilen und -spalten...
\end{spreadtab}

\STautoround*Stellenzahl*

Eine Tabellenzelle ist durch ihre Zeile und Spalte eindeutig festgelegt. die Spalten werden hierbei von [*a..z*] und die Zeilen von [*1..*]. Groß- und Kleinschreibung bei der Spalte ist nicht signifikant und mehr als 26 Spalten sind nicht möglich. Wird eine \multicolumn-Anweisung verwendet, so bekommen die zusammengefassten Zellen die absolute Referenz der linken Zelle.

02-14-1

a1	b1	c1	d1	e1	f1	g1
a2	b2		d2	e2	f2	g2
a3			d3	e3		g3

```
\begin{tabular}{|*7{c|}}\hline
a1&b1&c1&d1&e1&f1&g1\\\hline
a2&\multicolumn{2}{l|}{b2}
  &d2&e2&f2&g2\\\hline
\multicolumn{3}{|l|}{a3}&d3&
\multicolumn{2}{l|}{e3}&g3\\\hline
\end{tabular}
```

Zelleninhalte können mit den üblichen Rechenoperationen verknüpft werden, wozu intern das Paket fp verwendet wird, sodass bei Divisionen bis zu 18 Nachkommastellen ausgegeben werden.

02-14-2

27	54	81
58	45	13
50	25	1250
60	47	1.276595744680851063
135	146	0.924657534246575342

```
\usepackage{spreadtab}

\begin{spreadtab}{{tabular}{rr |r}}
    27 &       54 & a1+b1 \\
    58 &       45 & a2-b2 \\
    50 &       25 & a3*b3 \\
    60 &       47 & a4/b4 \\\hline
a1+a2+a3 & b1+b2+b4 & a5/b5
\end{spreadtab}
```

Es ist empfehlenswert das Makro \STautoround insbesondere bei Divisionen zu verwenden, um die Ausgabe der Dezimalstellen auf eine sinnvolle Größe zu beschränken.

02-14-3

27	54	81
58	45	13
50	25	1250
60	47	1.277
135	146	281

```
\usepackage{spreadtab}

\STautoround{3}
\begin{spreadtab}{{tabular}{rr |r}}
    27 &       54 & a1+b1 \\
    58 &       45 & a2-b2 \\
    50 &       25 & a3*b3 \\
    60 &       47 & a4/b4 \\\hline
a1+a2+a3 & b1+b2+b4 & a5+b5
\end{spreadtab}
```

2.14.1 Relative Referenzen auf Tabellenzellen

Ausgehend von der aktuellen Tabellenzelle, kann man durch Angabe von zwei in eckige Klammern zu setzende Zahlenwerten relative Zellenadressen festlegen. Eine Angabe [-1,3] kennzeichnet eine Zelle, die eine Spalte weiter links und drei Reihen tiefer liegt. Das Pascalsche Zahlendreieck kann daher mit nur einer einzigen Zahl als Vorgabe erstellt werden. Möchte man auf die Angabe der Spaltendefinition verzichten, kann man auf die mathematische Umgebung matrix zurückgreifen, die die Zahl der Spalten selbstständig ermittelt.

```
\usepackage{spreadtab,amsmath}

$\begin{spreadtab}{{matrix}{}}
1\\
[0,-1] & [-1,-1]\\
[0,-1] & [-1,-1]+[0,-1] & [-1,-1]\\
[0,-1] & [-1,-1]+[0,-1] & [-1,-1]+[0,-1] & [-1,-1]\\
[0,-1] & [-1,-1]+[0,-1] & [-1,-1]+[0,-1] & [-1,-1]+[0,-1] & [-1,-1]\\
[0,-1] & [-1,-1]+[0,-1] & [-1,-1]+[0,-1] & [-1,-1]+[0,-1] & [-1,-1]+[0,-1] & [-1,-1]
\end{spreadtab}$
```

02-14-4

$$
\begin{matrix}
1 \\
1 & 1 \\
1 & 2 & 1 \\
1 & 3 & 3 & 1 \\
1 & 4 & 6 & 4 & 1 \\
1 & 5 & 10 & 10 & 5 & 1
\end{matrix}
$$

2.14.2 Textspalten

Standardmäßig geht das Paket spreadtab davon aus, dass eine Tabellenzelle nur aus einem rein numerischen Inhalt, einer Anweisung oder einer relativen Referenz besteht. Enthält die Zelle reinen Text, so ist dies durch das @-Symbol am Beginn der Zelle mitzuteilen.

Monat	Einkommen	Steuer
1	5409	1622.7
2	4523	1356.9
3	4711	1413.3
	14643	4392.9

02-14-5

```
\usepackage{spreadtab}

\begin{spreadtab}{{tabular}{rr |r}}
@ Monat & @ Einkommen & @ Steuer \\\hline
   1 &  5409     & b2*0.3 \\
   2 &  4523     & b3*0.3 \\
   3 &  4711     & b4*0.3 \\\hline
     & b2+b3+b4 & B5*0.3
\end{spreadtab}
```

Kann das @-Symbol nicht verwendet werden, so kann alternativ das Makro \STtextcell benutzt werden, welches identisch zu dem @-Symbol ist.

2.14.3 Gemischte Zellen

Enthält eine Zelle sowohl Text als auch für spreadtab spezifischen Code, so kann durch das Zuordnungssymbol := der numerische Inhalt vom Textteil getrennt werden. Die allgemeine Syntax für gemischte Zellinhalte ist:

| *<Text>*:={*Numerisches Feld*}*<Ende Textfeld>* |

Der numerische Inhalt ist also grundsätzlich in geschweifte Klammern zu setzen. Ein Synonym für das Zuordnungssymbol ist das Makro \STnumericfieldmarker, welches

wieder benutzt werden kann, wenn das Symbol := aus T_EXnischen Gründen nicht zulässig ist, beispielsweise bei Aktivierung der Sprache Französisch, da dort der Doppelpunkt
ein aktives Zeichen ist.

02-14-6

Monat	Einkommen	Steuer
1	5409	1622.7
2	4523	1356.9
3	4711	1413.3
Summe: 14643 €		$\sum$: 4392.9

```
\usepackage{spreadtab,eurosym}

\begin{spreadtab}{{tabular}{rr |r}}
@ Monat & @ Einkommen & @ Steuer \\\hline
    1 &  5409   & b2*0.3 \\
    2 &  4523   & b3*0.3 \\
    3 &  4711   & b4*0.3 \\\hline
      & \llap{Summe: :={b2+b3+b4} \euro}
      & $\sum$: :={B5*0.3}
\end{spreadtab}
```

2.14.4 Unterdrücken von Zeilen und/oder Spalten

Einzelne Zeilen oder Spalten können für die Ausgabe unberücksichtigt bleiben, wenn in
einer Zeile oder einer Spalte das entsprechende Makro angegeben wird:

```
\SThiderow        \SThidecol
```

Dabei ist zu beachten, dass die nicht erscheinende Spalte auch *nicht* in der Spaltendefinition der Tabelle erscheint. Im folgenden Beispiel existieren daher intern zwar
fünf Spalten, mit der Umgebung `tabular` werden jedoch nur die vier »aktiven« Spalten
r|ccc definiert.

```
\usepackage{spreadtab}

\begin{spreadtab}{{tabular}{r | ccc}}\hline
@ $x$-Werte            & -1       & 0 \SThidecol & 2        & 3            \\\hline
@ $f(x)=2\cdot x-1$    & 2*[0,-1]-1& 2*[0,-1]-1  & 2*[0,-1]-1 & 2*[0,-1]-1\\
@ $g(x)=x-10$\SThiderow& [0,-2]-10 & [0,-2]-10   & [0,-2]-10  & [0,-2]-10 \\
@ $h(x)=1-x$          & 1-[0,-3]  & 1-[0,-3]    & 1-[0,-3]   & 1-[0,-3] \\\hline
\end{spreadtab}
```

02-14-7

x-Werte	-1	2	3
$f(x) = 2 \cdot x - 1$	-3	3	5
$h(x) = 1 - x$	2	-1	-2

2.14.5 Speichern von Zelleninhalten

Sollen Zelleninhalte außerhalb einer aktuellen Zelle weiter verwendet werden, so kann
mit dem Makro \STsavecell ein Zelleninhalt in einem frei zu wählenden Makronamen
gespeichert werden, wobei die Angabe im optionalen Argument von `spreadtab` erfolgen
muss.

```
\STsavecell\<Makro>{Zelle}
```

Für die Zelle muss eine absolute Referenz angegeben werde, also eine eindeutige Kombination aus Spalte und Zeile, beispielsweise h3.

| 10 | 20 | 30 | 60 | Zelle c1 : 30 |

Zelle c1 hatte den Wert: 30

```
\usepackage{spreadtab}

\begin{spreadtab}[\STsavecell\result{c1}]%
  {{tabular}{|c|c|c|c|c|}}\hline
10 & a1+10 & b1+10 & a1+b1+c1
   & @Zelle c1 : \result\\\hline
\end{spreadtab}\par\medskip
\medskip
Zelle c1 hatte den Wert: \result
```

02-14-8

Die Zahl der in der Umgebung spreadtab zu speichernden Variablen ist nicht beschränkt und kann einfach hintereinander im optionalen Argument angeordnet werden.

Monat	Einkommen	Steuer
1	5409	1622.7
2	4523	1356.9
3	4711	1413.3
Summe: 14643 €		$\sum$: 4392.9

Das Einkommen betrug 14643 € und die Steuer 4392.9 €!

```
\usepackage{spreadtab,eurosym}

\begin{spreadtab}[\STsavecell\EK{b5}%
  \STsavecell\ST{c5}]{{tabular}{rr |r}}
@ Monat & @ Einkommen & @ Steuer \\\hline
     1 & 5409     & b2*0.3 \\
     2 & 4523     & b3*0.3 \\
     3 & 4711     & b4*0.3 \\\hline
       & \llap{Summe: :={b2+b3+b4} \euro}
       & $\sum$: :={B5*0.3}
\end{spreadtab}\par\medskip
Das Einkommen betrug \EK~\euro\
und die Steuer \ST~\euro!
```

02-14-9

2.14.6 Makrofunktionen

Die folgenden mathematischen Makros zum Berechnen von Zelleninhalten werden von spreadtab zur Verfügung gestellt:

sum(<*Bereich1*>;<*Bereich2*>;...) Aufsummieren der Zellen, beginnend mit dem ersten *Bereich* und endend mit dem n-ten *Bereich*. Ein *Bereich* kann alternativ
> ▷ eine einzelne Zellenangabe sein, oder
> ▷ ein *von–bis-Bereich* in der Form <*von*>:<*bis*>, wobei für Bereich auch eine rechteckförmige Anordnung möglich ist, die mehrere Spalten und Zeilen umfasst.

Monat	Einkommen	Steuer
1	5409	1622.7
2	4523	1356.9
3	4711	1413.3
Summe: 14643 €		$\sum$: 4392.9

```
\usepackage{spreadtab,eurosym}

\begin{spreadtab}{{tabular}{rr |r}}
@ Monat & @ Einkommen & @ Steuer \\\hline
     1 & 5409     & b2*0.3 \\
     2 & 4523     & b3*0.3 \\
     3 & 4711     & b4*0.3 \\\hline
       & \llap{Summe: :={sum(b2:b4)} \euro}
       & $\sum$: :={sum(C2:C4)}
\end{spreadtab}
```

02-14-10

fact(<*Zahl*>) Gibt die Fakultät von *Zahl* aus.

```
\usepackage{spreadtab} \setlength\tabcolsep{2pt}

\begin{spreadtab}{{tabular}{@{} *9{p{3em}} @{}}}
  0   &  1   &  2   &  3   &  4   &  5   &  6   &  7   &8\\\hline
fact(a1)&fact(b1)&fact(c1)&fact(d1)&fact(e1)&fact(f1)&fact(g1)&fact(h1)&fact(i1)
\end{spreadtab}
```

02-14-11

0	1	2	3	4	5	6	7	8
1	1	2	6	24	120	720	5040	40320

sumprod(<*Bereich1*>;<*Bereich2*>;...) Korrespondierende Zellen werden zuerst multipliziert und danach addiert. Voraussetzung ist, dass alle Bereiche dieselbe Länge haben und der oben angegeben Syntax entsprechen. Zellen, die keinen Zahlenwert enthalten oder durch eine \multicolumn-Anweisung nicht mehr »existieren«, wird die Zahl Null zugeordnet.

```
\usepackage{spreadtab}

\begin{spreadtab}{{tabular}{ @{} r *6c @{}}}
@Alter     & 10 & 11 & 12 & 13 & 14 & 15\\
@Anzahl    &  5 &  8 & 20 & 55 &  9 &  3\\\hline
\multicolumn{7}{@{}l}{Altersmittelwert: :={sumprod(b1:g1;b2:g2)/sum(b2:g2)}}
\end{spreadtab}
```

02-14-12

Alter	10	11	12	13	14	15
Anzahl	5	8	20	55	9	3

Altersmittelwert: 12.64

rand Gibt eine Zufallszahl zwischen 0 und 1 aus. Soll eine Zahlenfolge reproduzierbar sein, so muss das interne Macro \ST@seed überschrieben werden:

```
\makeatletter\renewcommand\ST@seed[]\makeatletter
```

Dann kann mit \FPseed=<*Zahl*> der Zufallszahlengenerator individuelle gestartet werden. Bei gleich Zahl ergibt sich dann auch die gleiche Zahlenfolge.

randint(Min, Max) Gibt eine ganzzahlige Zufallszahl zwischen *Min* und *Max* aus. Ist *Min* nicht angegeben, so wird eine ganze Zahl zwischen 0 und *Max* ausgegeben.

```
\usepackage{spreadtab} \STautoround{4}

\begin{spreadtab}{{tabular}{@{} l|cccc @{}}}
@Zufallszahl $\in [0;1]$    &rand()      &rand()      &rand()      &rand()      \\
@Zufallszahl $\in [-20;20]$ &randint(-5,5) &randint(-5,5) &randint(-5,5) &randint(-5,5)\\
@Zufallszahl $\in [0;20]$   &randint(20) &randint(20) &randint(20) &randint(20) \\
\end{spreadtab}
```

02-14-13

Zufallszahl $\in [0;1]$	0.0051	0.2143	0.5911	0.3086
Zufallszahl $\in [-20;20]$	0	5	0	0
Zufallszahl $\in [0;20]$	19	4	15	20

ifeq(Zahl1,Zahl2,Zahl3,Zahl4) Ist *Zahl1=Zahl2*, dann wird *Zahl3* ausgegeben, anderenfalls *Zahl4*.

ifgt(Zahl1,Zahl2,Zahl3,Zahl4) Ist *Zahl1>Zahl2*, dann wird *Zahl3* ausgegeben, anderenfalls *Zahl4*.

iflt(Zahl1,Zahl2,Zahl3,Zahl4) Ist *Zahl1<Zahl2*, dann wird *Zahl3* ausgegeben, anderenfalls *Zahl4*.

engshortdatetonum(Zelle) Ein Datum in der Kurzform *JJJJ/MM/TT* kann in die Anzahl von Tagen gewandelt werden, die seit dem 1. März des Jahres Null vergangen sind. *Zelle* kann dabei eine absolute oder relative Referenz auf eine Tabellenzelle sein, die ein Datum in Textform enthalten muss. *Zelle* kann auch durch ein Makro ersetzt werden, welches ein Datum in der Kurzform liefert, beispielsweise \today.

englongdatetonum(Zelle) Ein Datum in der Langform *Monatsname TT, JJJJ* kann in die Tagesnummer des Jahres gewandelt werden.

```
\usepackage{spreadtab}

\begin{spreadtab}{{tabular}{cc}}
@1789/7/14                & engshortdatetonum(a1)\\
2001/1/1 :={}             & engshortdatetonum([-1,0])\\
engshortdatetonum(0/3/1) & engshortdatetonum(\number\year/\number\month/\number\day)\\
englongdatetonum(February 13, 2005) & englongdatetonum(\today)\\
@July 1, 1970                        & englongdatetonum(a5)\\\hline
@2010/11/23               & engshortdatetonum([-1,0])\\
@2010/1/1                 & engshortdatetonum([-1,0])\\
@Differenz                & :={[0,-2]-[0,-1]} Tage
\end{spreadtab}
```

1789/7/14	653554
2001/1/1	730791
0	734079
732295	734079
July 1, 1970	719649
2010/11/23	734404
2010/1/1	734078
Differenz	326 Tage

02-14-14

numtoengshortdate(Zahl) Wandelt eine Zahl in ein Datum der Kurzform *JJJJ/MM/TT*.

numtoenglongdate(Zahl) Wandelt eine Zahl in ein Datum der Langform *Monatsname MM, JJJJ*.

numtoengmonth(Zahl) Wandelt eine Zahl in einen Monatsnamen, der dem zugeordneten Datum entspricht.

numtoengday(Zahl) Wandelt eine Zahl in einen Tagesnamen, der dem zugeordneten Datum entspricht.

```
\usepackage{spreadtab}

\begin{spreadtab}{{tabular}{cc}}\hline
\multicolumn{2}{|c|}{@2010/3/17}                              \\\hline
 365 & numtoengshortdate(engshortdatetonum(a1)+[-1,0])\\
 365 & numtoenglongdate(engshortdatetonum(a1)+[-1,0]) \\
 365 & numtoengmonth(engshortdatetonum(a1)+[-1,0])    \\
 365 & numtoengday(engshortdatetonum(a1)+[-1,0])      \\\hline
-365 & numtoengshortdate(engshortdatetonum(a1)+[-1,0])\\
```

```
-365 & numtoenglongdate(engshortdatetonum(a1)+[-1,0]) \\
-365 & numtoengmonth(engshortdatetonum(a1)+[-1,0])     \\
-365 & numtoengday(engshortdatetonum(a1)+[-1,0])
\end{spreadtab}
```

02-14-15

	2010/3/17
365	2011/3/17
365	March 17, 2011
365	March
365	thursday
-365	2009/3/17
-365	March 17, 2009
-365	March
-365	tuesday

2.15 tabls

Das Paket tabls von Donald Arseneau hat das einzige Ziel, den vertikalen Zeilenabstand zu optimieren, der bei den Standardtabellen von LATEX sehr oft zu wünschen übrig lässt. tabls definiert drei zusätzliche Längen und modifiziert das \hline-Makro:

```
\tablinesep
\arraylinesep
\extrarulesep
\hline [Länge]
```

\tablinesep — Minimaler Abstand zwischen zwei benachbarten Zeilen in einer tabular-Umgebung, wobei negative Werte ebenso wie 0 pt das Standardverhalten nicht verändern. Die Vorgabe ist 1 pt und Text innerhalb von @{...} wird bei der Abstandsbestimmung nicht berücksichtigt.

\arraylinesep — dito für die array-Umgebung.

\extrarulesep — Vertikaler Abstand, der vor und nach den Linienbefehlen \hline und \cline eingefügt wird. Zwischen einer Linie und Text ist dann mindestens der Abstand \extrarulesep + 0.5\tablinesep. Negative Werte sind möglich, jedoch nur solange wie eine Linie den Text nicht berührt. Die Vorgabe für \extrarulesep ist 3 pt.

Das Standardverhalten von LATEX ergibt sich mit

```
\setlength\tablinesep{0pt}
\setlength\arraylinesep{0pt}
\setlength\extrarulesep{0pt}
```

$$f(x) = \frac{\sqrt{x^2-1}}{x^2+1}$$

$$f(x) = \frac{\sqrt{x^2-1}}{x^2+\frac{1}{x^2}}$$

$$f(x) = \frac{\sqrt{x^2-1}}{x^2+1}$$
$$f(x) = \frac{\sqrt{x^2-1}}{x^2+\frac{1}{x^2}}$$

02-15-1

```
\usepackage{tabls}

\begin{tabular}{c}\hline
$ f(x)=\frac{\sqrt{x^2-1}}{x^2+1}$\\\hline
$ f(x)=\frac{\sqrt{x^2-1}}{x^2+\frac{1}{x^2}}$\\\hline
\end{tabular}\\[10pt]
%
\setlength\tablinesep{0pt}%    Standard-LaTeX
\setlength\arraylinesep{0pt}% Standard-LaTeX
\setlength\extrarulesep{0pt}% Standard-LaTeX
\begin{tabular}{c}\hline
$ f(x)=\frac{\sqrt{x^2-1}}{x^2+1}$ \\\hline
$ f(x)=\frac{\sqrt{x^2-1}}{x^2+\frac{1}{x^2}}$\\\hline
\end{tabular}
```

Das Paket `tabls` arbeitet zwar mit vielen anderen zusammen, jedoch ist das Ergebnis oftmals nicht das erwartete. Beim Paket `slashbox` berücksichtigt es beispielsweise nicht die veränderten Abstände, sodass die Diagonale nicht mehr in den Ecken endet.

```
\usepackage{tabls,slashbox,pict2e}

\begin{tabular}{|@{}r|*{5}{c}|l@{}|}\hline
\backslashbox[0pt][l]{Fest}{Jahr} & 2007 & 2008 & 2009 & 2010 & 2011
    & \slashbox[0pt][r]{Jahr}{Fest}\\\hline[3pt]
Ostern    & 08.04. & 23.03. & 12.04. & 04.04. & 24.04. & Ostern\\
Pfingsten & 27.05. & 11.05. & 31.05. & 23.05. & 12.06. & Pfingsten\\\hline
\end{tabular}
```

Jahr Fest	2007	2008	2009	2010	2011	Jahr Fest
Ostern	08.04.	23.03.	12.04.	04.04.	24.04.	Ostern
Pfingsten	27.05.	11.05.	31.05.	23.05.	12.06.	Pfingsten

02-15-2

Im nächsten Beispiel wird durch den zusätzlichen Abstand eine erheblich bessere Lesbarkeit der Tabelle erreicht.

```
\usepackage{tabls}
\newcommand{\T}{\textsf{T}}\newcommand{\Z}{\mathcal{Z}}\newcommand{\C}{\textsf{c}}

\begin{tabular}{@{}c|c|ccccc@{}}\hline
 BV \rule[-0.3cm]{0cm}{0.8cm}& R & $d$ & $u_\Z$
   & $u_{\Z^\C}$ & $v_\Z$ & $v_{\Z^\C}$\\\hline
$u_\Z$ \rule[-0.3cm]{0cm}{0.8cm}& $y_\Z$&$A_\Z$ & $I$ & $0$ & $-I$ & $0$ \\
$u_{\Z^\C}$ \rule[-0.3cm]{0cm}{0.8cm}& $y_{\Z^\C}$
   & $A_{\Z^\C}$&$0$ & $I$ & $0$ & $-I$\\\hline
ZF/GK & $e_m^\T
   \left(\begin{array}{c} y_\Z \\ y_{\Z^\C}\end{array}\right)$
   & $e_m^\T\left(\begin{array}{c}A_\Z \\A_{\Z^\C}\end{array}\right) $
   & $0$ & $0$ & $-2e_n^\T$ & $-2e_{m-n}^\T$  \\\hline
\end{tabular}
```

02-15-3

BV	R	d	u_z	$u_z\mathsf{c}$	v_z	$v_z\mathsf{c}$
u_z	y_z	A_z	I	0	$-I$	0
$u_z\mathsf{c}$	$y_z\mathsf{c}$	$A_z\mathsf{c}$	0	I	0	$-I$
ZF/GK	$e_m^\mathsf{T}\begin{pmatrix} y_z \\ y_z\mathsf{c} \end{pmatrix}$	$e_m^\mathsf{T}\begin{pmatrix} A_z \\ A_z\mathsf{c} \end{pmatrix}$	0	0	$-2e_n^\mathsf{T}$	$-2e_{m-n}^\mathsf{T}$

2.16 tabularht

Das Paket tabularht von Heiko Oberdiek ermöglicht eine Festlegung der Tabellenhöhe und daraus folgend eine variable Spaltenbreite, um die entsprechende Höhe einhalten zu können. Das Paket kann mit der Option vlines geladen werden, welche eine – allerdings experimentelle – Unterstützung für korrekte vertikale Linien bietet, wenn zusätzlicher vertikaler Abstand eingefügt wird. Diese Option benötigt ε-TEX, wobei dieses bei den aktuellen TEX-Distributionen ohnehin Standard ist. Weitere mögliche Optionen betreffen den Ausgabetreiber, wie dvips, pdftex, ..., der aber nur geladen werden muss, wenn es Probleme mit der automatischen Erkennung gibt (beispielsweise für dvips). Das Paket unterstützt die folgenden Umgebungen:

dvips-Treiber angeben

```
\begin{tabularht}{Optionen} [Pos] {Spaltendefinition}
...
\end{tabularht}
\begin{tabularht*}{Optionen} [Pos] {Breite}{Spaltendefinition}
...
\end{tabularht*}
\begin{arrayht}{Optionen} [Pos] {Spaltendefinition}
...
\end{arrayht}
\begin{tabularhtx}{Optionen}{Breite}{Spaltendefinition}
...
\end{tabularhtx}
```

Die Umgebung tabularhtx ist nur definiert, wenn zusätzlich dass tabularx-Paket geladen wird. Wird das Paket calc geladen, werden entsprechende calc-Längendefinitionen auch von tabularht beachtet. Als Optionen sind \to und \spread möglich, wobei beiden eine Länge zugewiesen werden muss und \to die Höhe der Tabelle festlegt (Standard) und \spread die Tabelle um die angegebene Länge vergrößert.

```
\begin{tabularht}{1cm}          ⇒ Höhe ist 1cm
\begin{tabularht}{to=1cm}       ⇒ Höhe ist 1cm
\begin{tabularht}{spread=0cm}   ⇒ normale Höhe, entspricht \begin {tabular}
\begin{tabularht}{spread=1cm}   ⇒ normale Höhe, vergrößert um 1cm
```

Innerhalb der Tabelle kann man die folgenden drei Makros anwenden, um zusätzlichen festen oder dynamischen vertikalen Leerraum oder zwischen \interrowstart und \interrowstop beliebige Befehlssequenzen einzufügen. Die kommaseparierte Liste der Linien gibt an, für welche der eingefügte Leerraum zu einer Verlängerung führt. Alle anderen Linien sind dann unterbrochen. Das Argument 0 führt zu einer Unterbrechung aller Linien.

```
\interrowspace [Linie1,Linie2,...] {Länge}
\interrowfill [Linie1,Linie2,...]

\interrowstart [Linie1,Linie2,...] ...\interrowstop
```

Der Befehl \interrowspace ist identisch zu einem \noalign{\vspace{Länge}} und \interrowfill zu einem \interrowspace{\fill} und das dann wieder zu einem \noalign{\vfill}.

```
\usepackage{booktabs}
\usepackage{tabularht}

\fbox{%
\begin{tabularht*}{1in}{4in}{@{} l @{\extracolsep{\fill}} r @{}}
  Oben Links & Oben Rechts\\\interrowfill
  \multicolumn{2}{@{}c@{}}{bounding box}\\\interrowfill
  Unten Links & Oben Rechts
\end{tabularht*}}
```

Oben Links	Oben Rechts
bounding box	
Unten Links	Oben Rechts

02-16-1

Die Zählung der Linien beginnt bei 1, sodass im folgenden Beispiel nur die zweite und dritte Linie durchgezogen werden, die anderen bleiben unterbrochen. Das letzte Beispiel zeigt dies für eine Anwendung von \interrowspace.

Spalte 1	Spalte 2	Spalte 3	Spalte 4
Spalte 1	Spalte 2	Spalte 3	Spalte 4

```
\usepackage[vlines]{tabularht}

\begin{tabularht}{1.75cm}{*{4}{|c|}}\hline
Spalte 1 & Spalte 2 & Spalte 3
  & Spalte 4\\\hline
\interrowfill[2,3]\hline
Spalte 1 & Spalte 2 & Spalte 3
  & Spalte 4\\\hline
\end{tabularht}
```

02-16-2

02-16-3

Erste	Linie
Zweite	Linie
Dritte	Linie
Vierte	Linie

```
\usepackage{booktabs}
\usepackage[vlines]{tabularht}

\begin{tabularht}{spread=0pt}{|l|l|}\hline
   Erste & Linie\\\hline
\interrowstart \addlinespace[10mm]\interrowstop\hline
   Zweite & Linie\\
\interrowstart \hline\hline \interrowstop
   Dritte & Linie\\\hline
\interrowspace[1,3]{12mm}\hline
   Vierte & Linie\\\hline
\end{tabularht}
```

2.17 tabularkv

Das Paket tabularkv von Heiko Oberdiek ist faktisch identisch zum automatisch geladenen Paket tabularht, verwendet jedoch das »Key-Value«-Interface und lädt dazu das Paket keyval.

Tabelle 2.7: Zusammenstellung der möglichen Optionen für die Umgebung tabularkv.

Name	Typ	Bedeutung
width	Länge	Breite der Tabelle, was automatisch zur Anwendung von tabularht* führt.
x		tabularhtx benutzen, wozu das Paket tabularx vom Anwender zu laden ist.
height	Länge	Höhe einer Tabelle (siehe Abschnitt 2.16 auf Seite 83)
valign	top/bottom/center	Vertikale Positionierung

Die Anwendung der entsprechenden Tabellenumgebung wird vom Paket selbst vorgenommen, sodass hier nur die Umgebung tabularkv zu verwenden ist. Die Möglichkeit eines zweiten optionalen Arguments für die vertikale Positionierung *Pos* (t, b, c) macht hier keinen Sinn, denn dies kann über valign innerhalb der Optionen erfolgen.

```
\begin{tabularkv} [Optionen] [Pos] {Spaltendefinition} ...      \end{tabularkv}
```

Die möglichen optionalen Parameter sind in Tabelle 2.7 zusammengestellt.

02-17-1

Oben Links		Oben Rechts
	bounding box	
Unten Links		Oben Rechts

```
\usepackage{booktabs}\usepackage{tabularkv}

\fbox{\begin{tabularkv}[width=2.3in,height=0.7in,
   valign=center]{@{}l@{\extracolsep{\fill}}r@{}}
   Oben Links & Oben Rechts \\\interrowfill
\multicolumn{2}{@{}c@{}}{%
            bounding box}\\\interrowfill
   Unten Links & Oben Rechts
\end{tabularkv}}}
```

2.18 tabularx

Das Paket `tabularx` von David Carlisle wird sehr häufig angewendet, da es auf einfache Weise das Anpassen der Tabellenbreite an die aktuelle Zeilenbreite erlaubt. Dazu definiert das Paket den Spaltentyp X, der für eine variable Breite einer p-Spalte in Abhängigkeit einer vom Anwender vorzugebenden Tabellenbreite steht. Die Syntax ist identisch zu einer normalen Tabelle, wobei hier nur noch die Tabellenbreite vorgegebenen werden muss.

```
\begin{tabularx} [Position] {Tabellenbreite}{Spaltendefinition}
...&...&...\\
...
\end{tabularx}
```

Der Spaltentyp X kann beliebig mit anderen Standardtypen oder benutzerdefinierten Spaltentypen kombiniert werden. Der wesentliche Unterschied zur `tabular*`-Umgebung liegt darin, dass bei `tabularx` die Spaltenbreite und bei `tabular*` der Spaltenzwischenraum angepasst wird.

Text vor der Tabelle, der über die ganze Zeile geht.

> Auf einfache Weise kann jetzt ein Balken neben dem Text erzeugt werden.
>
> Dieser kann auch über Absätze hinweg gehen. Lediglich ein Seitenumbruch ist mit `tabularx` nicht möglich (→ltxtable)!

Text nach der Tabelle, der über die ganze Zeile geht.

02-18-1

```
\usepackage{tabularx}

Text vor der Tabelle, der über die ganze Zeile geht.\par
\begin{tabularx}{\linewidth}%
        {!{\vrule width 2pt}X@{}}
Auf einfache Weise kann jetzt ein Balken neben
dem Text erzeugt werden.\par\medskip Dieser
kann auch über Absätze hinweg gehen. Lediglich
ein Seitenumbruch ist mit \texttt{tabularx}
nicht möglich ($\rightarrow$\texttt{ltxtable})!
\end{tabularx}\par
Text nach der Tabelle, der über die ganze Zeile geht.
```

Die sogenannten X-Spalten haben innerhalb einer Tabelle immer dieselbe Breite, unabhängig davon, ob sie nebeneinander erscheinen oder durch andere Spaltentypen getrennt sind.

Text vor der Tabelle, der über die ganze Zeile geht, um zu zeigen, dass die Tabelle auch so breit ist.

Die Breite der Spalte wird automatisch bestimmt.	Diese Spalte ist 1 cm breit.	Die Breite der Spalte wird automatisch bestimmt.

Text nach der Tabelle, der über die ganze Zeile geht, um zu zeigen, dass die Tabelle auch so breit ist.

02-18-2

```
\usepackage{tabularx}

Text vor der Tabelle, der über die ganze Zeile
geht, um zu zeigen, dass die Tabelle auch so
breit ist.\par
\begin{tabularx}{\linewidth}{@{}X p{1cm} X@{}}
Die Breite der Spalte wird automatisch bestimmt.
& Diese Spalte ist 1\,cm breit.
& Die Breite der Spalte wird automatisch bestimmt.
\end{tabularx}\par
Text nach der Tabelle, der über die ganze Zeile
geht, um zu zeigen, dass die Tabelle auch so
breit ist.
```

Das individuelle Einstellen der X-Spalten kann über \hsize erfolgen, indem ein jeweiliger dezimaler Anteil an der gesamten Breite der X-Spalten vorgegeben wird. Im folgenden Beispiel wird die erste X-Spalte nur das 0,7- und die andere das 1,3-fache der regulären Breite betragen.

02-18-3

Text vor der Tabelle, der über die ganze Zeile geht, um zu zeigen, dass die Tabelle auch so breit ist.

| Die Breite der Spalte wird automatisch bestimmt. | Diese Spalte ist 1 cm breit. | Die Breite der Spalte wird automatisch bestimmt. |

Text nach der Tabelle, der über die ganze Zeile geht, um zu zeigen, dass die Tabelle auch so breit ist.

```
\usepackage{tabularx}

Text vor der Tabelle, der über die ganze Zeile
geht, um zu zeigen, dass die Tabelle auch so
breit ist.\par
\begin{tabularx}{\linewidth}{@{}
  >{\setlength\hsize{0.7\hsize}}X |
  p{1cm} |
  >{\setlength\hsize{1.3\hsize}}X@{}}
Die Breite der Spalte wird automatisch
bestimmt.
& Diese Spalte ist 1\,cm breit.
& Die Breite der Spalte wird automatisch
bestimmt.
\end{tabularx}\par
Text nach der Tabelle, der über die ganze Zeile
geht, um zu zeigen, dass die Tabelle auch so
breit ist.
```

Bei drei X-Spalten hätte die Summe der \hsize-Längen drei ergeben müssen. In allen Beispielen zu tabularx existiert das Problem mit dem Blocksatz in schmalen Spalten. Es empfiehlt sich daher, hier grundsätzlich mit \raggedright oder \RaggedRight aus dem ragged2e-Paket von Martin Schröder zu arbeiten. Letzteres erspart den expliziten Aufruf von \arraybackslash.

\hsize

02-18-4

Text vor der Tabelle, der über die ganze Zeile geht, um zu zeigen, dass die Tabelle auch so breit ist.

| Die Breite der Spalte wird automatisch bestimmt. | Diese Spalte ist 1 cm breit. | Die Breite der Spalte wird automatisch bestimmt. |

Text nach der Tabelle, der über die ganze Zeile geht, um zu zeigen, dass die Tabelle auch so breit ist.

```
\usepackage{tabularx,ragged2e}

Text vor der Tabelle, der über die ganze Zeile
geht, um zu zeigen, dass die Tabelle auch so
breit ist.\par
\begin{tabularx}{\linewidth}{@{}
  >{\setlength\hsize{0.7\hsize}\RaggedRight}X |
  >{\RaggedRight}p{1cm} |
  >{\setlength\hsize{1.3\hsize}\RaggedRight}X@{}}
Die Breite der Spalte wird automatisch bestimmt.
  & Diese Spalte ist 1\,cm breit.
  & Die Breite der Spalte wird automatisch
  bestimmt.
\end{tabularx}\par
Text nach der Tabelle, der über die ganze
Zeile geht, um zu zeigen, dass die Tabelle
auch so breit ist.
```

Alle X-Spalten entsprechen dem p-Spaltentyp und können durch eine Neudefinition der Zuweisung in einen anderen Typ umgewandelt werden. Das folgende Beispiel zeigt die Änderung von der p- zu einer m-Spalte und zusätzlich kleineren Schrift. Das Ergebnis sollte nur auf den ersten Blick irritierend sein; beide X-Spalten sind zueinander vertikal zentriert und ebenfalls zentriert auf den Anfang der mittleren p-Spalte.

Text nach der Tabelle, der über die ganze Zeile geht.

02-18-5

```
\usepackage{tabularx,ragged2e}
\renewcommand\tabularxcolumn[1]{>{\small}m{#1}}
```

| Die Breite der Spalte wird automatisch bestimmt. | Diese Spalte ist 1 cm breit. | Die Breite der Spalte wird automatisch bestimmt. |

Text nach der Tabelle, der über die ganze Zeile geht, um zu zeigen, dass die Tabelle auch so breit ist.

```
Text nach der Tabelle, der über die ganze Zeile
geht.\par
\begin{tabularx}{\linewidth}{@{}
  >{\setlength\hsize{0.7\hsize}\RaggedRight}X |
  >{\RaggedRight}p{1cm} |
  >{\setlength\hsize{1.3\hsize}\RaggedRight}X@{}}
Die Breite der Spalte wird automatisch bestimmt.
  & Diese Spalte ist 1\,cm breit.
  & Die Breite der Spalte wird automatisch
    bestimmt.
\end{tabularx}\par
Text nach der Tabelle, der über die ganze
Zeile geht, um zu zeigen, dass die Tabelle
auch so breit ist.
```

Bei der Anwendung von `tabularx` gibt es einiges zu beachten:

- ▷ `tabularx` setzt die Tabelle intern mehrmals, um die optimale Breite der X-Spalten berechnen zu können. Dadurch kann sich bei vielen entsprechenden Tabellen ein LATEX-Durchlauf deutlich verlangsamen.
- ▷ `\verb` und `\verb*` können innerhalb der Tabelle benutzt werden, jedoch kann es zu falschen horizontalen Abständen kommen.
- ▷ `tabularx`-Tabellen können beliebig geschachtelt werden, jedoch müssen die jeweils inneren Tabellen gruppiert werden, also in {...}, `\bgroup`...`\egroup` oder `\begingroup`...`\endgroup` gesetzt werden.

2.19 tabulary

Das Paket `tabulary` von David Carlisle ist sozusagen das Gegenstück zum `tabularx`-Paket vom gleichen Autor. Die einzig feste Angabe ist die der Tabellenbreite; die Spalten werden daraufhin in Abhängigkeit dieser Vorgabe derart berechnet, dass sie alle die gleiche Höhe haben. Dies setzt voraus, dass die Spalten entweder vom Typ L, R, C oder J sind. Die ersten drei entsprechen den bekannten Typen von Standard-LATEX und J *normal Justification*, dem allgemeinen Blocksatz. Letzteres ist im Beispiel 02-19-2 auf der nächsten Seite zu sehen, das drei J-Spalten zeigt, die den standardmäßigen p-Spalten entsprechen. Für die anderen Typen gilt, dass sie mit folgendem Befehl gesetzt werden:

| L ⇒ \raggedright | R ⇒ \raggedleft | C ⇒ \centering |

02-19-1

Text vor der Tabelle, der über die ganze Zeile geht.

Die Höhe der Spalte wird automatisch bestimmt.	Diese Spalte ist ? breit.	Die Höhe der Spalte wird automatisch bestimmt.

Text nach der Tabelle, der über die ganze Zeile geht.

```
\usepackage{tabulary}

Text vor der Tabelle, der über die ganze Zeile
geht.\par
\begin{tabulary}{\linewidth}{@{}L | C | R@{}}
Die Höhe der Spalte wird automatisch bestimmt.
& Diese Spalte ist ? breit.
& Die Höhe der Spalte wird automatisch bestimmt.
\end{tabulary}\par
Text nach der Tabelle, der über die ganze Zeile
geht.
```

```
\usepackage{tabulary}

Text vor der Tabelle, der über die ganze Breite der Zeile gehen wird.\par
\begin{tabulary}{\linewidth}{@{}J | J | J@{}}
Die Höhe der Spalte wird automatisch bestimmt.
   & Diese Spalte ist ?\,cm breit, wie genau, weiß man nicht.
   & Die Höhe der Spalte wird automatisch bestimmt, sodass alle Spalten gleich hoch
     sind, allerdings bei vorgegebener Breite.
\end{tabulary}\par
Text vor der Tabelle, der über die ganze Breite der Zeile gehen wird.
```

02-19-2

Text vor der Tabelle, der über die ganze Breite der Zeile gehen wird.

Die Höhe der Spalte wird automatisch bestimmt.	Diese Spalte ist ? cm breit, wie genau, weiß man nicht.	Die Höhe der Spalte wird automatisch bestimmt, sodass alle Spalten gleich hoch sind, allerdings bei vorgegebener Breite.

Text vor der Tabelle, der über die ganze Breite der Zeile gehen wird.

Das Paket benutzt intern die beiden Längen \tymin und \tymax um Spaltenbreiten nicht zu klein und nicht zu groß werden zu lassen. Die vorgegebenen Werte sind 10 pt und 2\textwidth und sollten vom Anwender sinnvoll angepasst werden. Bei zu schmalen Spalten ist es ohnehin besser mit den standardmäßigen Spaltentypen l, r oder c zu arbeiten, die mit den tabulary-spezifischen Typen beliebig kombiniert werden können.

2.20 threeparttable

Das Paket threeparttable von Donald Arseneau erlaubt, Tabellen mit Über- oder Unterschriften und Anmerkungen zu versehen. Dazu wird eine standardmäßige tabular-Umgebung in eine threeparttable-Umgebung gesetzt, die theoretisch wie eine table-Umgebung wirkt, aber die Tabelle nicht gleiten lässt. Will man dies erreichen, so muss man *zusätzlich* die `table`-Umgebung verwenden. Das Paket erlaubt die in Tabelle 2.8 zusammengefassten globalen Optionen, die jeweils lokal in der `tablenotes`-Umgebung überschrieben werden können.

Name	*Bedeutung*
`para`	Alle Fußnoten hintereinander in einem einzigen Absatz.
`flushleft`	Kein linker Einzug.
`online`	Das Argument von `\item` wird in Normalschrift ausgegeben, statt hochgestellt.
`normal`	Standardvorgaben des Paketes übernehmen.

Tabelle 2.8: Zusammenstellung der Paketoptionen für threeparttable.

```
\begin{threeparttable} [Position]
\caption{...}
\begin{tabular}tabular...(oder \begin{tabular*}tabular*...)
...\tnote{Nummer} &...&...\\
...
\end{tabular} (oder \end{tabular*})
\begin{tablenotes} [Optionen]
\item[Nummer] Text
...
\end{tablenotes}
\end{threeparttable}
```

Der optionale Parameter *Position* bezieht sich auf die vertikale Ausrichtung und kann einen der üblichen Werte t (Standard), b oder c annehmen. Für die Umgebung `tablenotes` sind alle bereits oben beschriebenen Paketoptionen möglich, sodass diese auch lokal durch einzelne Umgebungen überschrieben werden können. Das Paket verfügt über keinen Automatismus bei der fortlaufenden Nummerierung der Fußnoten, sodass dies vollständig vom Anwender übernommen werden muss.

Das folgende Beispiel verwendet die zweite Fußnote (`\item`) als Überschrift für die folgenden. Damit diese Überschrift zum einen in normaler Schriftgröße und zum anderen fett erscheint, wird lokal das Makro `\tnote` mithilfe von `\renewcommand` umdefiniert. Weitere Makros, die im Zusammenhang mit `threeparttable` von Interesse sind, zeigt Tabelle 2.9 auf Seite 92.

```
\usepackage{threeparttable,array,booktabs,calc}

\begin{threeparttable}
\caption{Zusammenstellung der Vorzeichen für die wichtigsten trigonometrischen
    Funktionen.\tnote{1}}
\begin{tabular}{@{}rc*{6}{>{$}c<{$}}}\toprule
\emph{Quadrant} & Größe des Winkels & \sin\tnote{a} & \cos\tnote{a} & \tan\tnote{b}
 & \mathrm{cot}\tnote{b} & \mathrm{sec}\tnote{c} & \mathrm{csec}\tnote{c} \\\midrule
    I & $0^\circ$ bis $90^\circ$      & + & + & + & + & + & + \\
   II & $90^\circ$ bis $180^\circ$    & + & - & - & - & - & + \\
```

```
III & $180^\circ$ bis $270^\circ$ & - & - & + & + & - & - \\
 IV & $270^\circ$ bis $360^\circ$ & - & + & - & - & + & - \\\bottomrule
\end{tabular}
\begin{tablenotes}
  \item[1] Übertragung auf das Bogenmaß ist einfach möglich.
  \begingroup% lokal halten
  \renewcommand\tnote[1]{\normalsize\bfseries#1}
  \item[Wertebereiche:] ~ \endgroup
  \item[a] \makebox[1.8em][r]{$-1$}        bis $+1$
  \item[b] \makebox[1.8em][r]{$-\infty$} bis $+\infty$
  \item[c] \makebox[1.8em][r]{$-\infty$} bis $-1$ und $+1$ bis $+\infty$
\end{tablenotes}
\end{threeparttable}
```

02-20-1

Tabelle 1: Zusammenstellung der Vorzeichen für die wichtigsten trigonometrischen Funktionen.[1]

Quadrant	Größe des Winkels	sin[a]	cos[a]	tan[b]	cot[b]	sec[c]	csec[c]
I	0° bis 90°	+	+	+	+	+	+
II	90° bis 180°	+	−	−	−	−	+
III	180° bis 270°	−	−	+	+	−	−
IV	270° bis 360°	−	+	−	−	+	−

[1] Übertragung auf das Bogenmaß ist einfach möglich.

Wertebereiche:

[a] -1 bis $+1$
[b] $-\infty$ bis $+\infty$
[c] $-\infty$ bis -1 und $+1$ bis $+\infty$

02-20-2

Tabelle 1: Gegenüberstellung der verschiedenen Analysen in Gas.

	P1	P2[A]	P3
Druckabfall	0,149	0,494	0,199
Windung	0,146	0,480	0,240
Heißextraktion	0,164[a]	0,508	0,209

[A] Unsichere Messung
[a] Störung während der Messung

```
\usepackage[para]{threeparttable}

\begin{threeparttable}
\caption{Gegenüberstellung der
  verschiedenen Analysen in Gas.}
\begin{tabular}[t]{r|c|c|c}\hline
\rule[-0.5ex]{0pt}{3ex}
   & P1 & P2\tnote{A} & P3\\\hline
Druckabfall & 0,149 & 0,494 & 0,199\\
Windung     & 0,146 & 0,480 & 0,240\\
Heißextraktion & 0,164\tnote{a}
         & 0,508 & 0,209 \\\hline
\end{tabular}
\begin{tablenotes}[flushleft]
\item[A] Unsichere Messung
\item[a] Störung während der Messung
\end{tablenotes}
\end{threeparttable}
```

Tabelle 2.9: Zusammenstellung der wichtigsten Längen und Makros für threeparttable.

Name	Bedeutung
\TPTminimum	Minimale \caption-Breite (Vorgabe 4 em)
\TPTrlap{*Argument*}	Ermöglicht die Berücksichtigung des Tabellenrandes für die Fußnoten bei rechtsbündigen Spalten.
\TPTtagStyle{*Argument*}	Formatierung des Labels von \tnote (Vorgabe ist {})
\TPTnoteLabel{*Argument*}	Formatierung des Labels von \item (Vorgabe \tnote)
\TPTnoteSettings	Setzt alle Vorgaben für tablenotes (list-Umgebung)

2.21 threeparttablex

Das Paket threeparttablex von Lars Madsen ist eine Erweiterung des Pakets threeparttablex und wird standardmäßig geladen. Ziel des Paketes ist es, die Möglichkeiten auf Tabellen mit einem Seitenumbruch zu erweitern. threeparttablex erlaubt die Anwendung von tablenotes zusammen mit der Umgebung longtable. Zusätzlich zu de in Abschnitt 2.21 angegebenen Möglichkeiten, gibt es die folgenden Erweiterungen:

▷ Die Umgebung ThreePartTable ist ein Container für die neue Umgebung TableNotes und longtable.

▷ Die Umgebung TableNotes hat die gleichen Möglichkeiten wie die Umgebung tablenotes aus threeparttable, muss jedoch *vor* der Umgebung longtable erscheinen.

▷ Das Makro \insertTableNotes ermöglicht gegenüber der Umgebung TableNotes auch eine Anwendung innerhalb von longtable. Benutzt wird dazu das Makro \multicolumn.

```
\usepackage{longtable,threeparttablex}
\usepackage[ngerman]{babel}

\begin{ThreePartTable}
\begin{TableNotes}
\item[a] Eine Anmerkung zu der Tabelle
\item[b] Diese Tabelle ist nur eine Demonstration
\end{TableNotes}
\begin{longtable}{@{}l c r p{1.5cm}@{}}
L & Z & R & Box\\\hline
\endfirsthead
\multicolumn{4}{@{}l}{\small\ldots\emph{Fortsetzung}}\\\hline
L & Z & R & Box\\\hline
\endhead
\hline
\multicolumn{4}{r@{}}{\small\emph{Fortsetzung nächste Seite} \ldots}\\
\endfoot
\hline
\insertTableNotes
\endlastfoot
```

```
l & c & r & 1. Zeile\\ l & c & r & 2. Zeile\\ l & c & r & 3. Zeile\\
l & c\tnote{a} & r & 4. Zeile\\ l & c & r\tnote{b} & 5. Zeile\\
l & c & r & 6. Zeile\\ l & c & r & 7. Zeile\\ l & c & r & 8. Zeile\\
l & c & r & 9. Zeile\\ l & c & r &10. Zeile\\ l & c & r &11. Zeile\\
l & c & r &12. Zeile
\end{longtable}
\end{ThreePartTable}
```

02-21-1

threeparttablex-Demo	threeparttablex-Demo
L Z R Box	... *Fortsetzung*
l c r 1. Zeile	L Z R Box
l c r 2. Zeile	l c r 12. Zeile
l c r 3. Zeile	a Eine Anmerkung zu der Tabelle
l c^a r 4. Zeile	b Diese Tabelle ist nur eine Demonstration
l c r^b 5. Zeile	
l c r 6. Zeile	
l c r 7. Zeile	
l c r 8. Zeile	
l c r 9. Zeile	
l c r 10. Zeile	
l c r 11. Zeile	
Fortsetzung nächste Seite ...	
Seite 1	Seite 2

Die Anmerkungen innerhalb der Umgebung TableNotes können mit einem Label versehen und dann mit dem Makro \tnotex referenziert werden. Voraussetzung ist, dass das Paket mit der Option referable geladen wird. Die Sternversion \tnotex* verhindert einen Link, falls das Paket hyperref benutzt wird.

```
\usepackage{longtable}
\usepackage[referable]{threeparttablex}
\usepackage{hyperref}

\begin{ThreePartTable}
\begin{TableNotes}
\item[a]\label{tn:a} Eine Anmerkung zu der Tabelle
\item[b]\label{tn:b} Diese Tabelle ist nur eine Demonstration
\end{TableNotes}
\begin{longtable}{@{}l c r p{1.5cm}@{}}
L & Z & R & Box\\\hline
\endfirsthead
\multicolumn{4}{@{}l}{\small\ldots\emph{Fortsetzung}}\\\hline
L & Z & R & Box\\\hline
\endhead
\hline
```

```
\multicolumn{4}{r@{}}{\small\emph{Fortsetzung nächste Seite} \ldots}\\
\endfoot
\hline
\insertTableNotes
\endlastfoot
l & c & r & 1. Zeile\\ l & c & r & 2. Zeile\\ l & c & r & 3. Zeile\\
l & c\tnotex{tn:a} & r & 4. Zeile\\ l & c & r\tnotex{tn:b} & 5. Zeile\\
l & c & r & 6. Zeile\\ l & c & r & 7. Zeile\\ l & c & r & 8. Zeile\\
l & c & r & 9. Zeile\\ l & c & r &10. Zeile\\ l & c & r &11. Zeile\\
l & c & r &12. Zeile
\end{longtable}
\end{ThreePartTable}
```

In den Anmerkungen~\ref{tn:a} und~\ref{tn:b} der Tabelle \ldots

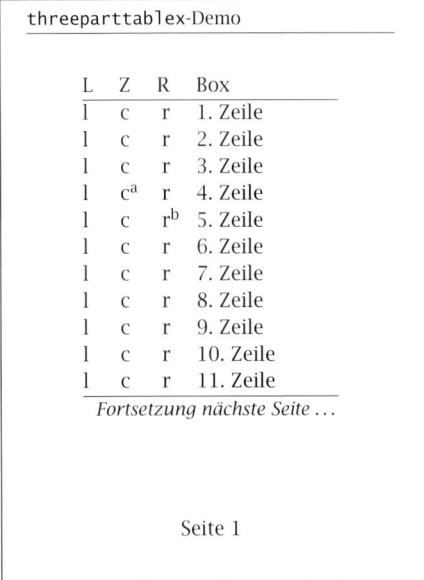

threeparttablex-Demo

L	Z	R	Box
l	c	r	1. Zeile
l	c	r	2. Zeile
l	c	r	3. Zeile
l	c[a]	r	4. Zeile
l	c	r[b]	5. Zeile
l	c	r	6. Zeile
l	c	r	7. Zeile
l	c	r	8. Zeile
l	c	r	9. Zeile
l	c	r	10. Zeile
l	c	r	11. Zeile

Fortsetzung nächste Seite …

Seite 1

threeparttablex-Demo

… Fortsetzung

L	Z	R	Box
l	c	r	12. Zeile

[a] Eine Anmerkung zu der Tabelle
[b] Diese Tabelle ist nur eine Demonstration

In den Anmerkungen a und b der Tabelle …

Seite 2

02-21-2

2.22 warpcol

Mathematischer Modus

Das Paket warpcol von Wayne A. Rochester kann alternativ zum dcolumn-Paket (siehe Abschnitt 2.24 auf Seite 97) zur Formatierung von Zahlenspalten benutzt werden. Genau wie dcolumn setzt warpcol die Spalten standardmäßig im mathematischen Modus, was insbesondere bei Überschriften vom Anwender beachtet werden muss. Eine Anwendung von \multicolumn ermöglicht auf einfache Weise die Anwendung des Textmodus.

warpcol definiert den Spaltentyp P, der als Parameter die Formatierungsangaben für Dezimalzahlen erwartet und zwar in der Form *VZx.y*, wobei *VZ* für ein negatives Vorzeichen steht und *x* für die Anzahl der Ziffern des ganzzahligen und *y* für die Anzahl der Ziffern des dezimalen Teils. Im Beispiel 02-22-1 auf der nächsten Seite wird die erste Spalte mit P{3.1}, d. h. drei Vorkomma- und eine Nachkommastelle formatiert.

Die zweite Spalte berücksichtigt die Breite des Vorzeichens, zwei Vorkomma- und eine Nachkommastelle.

02-22-1

Spalte 1	Spalte 2
123.4	−12.3
12.3	12.3
1.2	1.2

```
\usepackage{warpcol}

\begin{tabular}{P{3.1} P{-2.1}}\hline
\multicolumn{1}{c}{\emph{Spalte 1}}
  & \multicolumn{1}{c}{\emph{Spalte 2}}\\\hline
123.4 & -12.3\\12.3 & 12.3\\1.2 & 1.2\\\hline
\end{tabular}
```

Spaltenüberschriften sollten in jedem Fall unabhängig von ihrer Länge korrekt formatiert werden, auch wenn danach nur noch eine Zahlenkolonne folgt. In der Regel wird man immer auf eine Definition mit \multicolumn zurückgreifen und einen der drei Standard-Spaltentypen l, c oder r verwenden. warpcol gibt eine weitere Unterstützung für die Formatierung durch die folgenden beiden Makros:

```
\pcolbegin{Typ}{Argument}
\pcolend
```

Das erste Argument von \pcolbegin erwartet einen der Standard-Spaltentypen und das zweite Argument die Angabe über die Formatierung der Zahlenkolonne. Dies ist nur für die Fälle einer links- oder rechtsbündigen Spalte von Interesse, die könnten sonst mit dem Spaltentyp P nicht korrekt ausgerichtet werden.

```
\usepackage{warpcol}
\newcolumntype{L}[1]{>{\pcolbegin{r}{#1}}l<{\pcolend}}
\newcolumntype{R}[1]{>{\pcolbegin{r}{#1}}r<{\pcolend}}

\begin{tabular}{@{} L{3.1}L{3.1}P{3.1}P{3.1}R{3.1}R{3.1} @{}} \hline
 \multicolumn{1}{l}{KT} & \multicolumn{1}{l}{Langer Titel}
   & \multicolumn{1}{c}{KT} & \multicolumn{1}{c}{Langer Titel}
   & \multicolumn{1}{r}{KT} & \multicolumn{1}{r}{Langer Titel}\\ \hline
123.4 & 123.4 & 123.4 & 123.4 & 123.4 & 123.4 \\
 12.3 &  12.3 &  12.3 &  12.3 &  12.3 &  12.3 \\
  1.2 &   1.2 &   1.2 &   1.2 &   1.2 &   1.2 \\\hline
\end{tabular}
```

02-22-2

KT	Langer Titel	KT	Langer Titel	KT	Langer Titel
123.4	123.4	123.4	123.4	123.4	123.4
12.3	12.3	12.3	12.3	12.3	12.3
1.2	1.2	1.2	1.2	1.2	1.2

Mit \pcolbegin...\pcolend können die Zahlenkolonnen beliebig links oder rechtsbündig ausgerichtet werden.

Linksbündig	Rechtsbündig	Zentriert
123.4	123.4	123.4
12.3	12.3	12.3
1.2	1.2	1.2

```
\usepackage{warpcol}

\begin{tabular}{@{}
  >{\pcolbegin{l}{3.1}}c<{\pcolend}P{3.1}
  >{\pcolbegin{c}{3.1}}c<{\pcolend} @{}}\hline
\multicolumn{1}{@{}c}{Linksbündig}
    & \multicolumn{1}{c}{Rechtsbündig}
    & \multicolumn{1}{c@{}}{Zentriert}\\ \hline
123.4&123.4&123.4\\12.3&12.3&12.3\\
1.2&1.2&1.2\\\hline
\end{tabular}
```

`02-22-3`

Bei der Formatierung der Spalten kann als Argument faktisch alles übergeben werden, was innerhalb einer Zahlenkolonne Sinn macht. Im folgenden Beispiel ist dies für die erste Spalte der Ausdruck L{< 1.3}, der ein Vergleichszeichen, Leerzeichen, Vorkomma- und Nachkommastellen vorgibt. Bei der zweiten Spalte ist es P{3\,3.2} drei Vorkommastellen, ein Spatium \, als Abstand, noch mal drei Vorkomma- und zwei Nachkommastellen.

p	Kosten (€)
> 0.1	123 456.78
< 0.1	23 456.78
< 0.01	4 523.45
< 0.001	345.67

```
\usepackage{warpcol,eurosym}
\newcolumntype{L}[1]{>{\pcolbegin{l}{#1}}l<{\pcolend}}

\begin{tabular}{@{} L{< 1.3} P{3\,3.2} @{}}\hline
\multicolumn{1}{@{}c}{\emph{p}}
    & \multicolumn{1}{c@{}}{\emph{Kosten (\euro)}}\\\hline
 > 0.1  & 123\,456.78 \\ < 0.1   & 23\,456.78 \\
 < 0.01 &   4\,523.45 \\ < 0.001 &    345.67 \\\hline
\end{tabular}
```

`02-22-4`

2.23 widetable

Das Paket widetable von Claudio Beccari ist eine Kombination aus der Umgebung tabular* und tabularx, indem es versucht *jede* Spalte entsprechend zu dehnen oder zu stauchen, um auf die festgelegte Breite zu kommen.

```
\begin{widetable}{Tabellenbreite}{Spaltendefinition}
...&...&...\\
...
\end{widetable}
```

Die folgenden drei Beispiele zeigen den wesentlichen Unterschied zwischen der Umgebungen tabularx, longtable* und der Umgebung widetable, die den nötigen Freiraum gleichmäßig auf alle Tabellenspalten verteilt.

```
\usepackage{tabularx,widetable}

\begin{tabular*}{\linewidth}{|l|c@{\kern\tabcolsep\vrule\extracolsep{\fill}}c|}\hline
Spalte A & Breitere Spalte B & longtable*\\\hline
\end{tabular*}\par\bigskip
```

```
\begin{tabularx}{\linewidth}{|l|X|X|}\hline
Spalte A & Breitere Spalte B & tabularx\\\hline
\end{tabularx}\par\bigskip
\begin{widetable}{\linewidth}{|l|c|c|}\hline
Spalte A & Breitere Spalte B & widetable\\\hline
\end{widetable}
```

02-23-1

Spalte A	Breitere Spalte B	longtable*

Spalte A	Breitere Spalte B	tabularx

Spalte A	Breitere Spalte B	widetable

2.24 dcolumn

Das Paket dcolumn von David Carlisle bietet Formatierungshilfen für Zahlenkolonnen, die alternativ am Dezimalpunkt oder -komma ausgerichtet werden können. dcolumn hat dazu den Spaltentyp D definiert:

D{*T$_E$X-Trenner*}{*Ausgabe*}{*No-Dezimalstellen*}
D{*T$_E$X-Trenner*}{*Ausgabe*}{*No-Links.No-Rechts*}

T$_E$X-Trenner	Entspricht dem Trenner innerhalb der T$_E$X-Quelle und darf nur aus einem Zeichen bestehen. Entspricht im Allgemeinen dem Punkt (3.1412) oder Komma (3,1234), könnte aber auch ein Bindestrich sein (3-1234).
Ausgabe	Entspricht dem Zeichen, dass als Dezimaltrenner in der Ausgabe erscheinen soll. Dies kann jede beliebige mathematische Zeichenfolge sein, beispielsweise \cdot, wird aber in der Regel wieder dem Punkt oder dem Komma entsprechen.
No-Dezimalstellen	Definiert die maximale Zahl an Dezimalstellen. Ist der Wert negativ, so erfolgt die Ausgabe zentriert zum Trennzeichen, ansonsten rechtsbündig zur Maximalzahl an Dezimalstellen.
No-Links.No-Rechts	Definiert die maximale Zahl an Dezimalstellen Links und Rechts vom Dezimaltrenner. Anstelle des Punktes können beide Angaben auch durch ein Komma getrennt werden.

dcolumn arbeitet grundsätzlich im Mathematikmodus, was bei der Eingabe der Trennzeichen und Festlegung der Schriftart zu beachten ist. Dies bedeutet auch, dass man den mathematischen Operator $ in den Tabellenspalten nicht benutzen darf, da sonst der Dezimaltrenner nicht korrekt ermittelt werden kann. *Mathematik-modus*

Das erste Beispiel setzt absichtlich die vertikalen Linien, um die Bedeutung des dritten Parameters zu verdeutlichen.

```
\usepackage{dcolumn}

\begin{tabular}{| c | D{.}{,}{5} | D{,}{.}{-1} | }
Name & Wert & Normdarstellung\\\hline
  e    & 2.71828 & 0,271828\cdot10^{1}\\  $\pi$  & 3.1416  & 0,31416\cdot10^{1}\\
  v    & 0.21    & 0,21                \\   Q   & 0       & 0
\end{tabular}
```

Name	*Wert*	*Normdarstellung*
e	2,71828	$0.271828 \cdot 10^1$
π	3,1416	$0.31416 \cdot 10^1$
v	0,21	0.21
Q	0	0

02-24-1

Die mittlere Spalte hat als internes Trennzeichen den Punkt, als Ausgabezeichen das Komma und als maximale Zahl an Dezimalstellen 5 definiert. Die dritte Spalte hat das Komma als internen Trenner, den Punkt als Ausgabe und eine zentrierte Darstellung in der Tabelle. Es ist offensichtlich, dass dies für die dritte Spalte sehr ungünstig ist, denn die Zentrierung und die sogenannte Normdarstellung sind völlig ungeeignet, da das Komma den Mittelpunkt der Spalte darstellt. Weiterhin wird der »Text« der Tabellenüberschrift für die beiden D-Spalten Kursiv gesetzt, denn auch hier gilt der Mathematikmodus. Dies hat für die dritte Spalte fatale Folgen, denn das Wort wird als Zahl interpretiert und da kein Komma als Trenner folgt, wird zudem von führenden Ziffern ausgegangen; das Wort endet genau vor dem virtuellen Trennzeichen. Gleiches gilt für die mittlere Spalte, nur fällt der Effekt dort nicht sonderlich auf. Die gleiche Tabelle, jetzt mit modifizierten Zellen, ergibt schon ein besseres Aussehen.

```
\usepackage{dcolumn} \newcommand\mc[1]{\multicolumn{1}{c|}{\emph{#1}}}

\begin{tabular}{| c | D{.}{,}{5} | D{,}{.}{-1} | }
\emph{Name} & \mc{Wert} & \mc{Normdarstellung}\\\hline
  e    & 2.71828 & 0,271828\cdot10^{1}\\  $\pi$  & 3.1416  & 0,31416\cdot10^{1}\\
  v    & 0.21    & 0,21                \\   Q   & 0       & 0
\end{tabular}
```

Name	*Wert*	*Normdarstellung*
e	2,71828	$0.271828 \cdot 10^1$
π	3,1416	$0.31416 \cdot 10^1$
v	0,21	0.21
Q	0	0

02-24-2

Insbesondere die mittlere Spalte ist zufriedenstellend formatiert. Für die rechte Spalte ist die Vorgabe der Zentrierung am Dezimalzeichen einfach ungünstig, da durch die Normdarstellung immer nur eine führende Ziffer erscheint. In diesen Fällen sollte man ganz auf eine D-Spalte verzichten und eine normale linksbündige Ausgabe wählen. Eine Ausnahme wäre die Anwendung eines Fonts, der keine gleichbreiten Ziffern hat. Eine automatische Modifikation des Trennzeichens ist dann natürlich nicht möglich.

```
\usepackage{dcolumn} \newcommand\mc[1]{\multicolumn{1}{c|}{\emph{#1}}}

\begin{tabular}{| c | D{.}{,}{5} | >{$}l<{$} | }
\emph{Name} & \mc{Wert} & \mc{Normdarstellung}\\\hline
  e   & 2.71828 & 0,271828\cdot10^{1}\\ $\pi$ & 3.1416 & 0,31416\cdot10^{1}\\
  v   & 0.21    & 0,21               \\   Q   & 0       & 0
\end{tabular}
```

02-24-3

Name	Wert	Normdarstellung
e	2,71828	$0,271828 \cdot 10^1$
π	3,1416	$0,31416 \cdot 10^1$
v	0,21	0,21
Q	0	0

Die *Links.Rechts*-Notation für die Anzahl der Dezimalstellen ist immer dann zu empfehlen, wenn es zum Einen nahezu maximal gleich viele Ziffern vor und nach dem Dezimaltrenner gibt und zum Anderen Probleme mit der Formatierung auftreten. Grundsätzlich wird man sich in der Regel einen eigenen Spaltentyp definieren, der dann auf den D-Typ Bezug nimmt. Das folgende Beispiel zeigt verschiedene Varianten und ihre Auswirkungen auf das Layout, wobei die senkrechten Linien wieder nur zur Verdeutlichung des Effekts dienen.

```
\usepackage{dcolumn}
\newcolumntype{d}[1]{D{.}{.}{#1}}
\newcommand{\mc}[1]{\multicolumn{1}{c|}{#1}}
\newcommand{\Mc}[1]{\multicolumn{1}{|c|}{#1}}

\begin{tabular}{| d{-1}| d{1}| d{2}| d{3.2}| d{5.2}|}
\Mc{d\{-1\}}&\mc{d\{1\}}&\mc{d\{2\}}&\mc{d\{3.2\}}&\mc{d\{5.2\}}\\\hline
-13.02 & -13.02 & -13.02 & -13.02 & -13.02 \\
13.02 & -13.02 & -13.02 & -13.02 & -13.02
\end{tabular}
```

02-24-4

d{-1}	d{1}	d{2}	d{3.2}	d{5.2}
-13.02	-13.02	-13.02	-13.02	-13.02
-13.02	-13.02	-13.02	-13.02	-13.02

2.25 rccol

Das Paket rccol von Eckhart Guthöhrlein ist eine Alternative zu dcolumn, wenn es um das Formatieren von Zahlenkolonnen geht. rccol unterstützt die folgenden Paketoptionen:

rounding	Setzt den Schalter zum Runden der Zahlenwerte entsprechend der durch die Spaltendefinition vorgegebenen Zahl an Nachkommastellen (Standard).
norounding	Deaktiviert den Schalter zum Runden der Zahlenwerte.

comma : Globale Festlegung des Kommas als Dezimaltrenner (Standard). Die gleiche Wirkung hat die Option german.

point : Globale Festlegung des Punktes als Dezimaltrenner. Die gleiche Wirkung haben die Optionen english und USenglish.

Das Paket definiert den Spaltentyp R, welcher zwei verpflichtende Parameter erwartet, einen für die Stellen des ganzzahligen Teils und einen weiteren für den Dezimalteil einer Zahl.

> R{*Ganzzahlstellen*}{*Dezimalstellen*}
> R - [TeX-Trenner] [Ausgabe] {*Ganzzahlstellen*}{*Dezimalstellen*}

Standardmäßig erwartet das Paket das Komma als Dezimaltrenner, anderenfalls wird bei der Formatierung davon ausgegangen, dass nur ein ganzzahliger Teil vorhanden ist; der Punkt wird in diesem Fall nicht weiter beachtet. Dieser Fall ist in der letzten Spalte des folgenden Beispiels zu sehen; der »ganzzahlige« Teil wird entsprechend der Vorgabe {3}{2} formatiert und anschließend der Punkt einfach dahintergesetzt. Auch der Platzbedarf stimmt dadurch nicht, sodass die Zahl in der Spalte auch zu weit links erscheint.

```
\usepackage{rccol}
\newcommand\mc[2]{\multicolumn{1}{#1}{\ttfamily#2}}

\begin{tabular}{| R{1}{5} | R{1}{6} @{$\cdot10^1$\hspace\tabcolsep}} | c | R{3}{2} |}
\mc{|c|}{R\{1\}\{5\}} & \mc{c}{R\{1\}\{6\}} & c & \mc{c|}{R\{3\}\{2\}}\\\hline
2,71828 & 0,271828 & $\pi$ & 314.16\\  0,21 & 0,21 & Q & 0.3\\
\end{tabular}
```

R{1}{5}	R{1}{6}	c	R{3}{2}
2,71828	$0,271828 \cdot 10^1$	π	31416,00.
0,21000	$0,210000 \cdot 10^1$	Q	03,00.

02-25-1

Durch den »Spaltentrenner« @{$\cdot10^1$\hspace{\tabcolsep}} ist es möglich, sowohl eine Exponentialdarstellung zu erreichen ($\cdot10^1$) als auch den üblichen Spaltenabstand einzuhalten (\hspace{\tabcolsep}); der @-Operator ist prädestiniert für derartige Konstruktionen. Der Spaltentyp R kann zwei optionale Argumente haben, die zur Steuerung des Dezimaltrenners benutzt werden können. Wird nur ein optionaler Parameter angegeben, so wird dieser sowohl für den Eingabe- als auch Ausgabetrenner benutzt. Wird das Minuszeichen angegeben (ohne Klammern!), so wird »−« bei der Zentrierung der Zahl berücksichtigt.

```
\usepackage{rccol} \newcommand\mc[2]{\multicolumn{1}{#1}{\ttfamily#2}}

\begin{tabular}{| R-{1}{4} | R{1}{6} @{$\cdot10^1$\hspace{\tabcolsep}}
     | c | R[.][,]{3}{2} |}
\mc{|c|}{R-\{1\}\{4\}} & \mc{c}{R\{1\}\{6\}} & c & \mc{c|}{R[.][,]\{3\}\{2\}}\\\hline
-2,71828 & 0,271828 & $\pi$ & 314.16\\  -0,21 & 0,21 & Q & 0.3\\
\end{tabular}
```

R-{1}{4}	R{1}{6}	c	R[.][,]{3}{2}
$-2{,}7183$	$0{,}271828 \cdot 10^1$	π	$314{,}16$
$-0{,}2100$	$0{,}210000 \cdot 10^1$	Q	$0{,}30$

Zu beachten ist noch, dass die Spalten nicht automatisch im Mathematikmodus gesetzt werden, was allerdings nicht für ein Minuszeichen gilt, denn die Eingabe wird daraufhin untersucht. Der Anwender muss selbst auf die korrekte Eingabe der Zahlenwerte achten, denn `rccol` akzeptiert faktisch jede auch noch so unsinnige alphanumerische Kombination. Die letzte Zeile muss mit einem \\ abgeschlossen werden. `rccol` lädt automatisch die Pakete `array` und `fltpoint`. Beide sollten jedoch in jeder aktuellen TeX-Distribution zu finden sein.

 Mathemodus

2.26 siunitx

Das Paket von Joseph Wright ist primär für die Darstellung von SI-Einheiten gedacht, bietet aber auch eine Unterstützung für das tabellarische Formatieren vom Dezimalzahlen. Dafür steht der Spaltentyp S zur Verfügung. Jeder Eintrag einer Zelle wird von `siunitx` als Zahl aufgefasst, weshalb Überschriften oder Kommentare nur als Teil eines Makros auftreten oder in geschweifte Klammern gesetzt werden sollten. Die Tabelle 2.10 zeigt eine Zusammenstellung derjenigen Parameter, die im Zusammenhang mit einer tabellarischen Ausgabe von Interesse sind. Alle weiteren kann man der Dokumentation zum Paket entnehmen. [61]

`\sisetup{`*Parameterliste*`}`

Die Parameter können als optionale Argumente beim Laden des Paketes, durch Anwendung des Makros `\sisetup` oder durch Übergabe an die betreffenden Makros gesetzt werden.

Tabelle 2.10: Zusammenfassung der möglichen Parameter für das Paket `siunitx`, wobei *Literal* für eine beliebige Zeichenfolge steht.

Name	Typ	Beschreibung
allowzeroexp	Boolean	Erlaube 10^0
decimalsymbol	Symbol	Dezimalsymbol
digitsep	Code	Abstand der Ziffern in großen Zahlen
dp	Zahl	Anzahl der auszugebenden Ziffern
expbase	Literal	Basis für die Exponentialschreibweise
expproduct	Literal	Multiplikationssymbol für die Exponentialschreibweise
fixdp	Boolean	Schalter für die Festkommadarstellung
mathrm	Makro	Mathematische Serifenschrift
mathrm	Makro	Mathematische serifenlose Schrift
mathtt	Makro	Mathematische Schreibmaschinenschrift

Fortsetzung...

... Fortsetzung

Name	Typ	Beschreibung
mode	Typ	Textmodus oder mathematischer Modus für die Ausgabe. Mögliche Werte sind `maths` und `text`.
numdecimal	Literal	Dezimalsymbol bei Zahlen
numdigits	Literal	Anzahl Ziffern bei Zahlen
numdiv	Literal	Divisionszeichen fur Zahlen
numexp	Literal	Exponentzeichen bei Zahlen
numgobble	Literal	Anzahl der zu ignorierenden Zeichen
numprod	Literal	Multiplikationszeichen für Zahlen
numsign	Literal	Vorzeichensymbol für Zahlen
padnumber	List	Fülle Zahlen mit Nullen auf
sign	Literal	Vorzeichensymbol für Zahlen
tabalign	Typ	Ausrichtung der Tabellenspalte, mögliche Werte sind `centre`, `left` und `right`
tabalignexp	Boolean	Ausrichtung des Exponenten in einer Tabellenspalte
tabautofit	Boolean	Schalter zum automatischen Runden von Zahlen, um die durch `tabformat` festgelegte Stellenzahl zu erreichen.
tabformat	Number	Symbolische Platzangabe für Dezimalzahlen in Tabellenspalten
tabnumalign	List	Ausrichtung von S-Spalten, mögliche Werte sind `centredecimal`, `centre`, `left` und `right`.
tabparseonly	Boolean	S-Spalten nicht am Dezimaltrenner ausrichten
tabtextalign	Typ	Ausrichtung von Text in S-Spalten, mögliche Werte sind `centre`, `left` und `right`.
tabunitalign	Typ	Ausrichtung von Einheiten s-Spalten, mögliche Werte sind `centre`, `left` und `right`.
mathtt	Makro	Serifenschrift für normalen Text
mathtt	Makro	Serifenlose Schrift für normalen Text
mathtt	Makro	Schreibmaschinenschrift für normalen Text
tightpm	Boolean	Reduziere den Abstand um $\pm$
mathrm	Makro	Serifenschrift für Einheiten
mathrm	Makro	Serifenlose Schrift für Einheiten
unitmathtt	Makro	Monotype-Mathfont für Einheiten
unitsep	Literal	Trenner für Einheiten
valuesep	Literal	Abstand zwischen Maßzahl und Maßeinheit
xspace	Boolean	Benutze das Makro \xspace aus dem gleichnamigen Paket nach einer Einheit.

2.26.1 Zahlenkolonnen

Zahlenkolonnen werden im Standardfall am Dezimalpunkt ausgerichtet und dann mit diesem Punkt als Maßstab horizontal so angeordnet, dass alle Punkte einer Spalte untereinander erscheinen. Dieser Fall entspricht der Option `tabnumalign=centredecimal`.

Die zweite Spalte im folgenden Beispiel wird mit `tabnumalign=centre` gesetzt, womit die Zahlenkolonne als ganzes zentriert angeordnet wird. Die dritte und vierte Spalte zeigen rechts- und linksbündig angeordnete Spalten. In allen Fällen wird die Spalte zuerst am Dezimalpunkt ausgerichtet, der über die Option `decimalsymbol=comma` als Komma ausgegeben werden kann.

```
\usepackage{siunitx,booktabs}

\begin{tabular}{S
                S[tabnumalign=centre,tabformat=2.4]
                S[tabnumalign=right, tabformat=2.4]
                S[tabnumalign=left,tabformat=2.4, decimalsymbol=comma]}\toprule
\emph{Standard}&\emph{Zentriert}&\emph{Rechtsbündig}&\emph{Linksbündig}\\\midrule
 2.3456 &  2.3456 &  2.3456 &  2.3456 \\
34.25   & 34.25   & 34.25   & 34.25   \\
 6.7835 &  6.7835 &  6.7835 &  6.7835 \\
90.473  & 90.473  & 90.473  & 90.473   \\\bottomrule
\end{tabular}
```

02-26-1

Standard	Zentriert	Rechtsbündig	Linksbündig
2.3456	2.3456	2.3456	2,3456
34.25	34.25	34.25	34,25
6.7835	6.7835	6.7835	6,7835
90.473	90.473	90.473	90,473

Die Formatierung der Zahlenkolonnen erfolgt über die Option `tabformat`, mit der durch einen Punkt getrennt, die Anzahl der Stellen vor und nach dem Dezimaltrenner festgelegt werden kann.

```
\usepackage[expproduct \cdot][siunitx]  \usepackage{booktabs}

\begin{tabular}{S[tabnumalign=centre,tabformat=2.2e2]
                S[tabnumalign=centre,tabformat=+2.2e2]
                S[tabnumalign=centre,tabformat=2.2e1.1]
                S}\toprule
\emph{Sehr große Werte} & \emph{Sehr große Werte} &
\emph{Sehr große Werte} & \emph{Werte}\\\midrule
  2.3e1   &   2.34e1  & +-2.34e1  &  +2.31 \\
-34.23e45 & -34.23e45 & -34.23e45 &  34.23 \\
-56.78    & -56.78    & -56.78    & -56.78 \\
  1.0e34  &   1.0e34  & +1.0e34   & +-1.0  \\\bottomrule
\end{tabular}
```

02-26-2

Sehr große Werte	Sehr große Werte	Sehr große Werte	Werte
$2.3 \cdot 10^1$	$2.34 \cdot 10^1$	$\pm 2.34 \cdot 10^1$	2.31
$-34.23 \cdot 10^{45}$	$-34.23 \cdot 10^{45}$	$-34.23 \cdot 10^{45}$	34.23
-56.78	-56.78	-56.78	-56.78
$1.0 \cdot 10^{34}$	$1.0 \cdot 10^{34}$	$1.0 \cdot 10^{34}$	± 1.0

Das Format für die Option `tabformat` ist *<Zahl><Dezimalzeichen><Zahl>*, beispielswei- *tabformat* se `2.4`; für die Formatierung werden dann zwei Vorkomma- und vier Nachkommastellen *tabalignexp* berücksichtigt. Gleiches gilt für den Platz des Exponenten, sodass `2.2e1.1` insgesamt vier Stellen für die Mantisse (2.2) und insgesamt zwei Stellen für den Exponenten berücksichtigt (1.1). Der Exponent wird in der logarithmischen Schreibweise jedoch keine Nachkommastelle aufweisen.

Ein Vorzeichen vor der Formatierungsangabe weist das Paket an, ein eventuelles Vorzeichen in der Eingabe bei der Ausrichtung der Zahlenkolonne zu berücksichtigen. In der Exponentialschreibweise kann man über die Option `tabalignexp` die Formatierung vorgeben. Mit `true` wird die Zahlenkolonne so angeordnet, dass die Zahlen sowohl an dem Dezimaltrenner als auch an der Zehnerpotenz ausgerichtet werden. Mit `false`folgt die Zehnerpotenz direkt der Mantisse.

Spalte	*Spalte*
$1.2 \quad \cdot 10^3$	$1.2 \cdot 10^3$
$1.234 \cdot 10^{56}$	$1.234 \cdot 10^{56}$

```
\usepackage[expproduct=\cdot]{siunitx}
\usepackage{booktabs}
\sisetup{tabformat=1.3e2,tabnumalign=centre}

\begin{tabular}{SS[tabalignexp=false]}\toprule
\emph{Spalte} & \emph{Spalte} \\\midrule
1.2e3          & 1.2e3\\
1.234e56       & 1.234e56\\\bottomrule
\end{tabular}
```

02-26-3

Eine automatische Formatierung durch Rundung oder Auffüllen mit nachfolgenden *tabautofit* Stellen kann mit der Option `tabautofit` erreicht werden. Diese Option wird jedoch ignoriert, wenn der Spalteninhalt durch Angabe von `tabnumalign=centredecimal` am Dezimalpunkt zentriert werden soll.

Spalte	*Spalte*	*Spalte*
1.2	1.200	1.2
1.234	1.235	1.234

```
\usepackage[expproduct=\cdot]{siunitx}
\usepackage{booktabs}
\sisetup{tabformat=1.3,tabnumalign=centre}

\begin{tabular}{%
  S
  S[tabautofit]
  S[tabautofit,tabnumalign=centredecimal]}\toprule
\emph{Spalte} & \emph{Spalte}
  & \emph{Spalte} \\\midrule
1.2   & 1.2    & 1.2  \\
1.234 & 1.2345 & 1.234\\
\bottomrule
\end{tabular}
```

02-26-4

Das Ausrichten an dem Dezimaltrenner und/oder dem Exponenten kann durch *tabparseonly* `tabparseonly=true` unterdrückt werden; die Spalten werden dann ausschließlich durch die Vorgabe von `tabnumalign` ausgerichtet.

02-26-5

Zentriert	Linksbündig	Rechtsbündig
14.2	14.2	14.2
1.234 56	1.234 56	1.234 56
$1.2 \cdot 10^3$	$1.2 \cdot 10^3$	$1.2 \cdot 10^3$

```
\usepackage[expproduct=\cdot]{siunitx}
\sisetup{tabparseonly}
\usepackage{booktabs}

\begin{tabular}{ S S[tabnumalign=left]
   S[tabnumalign=right]}\toprule
\emph{Zentriert} & \emph{Linksbündig}
   & \emph{Rechtsbündig} \\\midrule
14.2    & 14.2    & 14.2 \\
1.23456 & 1.23456 & 1.23456\\
1.2e3   & 1.2e3   & 1.2e3\\\bottomrule
\end{tabular}
```

In Anlehnung an das Paket dcolumn wird auch eine Ausrichtung der Tabelleneinträge ermöglicht, wenn sie nicht direkt einer Zahleingabe entsprechen, beispielsweise *digitsep* 2.3456 + 0.02 für eine Zahl mit zusätzlicher Fehlerangabe, die als Plus/Minuswert zu *numdigits* verstehen ist. Durch eine entsprechende Definition der Optionen digitsep für den Zif- *numdecimal* fernabstand, decimalsymbol für den auszugebenden Dezimaltrenner, numdigits für die Ziffern und Symbole der Eingabe und numdecimal für den Eingabetrenner. Ab einer bestimmten Komplexität sollte man mit \newcolumntype einen eigenen Spaltentyp definieren, der auf dem Typ S aufbaut.

02-26-6

Zahlenwerte
2.3456 ± 0.02
34.2345 ± 0.001
56.7835 ± 0.067
90.473 ± 0.021

```
\usepackage{siunitx} \usepackage{booktabs}

\begin{tabular}{
   S[digitsep=none,decimalsymbol={\,\pm\,},
   numdigits={0123456789.},numdecimal=+]}\toprule
\emph{Zahlenwerte}\\\midrule
 2.3456 + 0.02  \\
34.2345 + 0.001 \\
56.7835 + 0.067 \\
90.473  + 0.021 \\\bottomrule
\end{tabular}
```

2.26.2 Zahlenkolonnen mit Einheiten

Neben dem Spaltentyp S gibt es den Typ s, der der Formatierung von Einheiten vorbehalten ist und auch als normale Spalte mit dem zugehörigen Abstand \tabcolsep zur vorhergehenden ausgegeben wird.

02-26-7

Wert	Einheit
2.16×10^{-5}	$\mathrm{m^2\,s^{-1}}$
2.83×10^{-6}	$\mathrm{m^2\,s^{-1}}$
7.39×10^3	$\mathrm{Pa\,m^3\,mol^{-1}}$
1.0×10^5	Pa

```
\usepackage{siunitx}  \usepackage{booktabs}

\begin{tabular}{
   S[tabformat=1.2e-1,tabnumalign=centre]
   s[tabunitalign=left]}\toprule
{\emph{Wert}} & \emph{Einheit}\\\midrule
2.16e-5 & \metre\squared\per\second     \\
2.83c-6 & \metre\squared\per\second     \\
7.39e3  & \pascal\cubic\metre\per\mole\\
1.0e5   & \pascal                       \\\bottomrule
\end{tabular}
```

Setzt man den Spaltenabstand auf \thinspace (\,), so kann die Maßeinheit dichter an die Maßzahl gerückt werden.

Wert	Einheit
2.16×10^{-5}	$\mathrm{m^2\,s^{-1}}$
2.83×10^{-6}	$\mathrm{m^2\,s^{-1}}$
7.39×10^3	$\mathrm{Pa\,m^3\,mol^{-1}}$
1.0×10^5	Pa

02-26-8

```
\usepackage{siunitx} \usepackage{booktabs}

\begin{tabular}{S[tabformat=1.2e-1,tabnumalign=centre]@{\,}
              s[tabunitalign=left]}\toprule
{\emph{Wert}} & \emph{Einheit}\\\midrule
2.16e-5 & \metre\squared\per\second    \\
2.83e-6 & \metre\squared\per\second    \\
7.39e3  & \pascal\cubic\metre\per\mole\\
1.0e5   & \pascal                      \\\bottomrule
\end{tabular}
```

Bei immer derselben Einheit kann diese bereits in der Spaltendefinition der Tabelle festgelegt werden, wobei hier die Doppelklammerung <{{...}} zu beachten ist!

No	Masse	Masse/10^3 kg
1	$4.56 \cdot 10^3$ kg	4.56
2	$2.40 \cdot 10^3$ kg	2.40
3	$1.345 \cdot 10^4$ kg	13.45
4	$4.5 \cdot 10^2$ kg	0.45

02-26-9

```
\usepackage[expproduct=\cdot]{siunitx}
\usepackage{booktabs}
\sisetup{tabnumalign=centre}

\begin{tabular}{c
   S[tabformat=1.3e1]<{{\,\si{\kilogram}}}
   S[tabformat=2.2]}\toprule
\emph{No} & \multicolumn{1}{c}{\emph{Masse}}
   & {Masse/\SI{e3}{\kilogram}}\\\midrule
1 & 4.56e3  & 4.56  \\
2 & 2.40e3  & 2.40  \\
3 & 1.345e4 & 13.45 \\
4 & 4.5e2   & 0.45  \\\bottomrule
\end{tabular}
```

2.27 polytable

Das Paket polytable von Andres Löh ist eine sehr spezielle Anwendung, die vor allen Dingen beim Formatieren von Quellcode hilfreich sein kann, wenn man auf listings, das Standardpaket für die Quellcodedarstellung, nicht zurückgreifen kann. Mit polytable ist es möglich, einzelnen Spalten symbolische Namen zu geben, um dann im weiteren Verlauf darauf Bezug zu nehmen.

```
\begin{pboxed}    ...    \end{pboxed}
\begin{ptboxed}   ...    \end{ptboxed}
\begin{pmboxed}   ...    \end{pmboxed}

\defaultcolumn{Spaltentyp}
\nodefaultcolumn
\column{Name}{Typ}
\fromto{von}{bis}{Text}

\={von} [Formatierung]    \> [von] [Formatierung]    \< [von]
```

Der Begriff »boxed« steht hier nicht für einen Rahmen, sondern soll darauf hinweisen, dass die Zeilen in horizontale Boxen der natürlichen Breite gepackt werden. Für pboxed erfolgt dies im sogenannten Paragraphmode, diese Umgebung kann daher einen Seitenumbruch aufweisen. Dagegen werden die Zeilen bei ptboxed zusätzlich in eine tabular-Umgebung und bei pmboxed zusätzlich in eine array-Umgebung gesetzt. Dadurch ist dann kein Seitenumbruch mit diesen Umgebungen möglich. Die von der tabbing-Umgebung bekannten Befehle für das Setzen der Tabulatoren werden vom Paket polytable neu definiert, um analog zum \fromto-Befehl zu arbeiten.

> \={*von*} [Formatierung]
> \> [von] [Formatierung]
> \< [von]

Zulässige Definitionen für Spalten wären beispielsweise \column{*foo*}{*r*} oder \column{*bar*}{*l*}. Die Spalte mit Namen *foo* ist dann vom Typ r (rechtsbündig) und *bar* vom Typ l (linksbündig). Mit dem Befehl \fromto ist es möglich, *Text* beginnend mit der *von*-Spalte (Tabulator) bis zur *bis*-Spalte (Tabulator) zu setzen.

Das Prinzip von polytable ist gewöhnungsbedürftig, bietet jedoch einige Vorteile gegenüber der normalen tabbing-Umgebung, wenn man es denn einmal verstanden hat. Im folgenden Beispiel werden die vier Spalten A–D definiert, wobei sich die Breite der Spalte jeweils durch den Folge-Tabulator ergibt. Dies ist auch der Grund, warum die Spalten C und D erst in der zweiten Zeile festgelegt werden; in der ersten Zeile wäre der Eintrag für die B-Spalte zu breit.

02-27-1

function **fact(n: integer)**: integer;
    begin
        if $n > 1$ then
            fact:= n * fact(n-1)
        else
            fact:= 1;
end;

```
\usepackage{polytable}

\begin{pboxed}
\column{A}{l}\column{B}{l}
\column{C}{l}\column{D}{l}
\={A} function
  \>[B] \textbf{fact(n: integer)}: integer;\\
\>[B] begin \>[C]\qquad \>[D]\qquad\\
    \={C} if $n>1$ then \\
        \={D} fact:= n * fact(n-1) \\
    \>[C] else \\
        \>[D] fact:= 1; \\
\>[A] end;
\end{pboxed}
```

Ein umfangreiches Beispiel findet man in der Dokumentation des Paketes.

2.28 tabto

Das Paket von Donald Arseneau gibt es in zwei Versionen, für Plain TeX und LaTeX, wobei in der Regel die LaTeX-Version mit der TeX-Distribution ausgeliefert wird, sodass man auch hier nur den Paketnamen tabto findet, während es auf CTAN unter tabto-ltx zu finden ist. Das Paket definiert vier neue Befehle:

```
\tab
\tabto*{Länge}
\TabPositions{Pos1, Pos2,...Posn}
\NumTabs{Anzahl}
```

Der erste Befehl erlaubt den Sprung auf einen ganz bestimmten Abstand, ohne dass dort explizit ein Tabulator definiert wurde. Ist der Sprung auf die angegebene Stelle nicht mehr möglich, wobei Absatzeinzüge entsprechend berücksichtigt werden, so wird automatisch ein Zeilenumbruch eingefügt, um dann den Sprung auf den angegebenen Abstand zu ermöglichen.

Ein   Sprung auf 3 cm.
 ⇒
 Ein langer Text am Anfang
          Sprung auf 3 cm.
 ⇒
	`\usepackage{tabto}`
	
	`Ein\tabto{3cm}Sprung auf 3\,cm.\\`
	`\makebox[3cm][r]{$\Rightarrow$}\\`
	`Ein langer Text am Anfang`
	`\tabto{3cm}Sprung auf 3\,cm.\\`
	`\makebox[3cm][r]{$\Rightarrow$}`

02-28-1

Die Sternvariante \tabto* setzt dagegen den Tabstop unabhängig von der aktuellen Textposition, sodass es im folgenden Beispiel zu einem zweimaligen Überschreiben des Textes in der zweiten Zeile kommt. In beiden Fällen erfolgt ein Rücksprung zu der angegebenen Position, zuerst auf 3 cm, danach auf 1 cm.

Ein   Sprung auf 3 cm.
 ⇒
 Ein lan**ge**rciText am **A**n**pfang** auf 3 cm.
 ⇒   ⇒
	`\usepackage{tabto}`
	
	`Ein\tabto*{3cm}Sprung auf 3\,cm.\\`
	`\makebox[3cm][r]{$\Rightarrow$}\\`
	`Ein langer Text am Anfang`
	`\tabto*{3cm}Sprung auf 3\,cm.%`
	`\tabto*{1cm}1\,cm\\`
	`\makebox[1cm][r]{$\Rightarrow$}%`
	`\makebox[2cm][r]{$\Rightarrow$}`

02-28-2

Das Setzen von Tabulatoren kann mit den beiden Befehlen \TabPositions und \NumTabs erfolgen. Im ersten Fall wird eine kommaseparierte Liste von Abständen erwartet und im zweiten Fall die Anzahl an Tabstops, die dann symmetrisch über die ganze Zeile verteilt werden. Der Sprung an die jeweils nächste Position erfolgt dann mit dem Befehl \tab. Die Abstände sind immer relativ zum standardmäßigen linken Textrand zu nehmen.

Ein   Sprung auf 3 cm.
 ⇒
 Ein langer Text am Anfang
 Zeilenumbruch!
 0   1 cm   3 cm
	`\usepackage{tabto}`
	
	`\TabPositions{1cm,3cm}`
	`Ein\tab\tab Sprung auf 3\,cm.\\`
	`\makebox[3cm][r]{$\Rightarrow$}\\`
	`Ein langer Text am Anfang%`
	`    \tab Zeilenumbruch!\\`
	`0\tab 1\,cm\tab 3\,cm`

02-28-3

Ist aufgrund der aktuellen Textposition mit einem \tab-Befehl kein definierter Tabstop innerhalb der Zeile möglich, so wird der Tabstop automatisch durch einen Zeilenumbruch ersetzt. Ein folgender Text beginnt dann am Zeilenanfang der nächsten Zeile. Der Befehl \NumTabs ist etwas missverständlich, da die anzugebende Zahl der Tabstops zwar formal die Zahl der Stops definiert, wobei jedoch der erste Tabstop am Anfang der Zeile bei 0 pt gesetzt wird, der aber per \tab gar nicht erreichbar ist. \NumTabs{4} definiert somit Stops bei 0 pt, 0.25\linewidth, 0.5\linewidth und 0.75\linewidth. Dadurch erzeugt das folgende Beispiel mit der vorletzten Zeile einen Zeilenumbruch, da ein dritter Tabstop innerhalb einer Zeile nicht erreichbar ist.

02-28-4

	1	2	3	Ende
		1		2
3				Ende

```
\usepackage{tabto}

\NumTabs{4}
\tab1\tab2\tab3 \hfill Ende\par
\NumTabs{3}
\tab1\tab2\tab3 \hfill Ende
```

Weitere Beispiele zum Paket tabto findet auf Seite 210.

2.29 Tabbing

Das Paket von Jean-Pierre F. Drucbert erlaubt die Verwendung von Akzenten innerhalb der Tabbing-Umgebung, sodass keine Umschreibung mithilfe von \a wie bei der standardmäßigen tabbing-Umgebung notwendig ist (siehe dazu Beispiel 01-02-3 auf Seite 13). Im Gegensatz dazu müssen allerdings sämtliche Tabulatorbefehle als Argument dem Makro \TAB übergeben werden. Es bleibt dem Anwender überlassen, welche der beiden Methoden er für vorteilhafter hält.

02-29-1

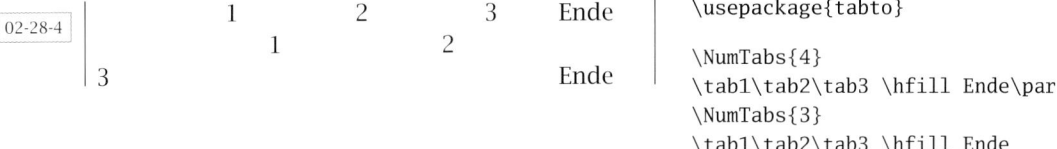

Eine normale Textzeile vor der Umgebung.

Die Musterzeile kann auch „gekillt" werden
    erstes Café
        zweites Café
           Mâitre
Crème   brûlée

Eine normale Textzeile nach der Umgebung.

```
\usepackage{Tabbing}

Eine normale Textzeile vor der Umgebung.
\begin{Tabbing}
Die \TAB{=}Musterzeile \TAB{=}kann auch
   \TAB{=},,gekillt'' \TAB{=}werden\\
\TAB{>}erstes Caf\'e\\
\TAB{>}\TAB{>}zweites Caf\'e\\
\TAB{>}\TAB{>}\TAB{>}M\^aitre\\
\TAB{>}Cr\`eme
   \TAB{>}\TAB{>}\TAB{>}br\^ul\'ee
\end{Tabbing}
Eine normale Textzeile nach der Umgebung.
```

Wird die Musterzeile durch \kill gelöscht, so sollte am Ende der Zeile auch kein \\ stehen, um einen zusätzlichen Zeilenvorschub zu vermeiden.

Eine normale Textzeile vor der Umgebung.

    erstes Café

            zweites Café

                Mâitre

Crème   brûlée

Eine normale Textzeile nach der Umgebung.

```
\usepackage{Tabbing}

Eine normale Textzeile vor der Umgebung.
\begin{Tabbing}
Die \TAB{=}Musterzeile \TAB{=}wird jetzt
    \TAB{=},,gekillt'' \TAB{=}werden\kill
\TAB{>}erstes Caf\'e\\
\TAB{>}\TAB{>}zweites Caf\'e\\
\TAB{>}\TAB{>}\TAB{>}M\^aitre\\
\TAB{>}Cr\`eme
    \TAB{>}\TAB{>}\TAB{>}br\^ul\'ee
\end{Tabbing}
Eine normale Textzeile nach der Umgebung.
```

02-29-2

Farbe in Tabellen

Durch die weiterhin zunehmende Verbreitung von Farbdruckern kommt der Anwendung von Farbe in Tabellen eine große Bedeutung zu, denn dies ist ein weiteres Stilmittel, um Zelleninhalte besser lesbar zu gestalten. Grundsätzlich sollte man gleich das xcolor-Paket laden, da es zum Einen mit der Paketoption table das colortbl-Paket lädt und zum Anderen eine weitaus bessere Unterstützung bei der Farbauswahl bietet.

3.1 colortbl

Das Paket colortbl von David Carlisle steht namentlich für »color table« und ermöglicht das Einbringen von Farbe in Tabellen in Form von gefärbten Spalten, Zeilen, Zellen oder Linien. Das Paket color wird dazu benötigt und entsprechend automatisch geladen. Das Paket xcolor erweitert die Eigenschaften dieses Paketes um einige zusätzliche Makros. Weiteres findet man im Abschnitt 3.2 auf Seite 116.

3.1.1 Spalten

Die Festlegung von farbigen Spalten kann nur über die Spaltendefinition der Tabelle erfolgen. Das entsprechende Makro hat folgende Syntax:

\columncolor [Farbmodell] {*Farbe*} [Überhang Links] [Überhang Rechts]

Unter *Farbmodell* werden alle durch das Paket color oder xcolor definierten Modelle verstanden, beispielsweise rgb oder cmyk. *Farbe* bezeichnet einen vordefinierten Namen, beispielsweise `red`, oder eine durch entsprechende Zahlenwerte definierte Farbe. Mit den beiden optionalen Angaben zu *Überhang links* und *Überhang rechts* kann eine Verbreiterung der Spalte erreicht werden, die sich jedoch nur auf das Setzen der Farbe bezieht und daher keine Auswirkung auf die eigentliche Breite der Spalte hat. Hierbei ist aber unbedingt zu beachten, dass ohne Angabe eines Überhangs *beide* Werte auf `\tabcolsep` gesetzt werden. Wird nur *ein* optionales Argument angegeben, so bezieht es sich automatisch auf *beide*! So ist die Angabe von `[0pt]` identisch zu `[0pt][0pt]` (vergleiche Beispiel 03-01-2).)

Überhang

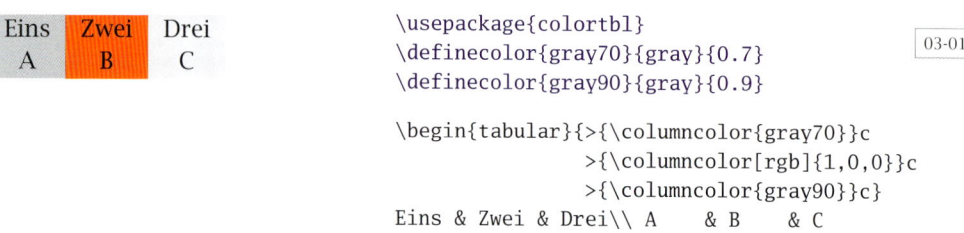

```
\usepackage{colortbl}
\definecolor{gray70}{gray}{0.7}
\definecolor{gray90}{gray}{0.9}

\begin{tabular}{>{\columncolor{gray70}}c
               >{\columncolor[rgb]{1,0,0}}c
               >{\columncolor{gray90}}c}
Eins & Zwei & Drei\\ A    & B     & C
\end{tabular}
```

03-01-1

Dem Beispiel kann entnommen werden, dass die gesamte Breite der jeweiligen Spalte gefärbt wird. Möchte man dies nur auf die tatsächliche Textbreite der Spalte beziehen, so kann der intern definierte Überhang ignoriert werden; dieser ist so voreingestellt, dass links und rechts jeweils `\tabcolsep` zur normalen Breite addiert wird. Nur um dies deutlicher werden zu lassen, sind im folgenden Beispiel die senkrechten Linien zusätzlich angegeben.

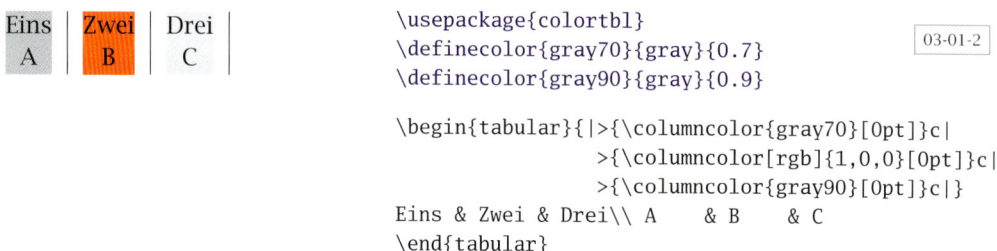

```
\usepackage{colortbl}
\definecolor{gray70}{gray}{0.7}
\definecolor{gray90}{gray}{0.9}

\begin{tabular}{|>{\columncolor{gray70}[0pt]}c|
                >{\columncolor[rgb]{1,0,0}[0pt]}c|
                >{\columncolor{gray90}[0pt]}c|}
Eins & Zwei & Drei\\ A    & B    & C
\end{tabular}
```

03-01-2

Wird eine Tabelle mit `@{}` links- und rechtsbündig gesetzt, so ist dies entsprechend bei den Spalten zu berücksichtigen; einmal darf links (erste Spalte) und einmal darf rechts (letzte Spalte) kein Überhang entstehen.

Eins	Zwei	Drei
A	B	C

```
\usepackage{colortbl}
\definecolor{gray70}{gray}{0.7}
\definecolor{gray90}{gray}{0.9}

\begin{tabular}{@{}>{\columncolor{gray70}[0pt][\tabcolsep]}c
                >{\columncolor[rgb]{1,0,0}}c
                >{\columncolor{gray90}[\tabcolsep][0pt]}c@{}}
Eins & Zwei & Drei\\ A    & B    & C
\end{tabular}
```

03-01-3

3.1.2 Zeilen

Das Färben von Zeilen erfolgt immer nach dem Färben von Spalten, d. h. dass die Farbfestlegung einer Zeile immer die der jeweiligen Spalte überschreibt. Dies ergibt sich bereits aus der Tatsache, dass farbige Spalten schon im Tabellenkopf festgelegt werden. Einzelne Zellen einer Zeile lassen sich wiederum mit dem \cellcolor-Befehl farblich gestalten (siehe Abschnitt 3.1.3 auf der nächsten Seite).

\rowcolor [Farbmodell] {Farbe} [Überhang Links] [Überhang Rechts]

\rowcolor hat dieselbe Syntax wie \columncolor, jedoch mit unterschiedlicher Auswirkung. Die optionalen Argumente beziehen sich nicht auf die linke und rechte Seite der Zeile, sondern auf die der Spalten und sind somit für die Zeile prinzipiell unbrauchbar. \rowcolor muss immer am Anfang der ersten Spalte der betreffenden Zeile erscheinen und gilt dann auch nur für diese eine Zeile. Streng genommen ist \rowcolor einfach ein Aneinanderreihen von einzelnen \columncolor- bzw. \cellcolor-Befehlen.

03-01-4

```
\usepackage[table]{xcolor}

\begin{tabular}{ccc}
\rowcolor[gray]{0.6}Eins & Zwei & Drei\\
\rowcolor[gray]{0.7}A    & B   & C   \\
\rowcolor[gray]{0.9}uno  & due  & tre
\end{tabular}\\[6pt]
%
\begin{tabular}{|>{\columncolor{gray!70}[0pt]}c|
                >{\columncolor[rgb]{1,0,0}[0pt]}c|
                >{\columncolor{gray!90}[0pt]}c|}
\rowcolor[gray]{0.6}Eins & Zwei & Drei\\
\rowcolor{cyan}     A    & B    & C   \\
                    uno  & due  & tre
\end{tabular}
```

03-01-5

```
\usepackage{colortbl}

\begin{tabular}{||@{}
  >{\columncolor[gray]{.7}[0pt][\tabcolsep]}ccc@{}||}
\rowcolor[gray]{0.6}Eins & Zwei& Drei\\
\rowcolor{cyan} A & B & C\\ uno  & due  & tre
\end{tabular}\\[8pt]
\begin{tabular}{||@{}
  >{\columncolor[gray]{.7}[0pt][\tabcolsep]}ccc@{}||}
\rowcolor[gray]{0.6}[0pt]Eins & Zwei& Drei\\
\rowcolor{cyan}[0pt] A & B & C\\ uno  & due  & tre
\end{tabular}\\[8pt]
\begin{tabular}{||@{}
    >{\columncolor[gray]{.7}[0pt][\tabcolsep]}cc
    >{\columncolor{white}[\tabcolsep][0pt]}c@{}||}
\rowcolor[gray]{0.6}Eins & Zwei& Drei\\
\rowcolor{cyan} A & B & C\\ uno  & due  & tre
\end{tabular}
```

Das Beispiel 03-01-5 auf der vorherigen Seite zeigt in der ersten Tabelle, dass \rowcolor zwar zur einem richtigen linken, jedoch falschen rechten Rand führt. Es berücksichtigt nicht den abschließenden @-Operator, sondern nimmt einfach den internen Wert für den rechten Überhang, der standardmäßig auf \tabcolsep gesetzt ist. Benutzt man die optionalen Argumente für \rowcolor so hat dies wiederum auch Auswirkungen auf die einzelnen Spalten. Erst die dritte Tabelle zeigt das erwartete Ergebnis; mit einer weißen Spaltenfarbe und den optionalen Argumenten [\tabcolsep][Opt] kann man für den korrekten Wert in der letzten Spalte sorgen, wobei \rowcolor ohne optionales Argument benutzt wird. Gleiches müsste man auch für die erste Spalte vornehmen, wenn dort keine Färbung vorhanden wäre.

3.1.3 Zellen

In der Reihenfolge der Farbsetzung erscheint die Zelle an letzter Stelle, diese Festlegung überschreibt daher Farbfestlegungen für Spalte und Zeile. Prinzipiell ist der Befehl \cellcolor nur eine Abkürzung für die \multicolumn-Anweisung, die den aktuellen Spaltentyp übernimmt und nur über \rowcolor eine Farbe setzt.

\cellcolor [Farbmodell] {*Farbe*}

Im Gegensatz zu den anderen Makros für Spalten und Zeilen hat \cellcolor keine optionalen Argumente für den Überhang, sondern übernimmt die aktuellen Vorgaben. In der ersten Spalte muss \cellcolor grundsätzlich nach einem eventuellen \rowcolor auftreten.

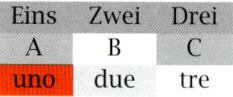

03-01-6

```
\usepackage{colortbl}

\begin{tabular}{ccc}
\rowcolor[gray]{0.6}Eins & Zwei & Drei\\
\rowcolor[gray]{0.7}A    & \cellcolor{white}B & C \\
\rowcolor[gray]{0.9}\cellcolor{red}uno & due & \cellcolor{white}tre
\end{tabular}
```

03-01-7

```
\usepackage{colortbl}
\definecolor{gray70}{gray}{0.7}
\definecolor{gray90}{gray}{0.9}

\begin{tabular}{|>{\columncolor{gray70}[Opt]}c|
              >{\columncolor[rgb]{1,0,0}[Opt]}c|
              >{\columncolor{gray90}[Opt]}c|}
\rowcolor[gray]{0.6}Eins & Zwei & \cellcolor{white}Drei\\
\rowcolor{cyan}     A    & \cellcolor{white}B     & C  \\
\cellcolor{white}uno     & due                    & tre
\end{tabular}
```

03-01-8

Eins	Zwei	Drei
A	B	C
uno	due	tre

```
\usepackage{colortbl}
\definecolor{gray70}{gray}{0.7}
\definecolor{gray90}{gray}{0.9}

\begin{tabular}{@{}
  >{\columncolor{gray70}[0pt][\tabcolsep]}c
  >{\columncolor[rgb]{1,0,0}}c
  >{\columncolor{gray90}[\tabcolsep][0pt]}c@{}}
\cellcolor{white}Eins  & Zwei              & Drei\\
\rowcolor{cyan}       A & \cellcolor{white}B & C    \\
\rowcolor{gray}{0.9}uno & due & \cellcolor{white}tre \\
\end{tabular}
```

3.1.4 Linien

Am einfachsten sind farbige vertikale Linien zu erreichen, da der übliche |-Operator einfach durch !{\color{Farbe}\vline} ersetzt wird, wobei für *Farbe* ein entsprechender Wert einzusetzen ist.

03-01-9

Eins	Zwei	Drei
A	B	C
uno	due	tre

```
\usepackage{colortbl}

\begin{tabular}{!{\color[gray]{0.2}\vline}c
    !{\color[gray]{0.4}\vline}c!{\color[gray]{0.6}\vline}c
    !{\color[gray]{0.7}\vline} !{\color[gray]{0.9}\vline}}
  Eins & Zwei & Drei\\ A & B & C \\ uno & due & tre
\end{tabular}
```

Bei doppelten Linien bleibt allerdings der Zwischenraum weiß, was allerdings keinen Nachteil darstellt, denn man kann auch gleich eine dickere Linie wählen, die eine Breite von 2\arrayrulewidth+\doublerulesep hat.

03-01-10

Eins	Zwei	Drei
A	B	C
uno	due	tre

```
\usepackage{colortbl}
\newlength\Dicke\setlength\Dicke{2\arrayrulewidth}
\addtolength\Dicke{\doublerulesep}

\begin{tabular}{
    !{\color[gray]{0.2}\vline}!{\color[gray]{0.2}\vline}c
    !{\color[gray]{0.2}\vrule width \Dicke}c
    !{\color{red}\vline}!{\color{red}\vline}c
    !{\color{cyan}\vrule width \Dicke}}
  Eins & Zwei & Drei\\ A & B & C \\ uno & due & tre
\end{tabular}
```

Für alle Linientypen stellt colortbl die beiden Makros

\arrayrulecolor [Farbmodell] {*Farbe*}
\doublerulesepcolor [Farbmodell] {*Farbe*}

zur Verfügung. Diese setzen die Farben global, sodass sie an beliebiger Stelle erscheinen können. Logischerweise können sie nicht rückwirkend wirksam sein; werden sie nach dem Tabellenkopf (Spaltendefinition) gesetzt, können sie nicht mehr die Farben der senkrechten Linien ändern und die der horizontalen nur danach.

03-01-11

```
\usepackage{colortbl}
\setlength\arrayrulewidth{2pt}
\arrayrulecolor{red}\doublerulesepcolor{blue}

\begin{tabular}{||c|||c|||c||}\hline\hline
    Eins & Zwei & Drei\\\hline\arrayrulecolor[gray]{0.9}
    A    &  B   & C    \\\hline\hline
   uno & due  & tre \\\hline\hline
\end{tabular}
```

03-01-12

```
\usepackage{colortbl}
\setlength\arrayrulewidth{2pt}
\arrayrulecolor{red}\doublerulesepcolor[gray]{0.6}

\begin{tabular}{||c|||c|||c||}\hline\hline
    Eins & Zwei & Drei\\\cline{1-2}
                        \arrayrulecolor[gray]{0.9}
    A    &  B   & C    \\\cline{1-1}\cline{3-3}
                        \arrayrulecolor{black}
   uno & due  & tre \\\cline{2-2}
\end{tabular}
```

Obiges Beispiel zeigt deutlich, dass die Eckverbindungen insbesondere bei Anwendung von \cline nicht immer optimal sind. Die Anwendung des Paketes hhline ist hier empfehlenswert.

3.2 xcolor

Zwischen den Paketen xcolor von Uwe Kern und color von David Carlisle existiert ein wesentlicher Unterschied bei der Handhabung der Option dvips, denn color aktiviert grundsätzlich die Option dvipsnames, sobald einer der Treiber dvips, oztex oder xdvi ausgewählt wird. Dies kann zu Problemen führen, wenn man das Dokument mit pdftex übersetzt, welches dann undefinierte Farben reklamiert. Dies ist der Grund warum xcolor grundsätzlich vom Anwender eine explizite Angabe der Option dvipsnames erwartet, wenn die entsprechenden vordefinierten Farben benutzt werden sollen, beispielsweise:

\usepackage[*dvipsnames,prologue*]{*xcolor*}

Im Abschnitt 3.1 auf Seite 111 wurde bereits eingehend das Paket colortbl behandelt, welches auch automatisch von xcolor bei vorhandener Paketoption table (siehe Tabelle 3.1 auf der nächsten Seite) geladen wird.

Tabelle 3.1: Zusammenstellung der Paketoptionen von xcolor

Option	Bedeutung
natural	(Standard) Benutze alle Farben innerhalb ihres Modells, mit Ausnahme von RGB (konvertiert nach rgb), HSB (konvertiert nach hsb), und Gray (konvertiert nach gray).
rgb	Konvertiert alle Farben in das rgb-Modell.
cmy	Konvertiert alle Farben in das cmy-Modell.
cmyk	Konvertiert alle Farben in das cmyk-Modell.
hsb	Konvertiert alle Farben in das hsb-Modell.
gray	Konvertiert alle Farben in das gray-Modell.
RGB	Konvertiert alle Farben in das RGB-Modell und danach ins rgb-Modell.
HTML	Konvertiert alle Farben in das HTML-Modell und danach ins rgb-Modell.
HSB	Konvertiert alle Farben in das HSB-Modell und danach ins hsb-Modell.
Gray	Konvertiert alle Farben in das Gray-Modell und danach ins gray-Modell.
dvipsnames	Lädt die vordefinierten DVIPS-Farben.
svgnames	Lädt die vordefinierten SVG-Farben.
prologue	Schreibt die Liste der Farbnamen (dvipsnames) in den PostScript-Header, was für die Dokumentenerstellung via DVIPS wichtig ist.
table	Lädt das colortbl Paket, um farbige Tabellenzeilen zu ermöglichen.
hyperref	Unterstützung von hyperref.
showerrors	(Standard) Gibt eine Meldung bei undefinierten Farben aus.
hideerrors	Gibt nur eine Fehlermeldung aus, wenn eine undefinierte Farbe benutzt wird und setzt sie dann auf Schwarz.

xcolor erweitert die Möglichkeiten von colortbl insbesondere im Hinblick auf das alternierende Färben von Tabellenzeilen. Der andere Vorteil betrifft vorrangig das Festlegen von Farben, welches aber prinzipiell unabhängig von Tabellen ist und auch für andere Anwendungsfälle gilt. Die Farbmodelle, die von xcolor in der aktuellen Version unterstützt werden, sind in Tabelle 3.2 auf der nächsten Seite zusammengefasst.

Prinzipiell macht es keinen Unterschied, ob man die einzelnen Zellen einer Tabelle oder einer Matrix farbig hinterlegen will.

03-02-1

$$\underline{A} = \begin{pmatrix} A & B & C \\ A & BBB & C \\ A & B & C \end{pmatrix}$$

```
\usepackage[table]{xcolor}

\[ \underline{A} =
  \left(\begin{array}{c>{\columncolor{magenta}}cc}
  A & B & C\\
\rowcolor{cyan} A & \cellcolor{white} BBB & C\\
  A & B & C
  \end{array}\right) \]
```

Mit den Makros \columncolor, \rowcolor und \cellcolor kann jede individuelle Kombination hergestellt werden. Alternativ zu \cellcolor kann auch eine Zelle mit

Tabelle 3.2: Unterstützte Farbmodelle (L, M, N sind natürliche Zahlen)

Name	Grundfarben	Parameterbereich	Standard
rgb	red, green, blue	$[0, 1]$	
cmy	cyan, magenta, yellow	$[0, 1]$	
cmyk	cyan, magenta, yellow, black	$[0, 1]$	
hsb	hue, saturation, brightness	$[0, 1]$	
gray	gray	$[0, 1]$	
RGB	Red, Green, Blue	$\{0, 1, \ldots, L\}$	$L = 255$
HTML	RRGGBB	$\{000000, \ldots, FFFFFF\}$	
HSB	Hue, Saturation, Brightness	$\{0, 1, \ldots, M\}$	$M = 240$
Gray	Gray	$\{0, 1, \ldots, N\}$	$N = 15$
wave	lambda (nm)	$[363, 814]$	

\multicolumn definiert werden, für die dann wieder \columncolor möglich ist. Die Syntax der drei Farbbefehle unterscheidet sich nicht von denen aus colortbl, wobei xcolor weitere drei Befehle für das alternierende Färben von Zeilen zur Verfügung stellt.

\columncolor [Farbmodell] {*Farbe*} [Überhang Links] [Überhang Rechts]

\rowcolor [Farbmodell] {*Farbe*} [Überhang Links] [Überhang Rechts]

\cellcolor [Farbmodell] {*Farbe*}

\rowcolors * [Befehl] {*Startzeile*}{*Farbe-ungerade Zeile*}{*Farbe-gerade Zeile*}

\showrowcolors

\hiderowcolors

Das optionale Argument von \rowcolors* kann dazu benutzt werden, um die üblichen hier zulässigen Befehle auszuführen, wie \hline oder \noalign{...}. Der Vorteil des optionalen Arguments ist, dass man die Anwendung dieser Befehle durch die Verwendung der Sternversion für Zeilen unterdrücken kann, für die \rowcolors nicht aktiv ist (siehe auch Beispiel 03-02-6 auf Seite 121). Die Argumente für die Farbe der ungeraden und geraden Zeilen kann auch jeweils leer bleiben.

Tabelle 1		
A	BBB	C
A	B	C

Tabelle 2		
A	BBB	C
A	B	C

03-02-2

```
\usepackage[table]{xcolor}

\rowcolors{1}{}{blue!30}
\begin{tabular}{|ccc|}\hline
  \multicolumn{3}{|c|}{Tabelle 1}\\\hline
  A & BBB & C\\hline  A & B & C\\\hline
\end{tabular}  \par\bigskip
\rowcolors*[\hline]{1}{}{blue!30}
\begin{tabular}{|ccc|}
  \multicolumn{3}{|c|}{Tabelle 2}\\ \hiderowcolors
  A & BBB & C\\ A & B & C\\
\end{tabular}
```

Das folgende Beispiel zeigt eine Anwendung der einfachen Farbbefehle für Zeilen, Spalten und Zellen, wobei hier wegen des ausschließlichen mathematischen Inhalts der einzelnen Zellen gleich eine array-Umgebung verwendet wird.

```
\usepackage[table]{xcolor}
\definecolor{umbra}{rgb}{0.8,0.8,0.5}
\newcommand*\zero{\multicolumn{1}{>{\columncolor{white}}c}{0}}
\newcommand*\colCell[2]{\multicolumn{1}{>{\columncolor{#1}}c}{#2}}

\[ \left[\,
\begin{array}{*{5}{>{\columncolor[gray]{0.95}}c}}
  h_{k,1,0}(n) & h_{k,1,1}(n) & h_{k,1,2}(n) & \zero & \zero \\
  h_{k,2,0}(n) & h_{k,2,1}(n) & h_{k,2,2}(n) & \zero & \zero \\
  h_{k,3,0}(n) & h_{k,3,1}(n) & h_{k,3,2}(n) & \zero & \zero \\
  h_{k,4,0}(n) & \colCell{umbra}{h_{k,4,1}(n)} & h_{k,4,2}(n) & \zero & \zero \\
  \zero & h_{k,1,0}(n-1) & h_{k,1,1}(n-1) & h_{k,1,2}(n-1) & \zero \\
  \zero & h_{k,2,0}(n-1) & h_{k,2,1}(n-1) & h_{k,2,2}(n-1) & \zero \\
  \zero & h_{k,3,0}(n-1) & h_{k,3,1}(n-1) & h_{k,3,2}(n-1) & \zero \\
  \zero & \colCell{umbra}{h_{k,4,0}(n-1)} & h_{k,4,1}(n-1) & h_{k,4,2}(n-1) & \zero \\
  \zero & \zero & h_{k,1,0}(n-2) & h_{k,1,1}(n-2) & h_{k,1,2}(n-2)\\
  \rowcolor[gray]{0.75}\zero&\zero& h_{k,2,0}(n-2) & h_{k,2,1}(n-2) & h_{k,2,2}(n-2)\\
  \zero & \zero & h_{k,3,0}(n-2) & h_{k,3,1}(n-2) & h_{k,3,2}(n-2)\\
  \zero & \zero & h_{k,4,0}(n-2) & h_{k,4,1}(n-2) & h_{k,4,2}(n-2)
\end{array} \,\right]_{12\times 5} \]
```

03-02-3

$$
\left[
\begin{array}{ccccc}
h_{k,1,0}(n) & h_{k,1,1}(n) & h_{k,1,2}(n) & 0 & 0 \\
h_{k,2,0}(n) & h_{k,2,1}(n) & h_{k,2,2}(n) & 0 & 0 \\
h_{k,3,0}(n) & h_{k,3,1}(n) & h_{k,3,2}(n) & 0 & 0 \\
h_{k,4,0}(n) & h_{k,4,1}(n) & h_{k,4,2}(n) & 0 & 0 \\
0 & h_{k,1,0}(n-1) & h_{k,1,1}(n-1) & h_{k,1,2}(n-1) & 0 \\
0 & h_{k,2,0}(n-1) & h_{k,2,1}(n-1) & h_{k,2,2}(n-1) & 0 \\
0 & h_{k,3,0}(n-1) & h_{k,3,1}(n-1) & h_{k,3,2}(n-1) & 0 \\
0 & h_{k,4,0}(n-1) & h_{k,4,1}(n-1) & h_{k,4,2}(n-1) & 0 \\
0 & 0 & h_{k,1,0}(n-2) & h_{k,1,1}(n-2) & h_{k,1,2}(n-2) \\
0 & 0 & h_{k,2,0}(n-2) & h_{k,2,1}(n-2) & h_{k,2,2}(n-2) \\
0 & 0 & h_{k,3,0}(n-2) & h_{k,3,1}(n-2) & h_{k,3,2}(n-2) \\
0 & 0 & h_{k,4,0}(n-2) & h_{k,4,1}(n-2) & h_{k,4,2}(n-2)
\end{array}
\right]_{12\times 5}
$$

Für eine alternierende Färbung der Zeilen muss der Befehl \rowcolors mit den entsprechenden Argumenten *vor* der Tabelle aufgerufen werden.

```
\usepackage[table]{xcolor}
\definecolor{umbra}{rgb}{0.8,0.8,0.5}
\newcommand*\zero{\multicolumn{1}{>{\columncolor{white}}c}{0}}

\[ \left[\, \rowcolors{1}{umbra}{blue!10}
\begin{array}{*{5}{c}}
  h_{k,1,0}(n) & h_{k,1,1}(n) & h_{k,1,2}(n) & \zero & \zero\\
  h_{k,2,0}(n) & h_{k,2,1}(n) & h_{k,2,2}(n) & \zero & \zero\\
```

```
h_{k,3,0}(n) & h_{k,3,1}(n) & h_{k,3,2}(n) & \zero & \zero\\
h_{k,4,0}(n) & h_{k,4,1}(n) & h_{k,4,2}(n) & \zero & \zero\\
\zero & h_{k,1,0}(n-1) & h_{k,1,1}(n-1) & h_{k,1,2}(n-1) & \zero\\
\zero & h_{k,2,0}(n-1) & h_{k,2,1}(n-1) & h_{k,2,2}(n-1) & \zero\\
\zero & h_{k,3,0}(n-1) & h_{k,3,1}(n-1) & h_{k,3,2}(n-1) & \zero\\
\zero & h_{k,4,0}(n-1) & h_{k,4,1}(n-1) & h_{k,4,2}(n-1) & \zero\\
\zero & \zero & h_{k,1,0}(n-2) & h_{k,1,1}(n-2) & h_{k,1,2}(n-2)\\
\zero & \zero & h_{k,2,0}(n-2) & h_{k,2,1}(n-2) & h_{k,2,2}(n-2)\\
\zero & \zero & h_{k,3,0}(n-2) & h_{k,3,1}(n-2) & h_{k,3,2}(n-2)\\
\zero & \zero & h_{k,4,0}(n-2) & h_{k,4,1}(n-2) & h_{k,4,2}(n-2)
\end{array} \,\right]_{12\times 5} \]
```

$$\left[\begin{array}{ccccc}
h_{k,1,0}(n) & h_{k,1,1}(n) & h_{k,1,2}(n) & 0 & 0\\
h_{k,2,0}(n) & h_{k,2,1}(n) & h_{k,2,2}(n) & 0 & 0\\
h_{k,3,0}(n) & h_{k,3,1}(n) & h_{k,3,2}(n) & 0 & 0\\
h_{k,4,0}(n) & h_{k,4,1}(n) & h_{k,4,2}(n) & 0 & 0\\
0 & h_{k,1,0}(n-1) & h_{k,1,1}(n-1) & h_{k,1,2}(n-1) & 0\\
0 & h_{k,2,0}(n-1) & h_{k,2,1}(n-1) & h_{k,2,2}(n-1) & 0\\
0 & h_{k,3,0}(n-1) & h_{k,3,1}(n-1) & h_{k,3,2}(n-1) & 0\\
0 & h_{k,4,0}(n-1) & h_{k,4,1}(n-1) & h_{k,4,2}(n-1) & 0\\
0 & 0 & h_{k,1,0}(n-2) & h_{k,1,1}(n-2) & h_{k,1,2}(n-2)\\
0 & 0 & h_{k,2,0}(n-2) & h_{k,2,1}(n-2) & h_{k,2,2}(n-2)\\
0 & 0 & h_{k,3,0}(n-2) & h_{k,3,1}(n-2) & h_{k,3,2}(n-2)\\
0 & 0 & h_{k,4,0}(n-2) & h_{k,4,1}(n-2) & h_{k,4,2}(n-2)
\end{array}\right]_{12\times 5}$$

03-02-4

Die folgenden beiden Beispiele zeigen zum Einen noch einmal die Anwendung des \rowcolors-Befehls und zum Anderen die Bedeutung der Sternversion, sowie die Anwendung des Zählers rownum, der intern die Nummer der jeweiligen Zeile speichert.

Spalte 1	Zeile 1
Spalte 1	Zeile 2
Spalte 1	Zeile 3
Spalte 1	Zeile 4
Spalte 1	Zeile 5
Spalte 1	Zeile 6
Spalte 1	Zeile 7
Spalte 1	Zeile 8
Spalte 1	Zeile 9
Spalte 1	Zeile 10
Spalte 1	Zeile 11
Spalte 1	Zeile 12
Spalte 1	Zeile 13

03-02-5

```
\usepackage[table]{xcolor}
\newcommand*\Nr{\number\rownum}

\rowcolors[\hline]{3}{green!25}{yellow!50}
\arrayrulecolor{red!75!gray}
\begin{tabular}{ll}
 Spalte 1 & Zeile \number\rownum\\
 Spalte 1 & Zeile \Nr\\ Spalte 1 & Zeile \Nr\\
 Spalte 1 & Zeile \Nr\\\arrayrulecolor{black}
 Spalte 1 & Zeile \Nr\\ Spalte 1 & Zeile \Nr\\
 \rowcolor{blue!25} Spalte 1 & Zeile \Nr\\
\hiderowcolors% Farbe unterdrücken
 Spalte 1 & Zeile \Nr\\ Spalte 1 & Zeile \Nr\\
 Spalte 1 & Zeile \Nr\\\showrowcolors% Farbe aktivieren
 Spalte 1 & Zeile \Nr\\ Spalte 1 & Zeile \Nr\\
\multicolumn{1}{>{\columncolor{red!40}}l}{Spalte 1}
   & Zeile \number\rownum\\
\end{tabular}
```

Die Zeilen 8–10 sind durch Anwendung von \hiderowcolors und \showrowcolors von der Farbgebung ausgenommen. Durch Anwendung des \multicolumn-Befehls kann jede Zelle wieder von der normalen Farbgebung ausgenommen werden. Die Farbe der Linien kann über den von `colortbl` bereitgestellten Befehl `\arrayrulecolor` an jeder beliebigen Stelle der Tabelle vorgenommen werden. Aus reinen Platzgründen wurde in den folgenden Beispielen das Makro `\Nr` definiert, wobei die jeweils erste Tabellenzeile zum Vergleich die Ersetzung `\number\rownum` verwendet.

Die Anwendung der Sternversion von `\rowcolors` führt jetzt dazu, dass das optionale Argument nicht beachtet wird, wenn die jeweilige Zeile vor der Startzeile von `\rowcolors` oder innerhalb von `\hiderowcolors...\showrowcolors` liegt. Ohne die Sternversion wird dieses optionale Argument bei *jeder* Zeile beachtet.

03-02-6

Spalte 1	Zeile 1
Spalte 1	Zeile 2
Spalte 1	Zeile 3
Spalte 1	Zeile 4
Spalte 1	Zeile 5
Spalte 1	Zeile 6
Spalte 1	Zeile 7
Spalte 1	Zeile 8
Spalte 1	Zeile 9
Spalte 1	Zeile 10
Spalte 1	Zeile 11
Spalte 1	Zeile 12
Spalte 1	Zeile 13

```latex
\usepackage[table]{xcolor}
\newcommand*\Nr{\number\rownum}

\rowcolors*[\hline]{3}{green!25}{yellow!50}
\arrayrulecolor{red!75!gray}
\begin{tabular}{ll}
 Spalte 1 & Zeile \number\rownum\\
 Spalte 1 & Zeile \Nr\\ Spalte 1 & Zeile \Nr\\
 Spalte 1 & Zeile \Nr\\\arrayrulecolor{black}
 Spalte 1 & Zeile \Nr\\ Spalte 1 & Zeile \Nr\\
 \rowcolor{blue!25}
 Spalte 1 & Zeile \Nr\\ Spalte 1 & Zeile \Nr\\
 \hiderowcolors
 Spalte 1 & Zeile \Nr\\ Spalte 1 & Zeile \Nr\\
 \showrowcolors
 Spalte 1 & Zeile \Nr\\ Spalte 1 & Zeile \Nr\\
 \multicolumn{1}{>{\columncolor{red!40}}l}{Spalte 1}
    & Zeile \Nr\\
\end{tabular}
```

Für die Färbung der Zeilen kann auch eine Farbserie verwendet werden, die sich über den Befehl `\definecolorseries` festlegen lässt und dann wieder über den `\rowcolors`-Befehl auf einfache Weise durch das Argument {*CS!!+*} inkrementieren lässt. Weitere Informationen dazu findet man in der Beschreibung zum Paket xcolor. [29]

03-02-7

| 1 |
| 2 |
| 3 |
| 4 |
| 5 |
| 6 |
| 7 |
| 8 |
| 9 |
| 10 |
| 11 |
| 12 |
| 13 |

```latex
\usepackage[table]{xcolor}
\usepackage{array}
\newcommand*\Nr{\makebox[1cm]{%
   \textcolor{CL!!+}{\number\rownum}}}

\definecolorseries{CS}{rgb}{last}{yellow}{blue}
\definecolorseries{CL}{rgb}{last}{blue}{yellow}
\resetcolorseries[13]{CS}
\resetcolorseries[13]{CL}
\rowcolors[\hline]{1}{CS!!+}{CS!!+}
\begin{tabular}{c}
\Nr\\ \Nr\\ \Nr\\ \Nr\\ \Nr\\
\Nr\\ \Nr\\ \Nr\\ \Nr\\ \Nr\\
\Nr\\ \Nr\\ \Nr
\end{tabular}
```

3.3 T_EXnisches

Das Paket colortbl unterstützt den Befehl \arrayrulecolor{*Farbe*}, der allerdings grundsätzlich global wirkt. Jede Änderung der Linienfarbe wirkt sich daher auf alle folgenden Linienbefehle aus, unabhängig davon, ob \arrayrulecolor durch Gruppierung lokal gehalten wird. Im folgenden Beispiel erscheint daher die zweite mit \hline gesetzte Linie in der Farbe rot, da die erste \Chline-Anweisung die Farbe global ändert.

Ägypten	30.06.1995
Albanien	08.09.2000
Angola	23.11.1996
Argentina	01.01.1995
Antillen	21.01.1996

```
\usepackage[table]{xcolor}
\newcommand\Chline[1]{\arrayrulecolor{#1}\hline}

\begin{tabular}{@{}ll@{}}\\\hline
Ägypten     & 30.06.1995 \\\Chline{red}
Albanien    & 08.09.2000 \\\hline
Angola      & 23.11.1996 \\\Chline{blue}
Argentina   & 01.01.1995 \\\Chline{red!40}
Antillen    & 21.01.1996 \\\hline\hline
\end{tabular}
```

03-03-1

Man kann aber einfach das Makro ergänzen und die Farbe wieder auf den Standardwert zurücksetzen, sodass Änderungen nicht mehr global wirksam sind.

marching band	AN	9.80
presentation	AN	8.66
commity	AN	13.31

```
\usepackage[table]{xcolor}
\newcommand\Chline[1]{\arrayrulecolor{#1}%
    \hline\arrayrulecolor{black}}
\newcommand\Ccline[2]{\arrayrulecolor{#1}%
    \cline{#2}\arrayrulecolor{black}}

\begin{tabular}{l r r}\\\Chline{blue}
marching band & AN & 9.80\\\hline
presentation  & AN & 8.66\\\Ccline{red}{1-2}
commity       & AN & 13.31\\\Ccline{blue}{2-3}
\end{tabular}
```

03-03-2

Bei der Anwendung der beamer-Klasse muss dem von beamer standardmäßig geladenen Paket xcolor die Option table entweder über die Klassenoption der Dokumentenklasse oder über das Makro \PassOptionsToPackage (vor dem Laden der Dokumentenklasse) mitgeteilt, beziehungsweise übergeben werden.

```
\documentclass[xcolor=table]{beamer}
\usetheme{Malmoe} \useoutertheme{sidebar} \usecolortheme{dove}
\newcommand\Chline[1]{\arrayrulecolor{#1}\hline\arrayrulecolor{black}}

\begin{frame}{Beispiel}{Farbige Linien}
\begin{center}\Large
\begin{tabular}{l >{\columncolor{red!30}}r r}\\\Chline{blue}
\rowcolor{magenta!40} \emph{Name} & \emph{Type} & \emph{Value}\\\Chline{blue}
marching band & AN & 9.80\\\Chline{red}   presentation & AN & 8.66\\\Chline{green}
commity       & AN &13.31\\\Chline{blue} food          & AN &11.01\\\hline
\end{tabular}
\end{center}
\end{frame}
```

03-03-3

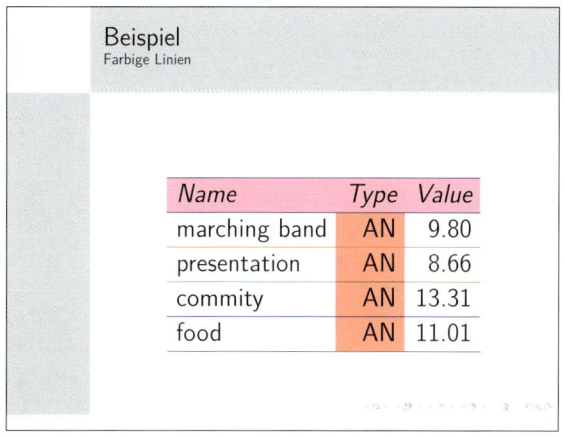

```
\usepackage[table]{xcolor}\usepackage{ragged2e}% Definitionen in der Praeambel -> CTAN!

\begin{tabular}{>{\Centering}p{1.75cm}>{\columncolor{cyan}}c>{\columncolor{magenta}}c
    >{\columncolor{yellow}}c>{\columncolor{black}}c >{\Centering}p{2.5cm}
>{\columncolor{red}}c>{\columncolor{green}}c>{\columncolor{blue}}c >{\Centering}p{1.75cm}}
CMYK & C & M & Y & \color{white}K & Bezeichnung & R & G & \color{white}B & RGB\\\hline
\TZeile{RAL1023}{0}{10}{90}{0}{Verkehrsgelb}{100}{90}{10} & \cellcolor[rgb]{1,0.9,0.1}\\
\TZeile{RAL2009}{5}{70}{100}{0}{Verkehrsorange}{95}{30}{0} & \cellcolor[rgb]{0.95,0.3,0}\\
\TZeile{RAL3020}{0}{100}{100}{10}{Verkehrsrot}{90}{0}{0} & \cellcolor[rgb]{0.9,0,0}\\
\TZeile{RAL4006}{50}{100}{0}{10}{Verkehrspurpur}{40}{0}{90} & \cellcolor[rgb]{0.4,0,0.9}\\
\TZeile{RAL5017}{100}{20}{5}{40}{Verkehrsblau}{0}{40}{55} & \cellcolor[rgb]{0,0.4,0.55}\\
\TZeile{RAL6024}{90}{10}{80}{10}{Verkehrsgrün}{0}{80}{10} & \cellcolor[rgb]{0,0.8,0.1}\\
\TZeile{RAL7042}{30}{10}{20}{40}{Verkehrsgrau A}{30}{50}{40} & \cellcolor[rgb]{0.3,0.5,0.4}\\
\TZeile{RAL7043}{30}{10}{20}{80}{Verkehrsgrau B}{0}{10}{0} & \cellcolor[rgb]{0,0.1,0}\\
\TZeile{RAL9016}{3}{0}{0}{0}{Verkehrsweiß}{97}{100}{100} & \cellcolor[rgb]{0.97,1,1}\\
\TZeile{RAL9017}{100}{90}{100}{95}{Verkehrsschwarz}{0}{0}{0} & \cellcolor[rgb]{0,0,0}
\end{tabular}
```

03-03-4

CMYK	C	M	Y	K	Bezeichnung	R	G	B	RGB
	0	10	90	0	RAL1023 Verkehrsgelb	100	90	10	
	5	70	100	0	RAL2009 Verkehrsorange	95	30	0	
	0	100	100	10	RAL3020 Verkehrsrot	90	0	0	
	50	100	0	10	RAL4006 Verkehrspurpur	40	0	90	
	100	20	5	40	RAL5017 Verkehrsblau	0	40	55	
	90	10	80	10	RAL6024 Verkehrsgrün	0	80	10	
	30	10	20	40	RAL7042 Verkehrsgrau A	30	50	40	
	30	10	20	80	RAL7043 Verkehrsgrau B	0	10	0	
	3	0	0	0	RAL9016 Verkehrsweiß	97	100	100	
	100	90	100	95	RAL9017 Verkehrsschwarz	0	0	0	

Das obige Beispiel stellt exemplarisch den Zusammenhang dar zwischen der RGB- und CMYK-Notation der sogenannten deutschen Verkehrsfarben.

```
\usepackage{array,booktabs,ragged2e}
\usepackage[table]{xcolor}    \definecolor{gold}{rgb}{.99,1,.9}
\definecolor{lgrey}{gray}{.95} \definecolor{lblue}{rgb}{.92,.97,1}
\newcolumntype{C}[1]{>{\columncolor{#1}[0pt][\tabcolsep]\Centering$}c<{$}}
\newcolumntype{M}[2]{>{\columncolor{#1}[2\tabcolsep][0pt]\Centering$}m{#2}<{$}}

\begin{tabular}{@{} C{yellow!40}*{10}{>{$}m{12pt}<{$}}M{lgrey}{14pt}M{lgrey}{12pt} @{}}
\toprule
\rowcolor{blue!40}Tabelle&\mathsf1&\mathsf2&\mathsf3&\mathsf4&\mathsf5&\mathsf6
  &\mathsf{7} &\mathsf{8}&\mathsf{9}&\mathsf{10}&Y_{t}  &Z_{t}\\\midrule
0 &\circ&\circ&\circ&\circ&\circ  &\circ  &\circ&\ast    &\circ  &\circ&1&\mbox{---} \\
1 &\circ&\circ&\circ&\circ&\circ  &\circ  &\circ&\dagger&\ast    &\circ&1&1\\
2 &\circ&\circ&\circ&\circ&\ast   &\ast   &\circ&\dagger&\dagger&\circ&2&2\\
3 &\circ&\circ&\circ&\circ&\dagger&\ast    &\circ&\dagger&\dagger&\circ&1&0\\
4 &\circ&\circ&\circ&\circ&\dagger&\dagger&\circ&\dagger&\dagger&\circ&0&0\\\bottomrule
\end{tabular}
```

Tabelle	1	2	3	4	5	6	7	8	9	10	Y_t	Z_t
0	○	○	○	○	○	○	○	∗	○	○	1	—
1	○	○	○	○	○	○	○	†	∗	○	1	1
2	○	○	○	○	∗	∗	○	†	†	○	2	2
3	○	○	○	○	†	∗	○	†	†	○	1	0
4	○	○	○	○	†	†	○	†	†	○	0	0

03-03-5

Auch bei Verwendung des `booktabs`-Paket sind farbige Linien einfach zu realisieren.

	Item	
Animal	Description	Price ($)
Gnat	per gram	13.65
	each	0.01
Gnu	stuffed	92.50
Emu	stuffed	33.33
Armadillo	frozen	8.99

03-03-6

```
\usepackage[table]{xcolor}\usepackage{booktabs}
\arrayrulecolor{red}

\begin{tabular}{@{}llr@{}}\toprule
\multicolumn{2}{c}{Item}\\
\cmidrule(r){1-2}\morecmidrules\cmidrule(r){1-2}
Animal & Description & Price (\$)\\
\arrayrulecolor{blue}\cmidrule(r){1-1}
 \cmidrule[2pt](l{1em}r{1em}){2-2}\cmidrule(l){3-3}
Gnat & per gram & 13.65 \\
     & each      &  0.01 \\\addlinespace[2ex]
Gnu  & stuffed  & 92.50 \\\midrule
Emu  & stuffed  & 33.33 \\\specialrule{2pt}{1ex}{1ex}
Armadillo & frozen & 8.99\\\arrayrulecolor{green}
\bottomrule
\end{tabular}
```

Mehrseitige Tabellen

Mehrseitige Tabellen können grundsätzlich nicht Teil einer Gleitumgebung sein, denn diese erlauben keinen Seitenumbruch. Andererseits erhalten mehrseitige Tabellen ebenfalls Überschriften, die in anderer Art und Weise gesetzt werden, als von der table-Umgebung gewohnt. Grundsätzlich gibt es nicht *das* Paket für längere Tabellen. Dennoch kann man davon ausgehen, dass longtable wegen seiner relativ einfachen Anwendung am häufigsten eingesetzt wird.

4.1 longtable

Mit dem longtable-Paket stehen vielfältige Möglichkeiten für eine mehrseitige Tabelle zur Verfügung. Die Syntax entspricht im einfachsten Fall prinzipiell der einer normalen tabular-Umgebung:

```
\begin{longtable} [HPos] {Spaltendefinition}
...&...&...\\
...&...&...\end{longtable}
```

Die Angabe eines optionalen Arguments bezüglich der vertikalen Anordnung in einer Zeile macht bei der longtable keinen Sinn, denn sie wird *immer* als eigener Absatz gesetzt. Im Gegensatz zur tabular-Umgebung macht hier aber die horizontale Ausrichtung Sinn, weshalb für *HPos* auch die Werte l, c und r (c als Standardwert) möglich sind.

Links   Zentriert   Rechts

Links	Zentriert	Rechts	Box
l	c	r	p{1.7cm}

Links	Zentriert	Rechts	Box
l	c	r	p{1.7cm}

Links	Zentriert	Rechts	Box
l	c	r	p{1.7cm}

04-01-1

```
\usepackage{longtable}

Links \hfill Zentriert \hfill Rechts

\begin{longtable}{|l|c|r|p{1.7cm}|}\hline
Links & Zentriert & Rechts & Box\\\hline
l & c & r & p\{1.7cm\}\\\hline
\end{longtable}
% Rechtsbündig
\begin{longtable}[r]{|l|c|r|p{1.7cm}|}\hline
Links & Zentriert & Rechts & Box\\\hline
l & c & r & p\{1.7cm\}\\\hline
\end{longtable}
% Linksbündig
\begin{longtable}[l]{|l|c|r|p{1.7cm}|}\hline
Links & Zentriert & Rechts & Box\\\hline
l & c & r & p\{1.7cm\}\\\hline
\end{longtable}
```

4.1.1 Seitenumbruch

Automa-tischer Seitenumbruch

Per Definition ist ein Seitenumbruch für `longtable` automatisch nur *nach* einer Tabellenzeile möglich (siehe Beispiel 04-01-2), nicht jedoch innerhalb dieser. Dieser Seitenumbruch erfolgt automatisch oder wird vom Anwender durch \newpage (siehe Beispiel 04-01-5 auf Seite 129) erzwungen. Mögliche Umbruchstellen kann man am Ende einer Tabellenzeile durch * oder \nopagebreak verhindern.

Besonders bei unausgeglichenen Spalten kann dies zu einem unbefriedigenden Layout führen, wie im Beispiel 04-01-2 eindrücklich zu sehen ist. Dort besteht die Tabelle lediglich aus drei Zeilen, wovon die dritte im Verhältnis zu den anderen beiden eine extrem große Höhe hat. Der Seitenumbruch muss daher bereits nach der zweiten Tabellenzeile erfolgen, da die Tabelle sonst mit der dritten (letzten) Tabellenzeile nicht auf die erste Seite passen würde. In solch extremen Fällen hilft dann nur ein manueller Eingriff in den normalen Tabellenaufbau. Dem obigen Beispiel kann man entnehmen, dass ein Seitenumbruch nach der viertletzten *Text*zeile der dritten *Tabellen*zeile (»dritte Zeile zu«) oder der drittletzten (»hoch ist, um auf«) sinnvoll wäre. Grundsätzlich könnte man an dieser Stelle einfach die Tabellenzeile normal beenden und eine neue beginnen, sodass hier dann ein Umbruch erfolgen kann. Dann wäre allerdings die letzte Zeile nicht im Blocksatz gesetzt, sodass sich ein Unterschied zum erwarteten Layout ergibt:

```
\usepackage{array,longtable}

\begin{longtable}{@{}l c r >{\hspace{0pt}}p{2.5cm}@{}}
l & c & r & 1. Zeile\\\hline
l & c & r & 2. Zeile\\\hline
l & c & r & Eine Zeile mit besonders viel Text, der dazu führt, dass bereits
    nach der zweiten Tabellenzeile umbrochen werden muss, da die dritte Zeile
    zu hoch ist, um auf die erste Seite zu passen.
\end{longtable}
```

04-01-2

Seitenumbruch-Demo			
l	c	r	1. Zeile
l	c	r	2. Zeile
		Seite 1	

Seitenumbruch-Demo			
l	c	r	Eine Zeile mit besonders viel Text, der dazu führt, dass bereits nach der zweiten Tabellenzeile umbrochen werden muss, da die dritte Zeile zu hoch ist, um auf die erste Seite zu passen.
		Seite 2	

```
\usepackage{array,longtable}

\begin{longtable}{@{}l c r >{\arraybackslash\hspace{0pt}}p{2.5cm}@{}}
l & c & r & 1. Zeile\\\hline  l & c & r & 2. Zeile\\\hline
l & c & r & Eine Zeile mit besonders viel Text, der dazu führt, dass bereits nach der
    zweiten Tabellenzeile umbrochen werden muss, da die dritte Zeile zu \\% eingefügt!
    &     &  & hoch ist, um auf \\% eingefügt!
    &     &  & die erste Seite zu passen.
\end{longtable}
```

04-01-3

Seitenumbruch-Demo			
l	c	r	1. Zeile
l	c	r	2. Zeile
l	c	r	Eine Zeile mit besonders viel Text, der dazu führt, dass bereits nach der zweiten Tabellenzeile umbrochen werden muss, da die dritte Zeile zu
		Seite 1	

Seitenumbruch-Demo			
hoch ist, um auf die erste Seite zu passen.			
		Seite 2	

Je nach Textanordnung hätte die letzte Zeile vor dem Seitenumbruch scheinbar korrekt aufgefüllt erscheinen können, was offensichtlich hier nicht für die manuell eingefügte Umbruchmöglichkeit der Fall ist. Mit einem kleinen Trick kann für das Strecken der letzten Zeile gesorgt werden, sodass diese manuellen Umbruchmöglichkeiten in der Ausgabe unsichtbar bleiben.

```
\newcommand\NewLine{\setlength\parfillskip{0pt}\tabularnewline}}
```

Innerhalb einer Tabellenzelle braucht man keine große Rücksicht auf andere Definitionen zu nehmen, die eventuell überschrieben werden können; sämtliche Tabellenzellen werden in eine Gruppe gesetzt, sodass die Änderungen des Absatzlayouts lokal bleiben. Der Befehl \NewLine setzt vor dem Ende der Tabellenzeile die Länge \parfillskip auf den Wert von 0 pt, sodass dieser Absatz am Ende nicht mit Leerraum aufgefüllt wird und daher im Blocksatz erscheint. In der Ausgabe ist jetzt kein Unterschied mehr zur Tabelle ohne diesen manuellen Seitenumbruch zu erkennen.

```
\usepackage{array,longtable}
\newcommand\NewLine{\setlength\parfillskip{0pt}\tabularnewline}

\begin{longtable}{@{}l c r >{\arraybackslash\hspace{0pt}}p{2.5cm}@{}}
l & c & r & 1. Zeile\\\hline
l & c & r & 2. Zeile\\\hline
l & c & r & Eine Zeile mit besonders viel Text, der dazu führt, dass bereits
            nach der zweiten Tabellenzeile umbrochen werden muss,
            da die dritte Zeile zu \NewLine% eingefügt!
  &   &   & hoch ist, um auf \NewLine% eingefügt!
  &   &   & die erste Seite zu passen.
\end{longtable}
```

Seitenumbruch-Demo			
l	c	r	1. Zeile
l	c	r	2. Zeile
l	c	r	Eine Zeile mit besonders viel Text, der dazu führt, dass bereits nach der zweiten Tabellenzeile umbrochen werden muss, da die dritte Zeile zu
			Seite 1

Seitenumbruch-Demo			
			hoch ist, um auf die erste Seite zu passen.
			Seite 2

04-01-4

\newpage *Nach* einer Tabellenzeile kann mit dem bekannten \newpage-Befehl jederzeit ein Seitenumbruch erzwungen werden.

```
\usepackage{longtable}

\begin{longtable}{@{}l c r p{1.5cm}@{}}
L & Z & R & Box\\\hline
l & c & r & 1. Zeile\\ l & c & r & 2. Zeile\\ l & c & r & 3. Zeile\\
l & c & r & 4. Zeile\\ l & c & r & 5. Zeile\\ l & c & r & 6. Zeile\\\newpage
l & c & r & 7. Zeile\\ l & c & r & 8. Zeile\\ l & c & r & 9. Zeile\\
l & c & r &10. Zeile\\ l & c & r &11. Zeile\\ l & c & r &12. Zeile
\end{longtable}
```

04-01-5

newpage-Demo			
L	Z	R	Box
l	c	r	1. Zeile
l	c	r	2. Zeile
l	c	r	3. Zeile
l	c	r	4. Zeile
l	c	r	5. Zeile
l	c	r	6. Zeile

Seite 1

newpage-Demo			
l	c	r	7. Zeile
l	c	r	8. Zeile
l	c	r	9. Zeile
l	c	r	10. Zeile
l	c	r	11. Zeile
l	c	r	12. Zeile

Seite 2

4.1.2 Horizontale und vertikale Abstände

Tabelle 4.1 auf der nächsten Seite zeigt eine Zusammenstellung der Längenparameter, mit denen der horizontale und vertikale Abstand einer longtable verändert werden kann. Die jeweiligen Vorgaben orientieren sich nicht nur an dem Paket, sondern auch an der verwendeten Textklasse, die eigene Werte definieren kann. Die in der Tabelle angegebenen Werte sind die allgemein gültigen, wobei \bigskipamount hier gleich dem Wert 12.0pt plus 4.0pt minus 4.0pt und \fill gleich dem Wert 0.0pt plus 1.0fill ist. Wichtig ist, dass man mindestens einem der horizontalen oder vertikalen Abstände eine dynamische Länge zuweist, damit die Tabelle korrekt innerhalb des Textes gesetzt werden kann.

Das Setzen der horizontalen Abstände empfiehlt sich nur, wenn keine der Optionen sinnvoll erscheint, denn diese sind äquivalent zu den in Tabelle 4.2 auf der nächsten *\LTleft* Seite dargestellten Werten. Die hier demonstrierte horizontale Anordnung funktioniert *\LTright* jedoch nur solange, wie die Breite der Tabelle nicht größer als die des aktuellen Textbereiches ist. Für größere Tabellen muss diese vorher mit ihrer voraussichtlich breitesten

Tabelle 4.1: Horizontale und vertikale Längen einer longtable.

Name	Bedeutung	Vorgabe
\LTleft	Abstand der Tabelle zum linken Textrand	\fill
\LTright	Abstand der Tabelle zum rechten Textrand	\fill
\LTpre	Abstand der Tabelle zum oberen Textrand	\bigskipamount
\LTpost	Abstand der Tabelle zum unteren Textrand	\bigskipamount

Zeile als normale Tabelle in eine Box geschrieben werden, um auf diese Weise die allgemein unbekannte Breite der zukünftigen Tabelle bestimmen zu können. Mit dieser Größe kann dann die von `longtable` intern definierte Länge `\LTleft` entsprechend gesetzt werden, sodass neben der sonst für diesen Fall standardmäßigen Linksbündigkeit auch andere Varianten möglich sind (siehe Beispiel 04-01-6).

Tabelle 4.2: Zusammenhang zwischen dem optionalen Argument der longtable-Umgebung und den horizontalen Längen.

Optionswert	Länge \LTleft	Länge \LTright
l	0 pt	\fill
c	\fill	\fill
r	\fill	0 pt

Links   Zentriert   Rechts

Links	Zentriert	Rechts	Box
l	c	r	p{1.5cm}

Rechtsbündig

Links	Zentriert	Rechts	Box
l	c	r	p{1.5cm}

Zentriert

Links	Zentriert	Rechts	Box
l	c	r	p{1.5cm}

04-01-6

```
\usepackage{longtable,calc}
\newsavebox\TBox

\sbox\TBox{\begin{tabular}{|l|c|r|p{1.5cm}|}
Links & Zentriert & Rechts & Box
\end{tabular}}
Links \hfill Zentriert \hfill Rechts
\begin{longtable}{|l|c|r|p{1.5cm}|}\hline
Links & Zentriert & Rechts & Box\\\hline
l & c & r & p\{1.5cm\}\\\hline
\end{longtable}
\setlength\LTleft{\textwidth-\wd\TBox}
\raggedleft Rechtsbündig
\begin{longtable}{|l|c|r|p{1.5cm}|}\hline
Links & Zentriert & Rechts & Box\\\hline
l & c & r & p\{1.5cm\}\\\hline
\end{longtable}
\setlength\LTleft{0.5\textwidth-0.5\wd\TBox}
\centering Zentriert
\begin{longtable}{|l|c|r|p{1.5cm}|}\hline
Links & Zentriert & Rechts & Box\\\hline
l & c & r & p\{1.5cm\}\\\hline
\end{longtable}
```

Normalerweise wird man den Abstand vor und nach einer `longtable` nicht verändern wollen, da dieser mit `\bigskipamount` bereits ausreichend sein sollte. Weiterhin ist zu beachten, dass die Abstände nicht symmetrisch zum Tabellenanfang und -ende sind, was sich aus der Definition von `\endlongtable` ergibt (siehe folgendes Beispiel). Je nachdem

`\LTpre`
`\LTpost`

ob man den Text mit einem Absatzeinzug (\parindent) oder einem Absatzabstand (\parskip), beziehungsweise mit oder ohne Tabellenüber- oder Tabellenunterschrift setzt, wird man andere Werte wählen. Das folgende Beispiel zeigt exemplarisch für einen Absatzabstand zum Einen die Standardwerte und zum Anderen modifizierte Werte für \LTpre und \LTpost.

04-01-7

Eine Textzeile vor der Tabelle

Links	Zentriert	Rechts	Box
l	c	r	p{1.5cm}

Eine Textzeile nach der Tabelle

Eine Textzeile vor der Tabelle

Links	Zentriert	Rechts	Box
l	c	r	p{1.5cm}

Eine Textzeile nach der Tabelle

```
\usepackage{longtable}

Eine Textzeile vor der Tabelle
\begin{longtable}{|l|c|r|p{1.5cm}|}\hline
Links & Zentriert & Rechts & Box\\\hline
l & c & r & p\{1.5cm\}\\\hline
\end{longtable}
Eine Textzeile nach der Tabelle\par
Eine Textzeile vor der Tabelle
\setlength\LTpre{0pt}%
\setlength\LTpost{0pt}%
\begin{longtable}{|l|c|r|p{1.5cm}|}\hline
Links & Zentriert & Rechts & Box\\\hline
l & c & r & p\{1.5cm\}\\\hline
\end{longtable}
Eine Textzeile nach der Tabelle
```

4.1.3 Kopf- und Fußzeilen

Die allgemeine Syntax einer longtable-Umgebung ist etwas aufwändiger als die einer normalen Tabelle, wobei die Angabe der \caption alternativ zu verstehen ist, entweder oberhalb oder unterhalb der eigentlichen Tabelle. Weiteres findet man im Abschnitt 4.1.4 auf der nächsten Seite. Hier ist nur wichtig, dass je nach Anordnung diese Bildüber- oder Bildunterschrift auch zur Kopf- oder Fußzeile gehören kann und somit auf jeder neuen Seite wiederholt auftreten würde.

```
\begin{longtable} [HPos] {Spaltendefinition}
\caption * [LOT] {Text}\\
⟨Definitionen erster Tabellenkopf⟩ ...
\endfirsthead
⟨Definitionen andere Tabellenköpfe⟩ ...
\endhead
⟨Definitionen andere Tabellenfüße⟩ ...
\endfoot
⟨Definitionen letzter Tabellenfuß⟩ ...
\endlastfoot
...&...&...\\
...&...&...
\caption * [LOT] {Text}\\
\end{longtable}
```

Alle vier Angaben zu \endfirsthead, \endhead, \endlastfoot und \endfoot sind zum Einen fakultativ und zum Anderen in ihrer Reihenfolge unabhängig. Sie müssen lediglich vor der eigentlichen Tabelle erscheinen. Fehlt die Angabe einer \endfirsthead beziehungsweise \endlastfoot, so wird dies automatisch durch die Angaben zu \endhead beziehungsweise \endfoot ergänzt. Man kann ganz auf die erweiterten Möglichkeiten verzichten, wenn die Tabelle nur eine erste Kopfzeile und eine letzte Fußzeile aufweist; dies kann über normale Tabellenzeilen erfolgen.

```
\usepackage{longtable}

\begin{longtable}{@{}l c r p{1.5cm}@{}}
L & Z & R & Box\\\hline
\endfirsthead
\multicolumn{4}{@{}l}{\small\ldots\emph{Fortsetzung}}\\\hline L & Z & R & Box\\\hline
\endhead
\hline \multicolumn{4}{r@{}}{\small\emph{Fortsetzung nächste Seite} \ldots}\\
\endfoot
\hline
\endlastfoot
l & c & r & 1. Zeile\\l & c & r & 2. Zeile\\l & c & r & 3. Zeile\\l & c & r & 4. Zeile\\
l & c & r & 5. Zeile\\l & c & r & 6. Zeile\\l & c & r & 7. Zeile\\l & c & r & 8. Zeile\\
l & c & r & 9. Zeile\\l & c & r &10. Zeile\\l & c & r &11. Zeile\\l & c & r &12. Zeile
\end{longtable}
```

04-01-8

4.1.4 Tabellenüber- und Tabellenunterschriften

Die Syntax wurde bereits in der Definition auf Seite 131 angegeben.

▷ Die Sternversion unterdrückt die Nummerierung und darausfolgend einen Eintrag in der »list of tables (lot)«.

▷ Bei leerem optionalen Argument (\caption[]{...}) erfolgt kein Eintrag in der »list of tables (lot)«.

▷ Mit einem optionalem Argument erfolgt das normale Verhalten; das optionale Argument wird in die »(lot)« übernommen.

Grundsätzlich ist \caption im Zusammenhang mit longtable ein Synonym für \multicolumn, denn die Tabellenüberschrift oder -unterschrift ist Teil der Umgebung und kein eigenständiger Absatz wie der »normale« \caption-Befehl. Daraus folgt, dass die Zeile am Ende mit \\ oder \tabularnewline abzuschließen ist.

```
\usepackage{longtable}
\begin{longtable}{@{}l c r p{1.5cm}@{}}
\caption{Tabellenüberschrift}\label{tab:ll}\\
L & Z & R & Box\\\hline
\endfirsthead
\multicolumn{4}{@{}l}{\small\ldots\emph{Fortsetzung}}\\\hline
L & Z & R & Box\\\hline
\endhead
\hline
\multicolumn{4}{r@{}}{\small\emph{Fortsetzung nächste Seite} \ldots}\\
\endfoot
\hline
\endlastfoot
l & c & r & 1. Zeile\\ l & c & r & 2. Zeile\\ l & c & r & 3. Zeile\\
l & c & r & 4. Zeile\\ l & c & r & 5. Zeile\\ l & c & r & 6. Zeile\\
l & c & r & 7. Zeile\\ l & c & r & 8. Zeile\\ l & c & r & 9. Zeile\\
l & c & r &10. Zeile\\ l & c & r &11. Zeile\\ l & c & r &12. Zeile
\end{longtable}
Wie Tabelle~\ref{tab:ll} zeigt, \ldots
```

04-01-9

\caption-Demo

Table 1: Tabellenüberschrift

L	Z	R	Box
l	c	r	1. Zeile
l	c	r	2. Zeile
l	c	r	3. Zeile
l	c	r	4. Zeile
l	c	r	5. Zeile
l	c	r	6. Zeile
l	c	r	7. Zeile
l	c	r	8. Zeile
l	c	r	9. Zeile

Fortsetzung nächste Seite ...

Seite 1

\caption-Demo

...Fortsetzung

L	Z	R	Box
l	c	r	10. Zeile
l	c	r	11. Zeile
l	c	r	12. Zeile

Wie Tabelle 1 zeigt, ...

Seite 2

Da der \caption-Befehl prinzipiell Teil der Tabelle ist, kann man ihn auch in die Kopf- oder Fußzeile einfügen, sodass sie wiederholt auftreten kann, ohne dass der interne Tabellenzähler inkrementiert wird. Wichtig ist in diesem Zusammenhang, dass ein \label-Befehl nur einmal erscheinen sollte, entweder im ersten Kopf- oder im letzten Fußteil oder alternativ irgendwo in der eigentlichen Tabelle. Anderenfalls kann es zur Fehlermeldung »multiply defined labels« kommen.

\label

```
\usepackage{longtable}

Belangloser Text vor der nun einzufügenden \texttt{longtable}.

\begin{longtable}{@{}l c r p{1.5cm}@{}}
L & Z & R & Box\\\hline
\endfirsthead
\multicolumn{4}{@{}l}{\small\ldots\emph{Fortsetzung}}\\\hline
L & Z & R & Box\\\hline
\endhead
\hline
\multicolumn{4}{r@{}}{\small\emph{Fortsetzung nächste Seite} \ldots}\\
\caption{Tabellenunterschrift}\\
\endfoot
\hline
\\[-2ex]
\caption{Tabellenunterschrift}
\endlastfoot
l & c & r & 1. Zeile\\ l & c & r & 2. Zeile\\ l & c & r & 3. Zeile\\
l & c & r & 4. Zeile\\ l & c & r & 5. Zeile\\ l & c & r & 6. Zeile\\
l & c & r & 7. Zeile\\ l & c & r & 8. Zeile\\ l & c & r & 9. Zeile\\
l & c & r &10. Zeile\\ l & c & r &11. Zeile\\ l & c & r &12. Zeile\\
\end{longtable}
```

Bei Tabellenunterschriften gibt es jedoch unterschiedliche Abstände oberhalb der Unterschrift, wenn einmal Linien verwendet werden und einmal nicht. Im Beispiel 04-01-10 wurde daher für die letzte Bildunterschrift eine neue Zeile eingefügt und gleichzeitig dieser dadurch entstehende Abstand durch \\[-2ex] wieder verkürzt. Die Breite der Tabellenüberschrift oder -unterschrift kann mit der Länge \LTcapwidth beeinflusst werden. Standardmäßig ist sie auf 4 Inch festgelegt, beziehungsweise die Breite der umgebenen \parbox, die Teil der \multicolumn ist: `\LTcapwidth`

```
\multicolumn{⟨n⟩}{c}{\parbox{\LTcapwidth}{⟨Text⟩}}
```

⟨n⟩ steht für die automatisch ermittelte Spaltenanzahl der longtable und ⟨Text⟩ für die normale Unter-/Überschrift.

```
\usepackage{longtable}\setlength\LTcapwidth{1in}

Belangloser Text vor der nun einzufügenden \textttt{longtable}.
\begin{longtable}{@{}l c r p{1.5cm}@{}}
L & Z & R & Box\\\hline
\endfirsthead
\multicolumn{4}{@{}l}{\small\ldots\emph{Fortsetzung}}\\\hline L & Z & R & Box\\\hline
\endhead
\hline
\multicolumn{4}{r@{}}{\small\emph{Fortsetzung nächste Seite} \ldots}
\endfoot
% leerer letzter Fuß, keine Linie nach caption
\endlastfoot
l & c & r & 1. Zeile\\ l & c & r & 2. Zeile\\ l & c & r & 3. Zeile\\
l & c & r & 4. Zeile\\ l & c & r & 5. Zeile\\ l & c & r & 6. Zeile\\
l & c & r & 7. Zeile\\ l & c & r & 8. Zeile\\ l & c & r & 9. Zeile\\
l & c & r &10. Zeile\\ l & c & r &11. Zeile\\ l & c & r &12. Zeile\\\hline
\caption{Tabellenunterschrift mit 1\,Inch Breite}
\end{longtable}
```

04-01-11

\caption-Demo

Belangloser Text vor der nun einzufügenden longtable.

L	Z	R	Box
l	c	r	1. Zeile
l	c	r	2. Zeile
l	c	r	3. Zeile
l	c	r	4. Zeile
l	c	r	5. Zeile
l	c	r	6. Zeile
l	c	r	7. Zeile
l	c	r	8. Zeile

Fortsetzung nächste Seite …

Seite 1

\caption-Demo

… Fortsetzung

L	Z	R	Box
l	c	r	9. Zeile
l	c	r	10. Zeile
l	c	r	11. Zeile
l	c	r	12. Zeile

Tabelle 1: Tabellenunterschrift mit 1 Inch Breite

Seite 2

135

```
\usepackage{longtable}
\usepackage[labelfont=bf]{caption}

\setlength\LTcapwidth{2.75cm}% <--- Länge ändern
\begin{longtable}{@{}l c r p{1.5cm}@{}}
\caption{Eine Tabellenüberschrift mit 2,75\,cm Breite\label{tab:14}}\\[5pt]
L & Z & R & Box\\\hline
l & c & r & 1. Zeile\\ l & c & r & 2. Zeile\\ l & c & r & 3. Zeile\\
l & c & r & 4. Zeile\\ l & c & r & 5. Zeile\\ l & c & r & 6. Zeile\\
l & c & r & 7. Zeile\\ l & c & r & 8. Zeile\\ l & c & r & 9. Zeile\\
l & c & r &10. Zeile\\ l & c & r &11. Zeile\\ l & c & r &12. Zeile\\\hline
\end{longtable}
```

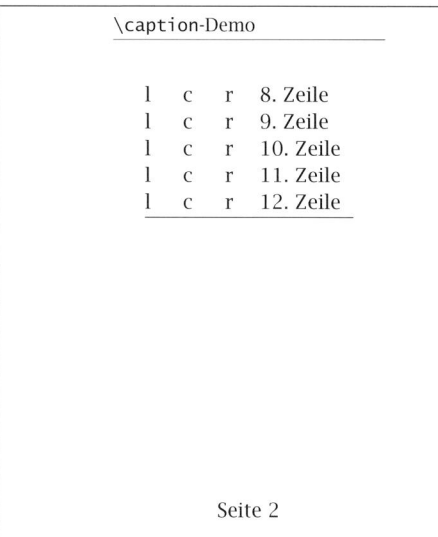

4.1.5 Fußnoten

In einer `longtable`-Umgebung kann der normale `\footnote`-Befehl verwendet werden, der auch die normale Fußnotenzählung fortsetzt. Eine andere Zählung muss vom Anwender selbst vorgenommen werden, beispielsweise mit `\setcounter{`*footnote*`}{`*0*`}` vor dem Beginn der Tabelle. Nach der Tabelle ist dann der Zähler wieder entsprechend zu korrigieren, wenn im Text wieder die alte Zählung erscheinen soll.

Da die Fußnoten zusammen mit den anderen, normalen Fußnoten erscheinen, ist eine Änderung der Zählung nicht wirklich sinnvoll.

```
\usepackage{longtable}

Eine Demo\footnote{Textzeile} für Fußnoten.
\begin{longtable}{@{}l c r p{1.5cm}@{}}
L\footnote{Überschrift} & Z & R & Box\\\hline
l & c\footnote{Erste Zeile, zweite Spalte} & r & 1. Zeile
\\ l & c & r\footnote{Zweite Zeile, dritte Spalte} & 2. Zeile\\
```

```
l & c & r & 3. Zeile\\ l & c & r & 4. Zeile\\ l & c & r & 5. Zeile
\\ l & c & r & 6. Zeile\\ l & c & r & 7. Zeile\\
l & c & r & 8. Zeile\footnote{Achte Zeile, letzte Spalte}\\ l & c & r & 9. Zeile\\
l & c & r &10. Zeile\\ l\footnote{Elfte Zeile, erste Spalte} & c & r &11. Zeile\\\hline
\end{longtable}
Eine Demo\footnote{Textzeile} für Fußnoten.
```

04-01-13

\caption-Demo

Eine Demo[1] für Fußnoten.

L^2	Z	R	Box
l	c^3	r	1. Zeile
l	c	r^4	2. Zeile
l	c	r	3. Zeile
l	c	r	4. Zeile
l	c	r	5. Zeile
l	c	r	6. Zeile

[1]Textzeile
[2]Überschrift
[3]Erste Zeile, zweite Spalte
[4]Zweite Zeile, dritte Spalte

Seite 1

\caption-Demo

l	c	r	7. Zeile
l	c	r	8. Zeile[5]
l	c	r	9. Zeile
l	c	r	10. Zeile
l^6	c	r	11. Zeile

Eine Demo[7] für Fußnoten.

[5]Achte Zeile, letzte Spalte
[6]Elfte Zeile, erste Spalte
[7]Textzeile

Seite 2

4.1.6 TeXnisches...

Zur Ermittlung der Tabellenbreite schreibt das Paket die benötigten Informationen \LTchunksize über die einzelnen Spalten in die .aux-Datei und benötigt daher mindestens zwei LaTeX-Durchläufe. Eine Ausnahme ist eine »kurze« longtable, die keinen Seitenumbruch aufweist.

Die Zahl der Tabellenzeilen, die TeX gleichzeitig einliest und zur Bestimmung der Spaltenbreite auswertet, ist durch \LTchunksize bestimmt und mit 20 vorbesetzt. Ist dieser Wert größer als die Zahl der Tabellenzeilen, so benötigt TeX entsprechend weniger Durchläufe. Durch den relativ kleinen Wert der Vorgabe ist Vorsicht geboten, wenn die Zahl der einzelnen Kopf- oder Fußzeilen größer ist; in diesen Fällen kann TeX dann die Tabelle nicht vernünftig berechnen. Bei der heutigen Speicherausstattung der Rechner kann die Zahl ohne weiteres verzehnfacht werden. Das folgende Beispiel zeigt zwei Seiten einer Tabelle, die nach nur einem LaTeX-Lauf entstanden ist. Das Logfile enthält bereits einen entsprechenden Hinweis:

```
Package longtable Warning: Column widths have changed
(longtable)                in table 1 on input line 39.
Package longtable Warning: Table widths have changed. Rerun LaTeX.
[7] (./3-1-13.aux)
LaTeX Warning: Label(s) may have changed. Rerun to get cross-references right.
```

Die .aux-Datei enthält jeweils die größte Breite der einzelnen Spalten und für welchen »Chunk« sie gefunden wurde:

```
\gdef \LT@i {\LT@entry
    {2}{17.11958pt}\LT@entry
    {2}{29.75977pt}\LT@entry
    {2}{25.31984pt}\LT@entry
    {1}{48.67912pt}}
```

Die ersten drei Spalten hatten ihre größte Breite im zweiten »Chunk«, die vierte Spalte hatte ohnehin eine feste Breite mit p{1.5cm}, sodass ihre Breite schon zu Anfang (»Chunk 1«) festliegt. In einem weiteren Durchlauf liest TeX diese Werte ein und setzt damit die Tabelle, die dann auf allen Seiten die korrekten Spaltenbreiten hat. Aus Platzgründen ist im Folgenden nur das Ergebnis nach dem ersten Durchlauf gezeigt. \LTchunksize wurde hier absichtlich auf den Wert 7 gesetzt, um den Effekt zu zeigen. Der erste »Chunk« besteht aus der Tabellenüberschrift und den folgenden sechs Zeilen. Im zweiten »Chunk« sind die ersten drei Spalten breiter, was TeX aber erst nach dem Seitenumbruch feststellt. Bei einem weiteren LaTeX-Lauf würde die Tabelle dann korrekt gesetzt.

```
\usepackage{longtable}
\setlength\LTchunksize{7} \setlength\LTcapwidth{2.75cm}

\begin{longtable}{@{}l c r p{1.5cm}@{}}
\caption{Eine Tabellen\"uberschrift mit 2,75\,cm Breite\label{tab:14}}\\[5pt]
L & Z & R & Box\\\hline
l & c & r & 1.\\ ll & c & r & 2.\\ l & c & r & 3.\\
l & c & r & 4.\\ lll & c & rr & 5.\\ l & cc & r & 6.\\
l & c & r & 7.\\ llll & c & rrr & 8. Zeile\\ l & ccc & r & 9. Zeile\\
l & c & r &10. Zeile\\ llll & c & rrrr &11. Zeile\\ l & cccc & r &12. Zeile\\\hline
\end{longtable}
```

<table>
<tr><td>\caption-Demo</td><td>\caption-Demo</td><td>04-01-14</td></tr>
</table>

					l	ccc	r	9. Zeile
Tabelle 1: Eine Ta-					l	c	r	10. Zeile
bellenüberschrift					llll	c	rrrr	11. Zeile
mit 2,75 cm Breite					l	cccc	r	12. Zeile

L	Z	R	Box
l	c	r	1.
ll	c	r	2.
l	c	r	3.
l	c	r	4.
lll	c	rr	5.
l	cc	r	6.
l	c	r	7.
llll	c	rrr	8. Zeile

Seite 1   Seite 2

Der Schalter \nofiles darf nicht im Zusammenhang mit longtable verwendet werden, denn dieser verhindert die Ausgabe der Hilfsdateien und somit auch die Ausgabe der Hilfsinformationen, die für die korrekte Berechnung der Tabellenbreite benötigt werden. *.aux-Datei*

Bei Anwendung des Makros \multicolumn können mehrere LaTeX-Läufe notwendig sein, bis TeX die korrekte Breite festgestellt hat. Weitere Informationen dazu enthält die *\multicolumn* Paketdokumentation. [17]

Mit dem Makro \kill kann eine sogenannte Musterzeile, die zur Bestimmung der Tabellenspalten herangezogen wird, gelöscht werden. Dies kann manchmal hilfreich sein, wenn man zentrierte oder rechtsbündige Spalten einer bestimmten Breite haben möchte.

```
\usepackage{longtable}

\begin{longtable}{@{}l c r p{1.5cm}@{}}
L & XXXX & Rechts & p \kill
L & Z & R & Box\\\hline
l & c & r & 1.\\ ll & c & r & 2.\\ l & c & r & 3.\\
l & c & r & 4.\\ lll & c & rr & 5.\\ l & cc & r & 6.\\
l & c & r & 7.\\ llll & c & rrr & 8. Zeile\\ l & ccc & r & 9. Zeile\\
l & c & r &10. Zeile\\ llll & c & rrrr &11. Zeile\\ l & cccc & r &12. Zeile\\\hline
\end{longtable}
```

04-01-15

L	Z	R	Box
l	c	r	1.
ll	c	r	2.
l	c	r	3.
l	c	r	4.
lll	c	rr	5.
l	cc	r	6.
l	c	r	7.
llll	c	rrr	8. Zeile
l	ccc	r	9. Zeile
l	c	r	10. Zeile
llll	c	rrrr	11. Zeile

\kill-Demo

Seite 1

l	cccc	r	12. Zeile

\kill-Demo

Seite 2

4.2 ltablex

Das ltablex-Paket von Anil K. Goel erweitert die tabularx-Umgebung durch die Eigenschaft möglicher Seitenumbrüche. Im Gegensatz zum ähnlichen Paket ltxtable, braucht man hier keine externe Dateien, sondern kann die Tabelle in der gewohnten Weise verwenden, wobei jetzt eine Tabellenüber- oder Tabellenunterschrift möglich ist:

```
\begin{tabularx}{Tabellenbreite}{Spaltendefinition}
\caption * {Text}\\
...&...&...\\
...&...&...\\
...\\
\end{tabularx}
```

Das Paket arbeitet ähnlich zum bekannten longtable-Paket und benötigt daher auch mindestens zwei LATEX-Durchläufe für das korrekte Ermitteln der Spaltenbreiten.

```
\usepackage{ltablex,ragged2e}

\begin{tabularx}{\linewidth}{@{}>{\ttfamily}l>{\RaggedRight}X@{}}
\caption{Dateiendungen}\\
aux &  (auxiliary) Hilfsdatei, enthält Querverweise usw. \\
bbl &  (bibliography) Hilfsdatei, enthält die Einträge für die Literatur\\
bib &  (bibtex) enthält die Literaturdaten\\
blg &  (bibliography log) enthält die Ausgaben eines Bib\TeX-Laufs\\
cfg &  (config) Konfigurationsdatei\\
clo &  (class options) Definitionen für die Dokumentenklasse
    und die entsprechenden Klassen-Optionen\\
cls &  (class) Dokument-Klassendatei\\
\end{tabularx}
```

\ltablex-Demo	\ltablex-Demo	04-02-1

Tabelle 1: Dateiendungen	
aux	(auxiliary) Hilfsdatei, enthält Querverweise usw.
bbl	(bibliography) Hilfsdatei, enthält die Einträge für die Literatur
bib	(bibtex) enthält die Literaturdaten
blg	(bibliography log) enthält die Ausgaben eines BibTEX-Laufs

cfg	(config) Konfigurationsdatei
clo	(class options) Definitionen für die Dokumentenklasse und die entsprechenden Klassen-Optionen
cls	(class) Dokument-Klassendatei

Seite 1   Seite 2

Die Festlegung der Kopf- und Fußzeilen geschieht völlig analog zum longtable-Paket, sodass hier auf die in Abschnitt 4.1.3 auf Seite 131 angegebene Syntax verwiesen wird.

```
\usepackage{ltablex,ragged2e}

\begin{tabularx}{\linewidth}{@{}>{\ttfamily}l>{\RaggedRight}X@{}}
\caption*{Dateiendungen}\\
.ext & Beschreibung\\\hline
\endfirsthead
\multicolumn{2}{@{}l}{\ldots\ \small Fortsetzung}\\\hline
.ext & Beschreibung\\\hline
\endhead
\hline
\multicolumn{2}{r@{}}{\small Fortsetzung\ldots}\\
\endfoot
\hline
\endlastfoot
aux & (auxiliary) Hilfsdatei, enthält Querverweise usw. \\
bbl & (bibliography) Hilfsdatei, enthält die Einträge für die Literatur\\
bib & (bibtex) enthält die Literaturdaten\\
blg & (bibliography log) enthält die Ausgaben eines Bib\TeX--Laufs\\
cfg & (config) Konfigurationsdatei\\
clo & (class options) Definitionen für die Dokumentenklasse
      und die entsprechenden Klassen--Optionen\\
\end{tabularx}
```

04-02-2

\ltablex-Demo

Dateiendungen

.ext	Beschreibung
aux	(auxiliary) Hilfsdatei, enthält Querverweise usw.
bbl	(bibliography) Hilfsdatei, enthält die Einträge für die Literatur
bib	(bibtex) enthält die Literaturdaten

Fortsetzung...

Seite 1

\ltablex-Demo

... Fortsetzung

.ext	Beschreibung
blg	(bibliography log) enthält die Ausgaben eines Bib TeX-Laufs
cfg	(config) Konfigurations-datei
clo	(class options) Definitionen für die Dokumen-tenklasse und die ent-sprechenden Klassen-Optionen

Seite 2

4.3 **ltxtable**

Mit dem ltxtable-Paket von David Carlisle stehen zusätzlich zu den Möglichkeiten von tabularx die des Paketes longtable zur Verfügung, woraus sich auch der Name des Paketes ableitet. Im Gegensatz dazu muss die Tabelle allerdings als externe Datei abgespeichert werden, was im einfachsten Fall mit der `filecontents`-Umgebung möglich ist.

foo bar baz

```
%% LaTeX2e file 'DateiDemo.tex'
%% generated by the 'filecontents' environment
%% from source '04-03-1' on 2009/12/18.
%%
bar
```

```
\begin{filecontents}{DateiDemo.tex}
bar
\end{filecontents}
\usepackage{verbatim}
% Ende Praeambel

foo \input{DateiDemo.tex} baz

\small
\verbatiminput{DateiDemo.tex}
```

04-03-1

`\begin{filecontents}{`*Dateiname*`}`	`\begin{filecontents*}{`*Dateiname*`}`
`...`	`...`
`\end{filecontents}`	`\end{filecontents*}`

Für das Beispiel 04-03-2 auf der nächsten Seite wird in der nicht-sichtbaren Präambel der folgende Dateiinhalt generiert:

```
\begin{filecontents}{LTXtab0.tex}
\begin{longtable}{@{}>{\ttfamily}l>{\RaggedRight}X@{}}
\caption{Dateiendungen und ihre Bedeutung}\\
aux & (auxiliary) Hilfsdatei, enthält Querverweise usw. \\
bbl & (Bibliografie) Hilfsdatei, enthält die Einträge für die Literatur\\
bib & (Bibliografie) enthält die Literaturdaten\\
blg & (Bibliografie) Logdatei, enthält die Ausgaben eines BibTeX-Laufs\\
cfg & (configure) \TeX-Datei mit Konfigurationsinformation\\
clo & (class options) \TeX-Datei mit Definitionen für die Dokumentenklasse
      und die entsprechenden Klassen-Optionen\\
cls & (class) Dokument-Klassendatei
\end{longtable}
\end{filecontents}
```

filecontents-Umgebung Diese wird während des TeX-Laufs geschrieben und kann unmittelbar danach wieder eingelesen werden. Die Sternversion unterdrückt dabei die Ausgabe der vier Kommentarzeilen (siehe dazu Beispiel 04-03-1). Die `filecontents`-Umgebung darf nur vor dem Textkörper benutzt werden und überschreibt grundsätzlich keine existierenden Dateien. Es sollte daher das gleichnamige Paket `filecontents` geladen werden; dadurch erspart man sich besonders in einer Testphase das ständige Löschen der externen Datei, wenn diese Änderungen erfahren soll.

Die Tatsache, dass die `filecontents`-Umgebung nicht an der aktuellen Textstelle benutzt werden kann, stellt eine Einschränkung bei längeren Dokumenten dar; die Übersicht über die Dokumentenstruktur wird erschwert. Bei mehreren derartigen Tabellen sollte man grundsätzlich mit eigenen Dateien arbeiten und diese entweder mit `\input{`*Datei*`}` in der Präambel einlesen oder komplett als eigenständige Datei ohne Anwendung der `filecontents`-Umgebung.

Die Syntax einer »`tabularx-longtable`« ist ebenfalls eine Kombination aus beiden. Die äußere Form entspricht `tabularx` und die innere `longtable`. Eingelesen wird die Datei mit dem Makro `\LTXtable`. Im Beispiel 04-03-2 wird die Datei als Teil der Präambel gespeichert und dann während des LaTeX-Laufs auf die Festplatte geschrieben. Die Verwendung der TeX-Syntax für die Umlaute hat hier für das Verständnis keine weitere Bedeutung, sondern erfolgte nur zur Vermeidung von Problemen mit der Kodierung beim Schreiben, Ausführen und anschließendem Lesen des Beispiels.

> `\LTXtable{`*Tabellenbreite*`}{`*Dateiname*`}`

`\usepackage{ltxtable,ragged2e}`

`\LTXtable{\linewidth}{LTXtab0}`

`\rule{1cm}{0.5pt}\hfill Textbreite\hfill\rule{1cm}{0.5pt}`

04-03-2

\LTXtable-Demo		\LTXtable-Demo	
	Tabelle 1: Dateiendungen und ihre Bedeutung	cfg	(configure) TeX-Datei mit Konfigurationsinformation
aux	(auxiliary) Hilfsdatei, enthält Querverweise usw.	clo	(class options) TeX-Datei mit Definitionen für die Dokumentenklasse und die entsprechenden Klassen-Optionen
bbl	(Bibliografie) Hilfsdatei, enthält die Einträge für die Literatur	cls	(class) Dokument-Klassendatei
bib	(Bibliografie) enthält die Literaturdaten		
blg	(Bibliografie) Logdatei, enthält die Ausgaben eines BibTeX-Laufs		Textbreite
	Seite 1		Seite 2

Die externe Datei ist bis auf die Tatsache, dass der Spaltentyp X verwendet werden kann, identisch zu einer `longtable`. Sehr unterschiedlich verhalten sich dagegen die Fußnoten, die zwar formal möglich sind, jedoch etwas Aufmerksamkeit erfordern: *Fußnote*

> ▷ Innerhalb der normalen `longtable`-Umgebung müssen die Fußnotensymbole mit `\footnotemark` gesetzt werden (siehe Beispiel 04-03-3 auf der nächsten Seite), wobei die Zählung innerhalb der Tabelle normal fortgesetzt wird. Soll die Fußnote in der Tabelle bei 1 beginnen, ist gegebenenfalls der Fußnotenzähler vor der Tabelle zurückzusetzen.
> ▷ Außerhalb der Tabelle, also *nach* dem Einfügen in den Text durch `\LTXtable`, muss zuerst der Fußnotenzähler zurückgesetzt werden und zwar um die Zahl der eingefügten `\footnotemark`, im Beispiel 04-03-3 auf der nächsten Seite um -4: `\addtocounter{`*footnote*`}{-4}`.

▷ Die Fußnoten werden mit \stepcounter{*footnote*}\footnotetext{...} ausgegeben, wobei jeweils der Zähler durch \stepcounter vorher manuell hoch-
gesetzt werden muss. Die Fußnotennummer könnte auch durch das optionale
Argument von \footnotetext [Nummer] {*Text*} erfolgen, jedoch muss dann
jedesmal manuell eingegriffen werden, wenn vor der Tabelle eine weitere Fußnote
eingefügt wird, womit sich eine fortlaufende Zählung ändert.

▷ Die Fußnoten erscheinen grundsätzlich *nach* der Tabelle, also gegebenenfalls
sogar mehrere Seiten später als die zugehörige Nummer.

```
\usepackage{ltxtable,filecontents}
\begin{filecontents}{LTXtab1.tex}
\begin{longtable}{@{}>{\ttfamily}l>{\raggedright\arraybackslash}X@{}}
aux\footnotemark & Hilfsdatei, enth\"alt Querverweise usw. \\
bbl\footnotemark & Hilfsdatei, enth\"alt die Eintr\"age f\"ur die Literatur\\
cfg              & \TeX-Datei mit Konfigurationsinformation\\
clo\footnotemark & \TeX-Datei mit Definitionen f\"ur die Dokumentenklasse
                   und die entsprechende Klassen-Optionen\\
cls\footnotemark & Dokument-Klassendatei\\
\end{longtable}
\end{filecontents}

\rule{1cm}{0.5pt}\hfill Textbreite\footnote{Anhang}\hfill\rule{1cm}{0.5pt}

\LTXtable{\linewidth}{LTXtab1}
\addtocounter{footnote}{-4}
\stepcounter{footnote}\footnotetext{auxiliary}
\stepcounter{footnote}\footnotetext{bibliography}
\stepcounter{footnote}\footnotetext{class options}
\stepcounter{footnote}\footnotetext{class}
\vfill
\rule{1cm}{0.5pt}\hfill Textbreite\footnote{foo}\hfill\rule{1cm}{0.5pt}
```

04-03-3

\footnote-Demo

_____

Textbreite[1]   _____

aux[2]   Hilfsdatei, enthält
Querverweise usw.
bbl[3]   Hilfsdatei, enthält die Einträge
für die Literatur
cfg   TeX-Datei mit
Konfigurationsinformation
clo[4]   TeX-Datei mit Definitionen für
die Dokumentenklasse und die
entsprechenden
Klassen-Optionen

[1] Anhang

Seite 1

\footnote-Demo

_____

cls[5]   Dokument-Klassendatei

_____ Textbreite[6] _____

[2] auxiliary
[3] bibliography
[4] class options
[5] class
[6] foo

Seite 2

4.4 stabular

Das Paket `stabular` von Sigitas Tolušis ist Teil der `sttools` und erweitert die internen LaTeX-Umgebungen für die Umgebungen `tabular` und `array`, sodass diese einen Seitenumbruch aufweisen können. Dazu werden zwei ähnliche Umgebungen und zusätzlich zwei neue Makros definiert. Die beiden Umgebungen sind in der Syntax identisch zu denen aus Standard-LaTeX, sie weisen nur das Präfix »s« auf. Das Makro `\emptyrow` ermöglicht eine leere Tabellenzeile der Höhe Null mit alternativem Zeilenvorschub und `\tabrow` ergibt eine Zeile der normalen Höhe des Arguments, aber ebenfalls mit alternativem Zeilenvorschub. Beide Makros müssen als letztes in einer Tabellenzeile angewendet werden, wobei das Argument von `\tabrow` in der Regel nur für die Höhe der betreffenden Tabellenzeile verwendet werden wird. Folgende Zeilenumbrüche mit einem optionalen `\hline` sind natürlich erlaubt.

```
\begin{stabular}              \begin{stabular*}{Breite}
...                           ...
\end{stabular}                \end{stabular*}

\emptyrow [Länge]
\tabrow[Text] [Höhe]
```

Damit die Wirkung der beiden Makros `\emptyrow` und `\tabrow` offensichtlich wird, sind beide in dem folgenden Beispiel einmal ohne und einmal mit optionalem Zeilenvorschub angewendet worden. Dass die Zeile 2 »fehlt«, ergibt sich aus dem nicht vorhandenen Zeilenvorschub.

04-04-1

1.	Tabellenzeile 1
3.	Tabellenzeile 3
5	Tabellenzeile 5
Text	
7.	Tabellenzeile 7
Text	
9.	Tabellenzeile 9

```
\usepackage{stabular}

\begin{stabular}{lc}\\\hline
1. & Tabellenzeile 1 \\\hline
\emptyrow\hline
3. & Tabellenzeile 3 \\\hline
\emptyrow[10pt]\hline
5. & Tabellenzeile 5 \\\hline
\tabrow{Text}\hline
7. & Tabellenzeile 7 \\\hline
\tabrow{Text}[5pt]\hline
9. & Tabellenzeile 9 \\\hline
\end{stabular}
```

```
\usepackage{stabular}

Eine normale \texttt{stabular}-Umgebung, die einen Seitenumbruch aufweisen wird,
aber nicht zentriert werden kann.

% die folgende \texttt{center}-Umgebung dient nur zur Demonstration,
% dass sie keine Wirkung hat für \texttt{stabular} hat.
\begin{center}
\begin{stabular}{@{}p{0.5\linewidth} r@{}}
```

```
\emph{Land} & \emph{Eintritt}\\\hline
Ägypten     & 30.06.1995\\ Albanien & 08.09.2000 \\
Angola      & 23.11.1996\\ Antigua-et-Barbuda& 01.01.1995 \\
Antillen    & 21.01.1996\\ Arabische Emirate & 10.04.1996 \\
Argentinien & 01.01.1995\\ Armenien & 05.02.2003\\Australien & 01.01.1995\\
Bahrein     & 01.01.1995\\ Bangladesch & 01.01.1995\\Barbados& 01.01.1995\\
Belgien     & 01.01.1995\\ Belize & 01.01.1995 \\
\end{stabular}
\end{center}
```

---

stabular-Demo

Eine normale `stabular`-Umgebung, die einen Seitenumbruch aufweisen wird, aber nicht zentriert werden kann.

Land	*Eintritt*
Ägypten	30.06.1995
Albanien	08.09.2000
Angola	23.11.1996
Antigua-et-Barbuda	01.01.1995
Antillen	21.01.1996
Arabische Emirate	10.04.1996
Argentinien	01.01.1995
Armenien	05.02.2003
Australien	01.01.1995

Seite 1

---

stabular-Demo

Bahrein	01.01.1995
Bangladesch	01.01.1995
Barbados	01.01.1995
Belgien	01.01.1995
Belize	01.01.1995

Seite 2

04-04-2

Das Beispiel zeigt deutlich Vor- und Nachteile der `stabular`-Umgebung. Vorteilhaft ist die einfache Anwendung; ein Voranstellen von »s« an den Umgebungsnamen ist die einzige Veränderung gegenüber der Standard-LaTeX-Umgebung. Nachteilig ist jedoch zum Einen die fehlende Möglichkeit der Zentrierung und zum Anderen die der Definition von Zwischen-Kopf- und Fußzeilen. Der Grund liegt in der internen Definition der Umgebung; denn diese schreibt ihren Inhalt nicht vorher in eine Box, um die Breite der Tabelle bestimmen zu können. Durch Anwendung einer `minipage` lässt sich dieser Umstand nicht beseitigen; denn diese darf keinen Seitenumbruch aufweisen. Durch etwas Probieren und einer leeren p-Spalte kann man jedoch einen entsprechenden linken Einzug vorsehen, wie es im folgenden Beispiel zu sehen ist; die erste (leere) Spalte ist durch `p{1.5em}` definiert.

```
\usepackage{stabular}
```

Eine normale \texttt{stabular}-Umgebung, die einen Seitenumbruch aufweisen wird, aber nicht zentriert werden kann.

```
\begin{stabular}{@{}p{1.5em}@{} p{0.5\linewidth} r@{}}
& \emph{Land} & \emph{Eintritt}\\\cline{2-3}
```

```
& Ägypten     & 30.06.1995 \\ & Albanien & 08.09.2000 \\
& Angola      & 23.11.1996 \\ & Antigua-et-Barbuda& 01.01.1995 \\
& Antillen    & 21.01.1996 \\ & Arabische Emirate & 10.04.1996 \\
& Argentinien & 01.01.1995 \\ & Armenien     & 05.02.2003 \\
& Australien  & 01.01.1995 \\ & Bahrein      & 01.01.1995 \\
& Bangladesch & 01.01.1995 \\ & Barbados     & 01.01.1995 \\
& Belgien     & 01.01.1995 \\ & Belize       & 01.01.1995 \\
\end{stabular}
```

stabular-Demo

Eine normale stabular-Umgebung, die einen Seitenumbruch aufweisen wird, aber nicht zentriert werden kann.

Land	*Eintritt*
Ägypten	30.06.1995
Albanien	08.09.2000
Angola	23.11.1996
Antigua-et-Barbuda	01.01.1995
Antillen	21.01.1996
Arabische Emirate	10.04.1996
Argentinien	01.01.1995
Armenien	05.02.2003
Australien	01.01.1995
Bahrein	01.01.1995

Seite 1

stabular-Demo

Bangladesch	01.01.1995
Barbados	01.01.1995
Belgien	01.01.1995
Belize	01.01.1995

Seite 2

Eine Tabelle über die gesamte Zeilenbreite ist dagegen kein Problem; mit stabular* kann man analog zu tabular* vorgehen. Wobei auch hier die Anmerkung gilt, dass in solchen Fällen die Anwendung der tabularx-Umgebung, beziehungsweise des \LTXtable-Makros, sinnvoller ist. Dort wird die Spaltenbreite entsprechend gestreckt, während es hier bei der Sternversion der Spaltenabstand ist (vergleiche dazu Abschnitt 1.1 auf S. 5).

```
\usepackage{stabular}
```

Eine normale \texttt{stabular*}-Umgebung, die über die ganze Zeilenbreite geht und einen Seitenumbruch aufweisen wird.

```
\begin{stabular*}{\linewidth}{@{}p{0.5\linewidth} @{\extracolsep{\fill}} r@{}}
\emph{Land} & \emph{Eintritt}\\\hline
Ägypten     & 30.06.1995 \\ Albanien & 08.09.2000 \\
Angola      & 23.11.1996 \\ Antigua-et-Barbuda& 01.01.1995 \\
Antillen    & 21.01.1996 \\ Arabische Emirate & 10.04.1996 \\
Argentinien & 01.01.1995 \\ Armenien     & 05.02.2003 \\
Australien  & 01.01.1995 \\ Bahrein      & 01.01.1995 \\
Bangladesch & 01.01.1995 \\ Barbados     & 01.01.1995 \\
```

```
Belgien      & 01.01.1995 \\ Belize        & 01.01.1995 \\
\end{stabular*}
```

```
┌─────────────────────────────────────┐  ┌─────────────────────────────────────┐
│ stabular*-Demo                      │  │ stabular*-Demo                      │
│ ─────────────────────────────────── │  │ ─────────────────────────────────── │
│                                     │  │                                     │
│ Eine normale stabular*-Umgebung, die│  │ Bangladesch          01.01.1995     │
│ über die ganze Zeilenbreite geht und ei-│ │ Barbados             01.01.1995     │
│ nen Seitenumbruch aufweisen wird.   │  │ Belgien              01.01.1995     │
│ Land                        Eintritt│  │ Belize               01.01.1995     │
│ ─────────────────────────────────── │  │                                     │
│ Ägypten                   30.06.1995│  │                                     │
│ Albanien                  08.09.2000│  │                                     │
│ Angola                    23.11.1996│  │                                     │
│ Antigua-et-Barbuda        01.01.1995│  │                                     │
│ Antillen                  21.01.1996│  │                                     │
│ Arabische Emirate         10.04.1996│  │                                     │
│ Argentinien               01.01.1995│  │                                     │
│ Armenien                  05.02.2003│  │                                     │
│ Australien                01.01.1995│  │                                     │
│ Bahrein                   01.01.1995│  │                                     │
│                                     │  │                                     │
│                                     │  │                                     │
│              Seite 1                │  │              Seite 2                │
└─────────────────────────────────────┘  └─────────────────────────────────────┘
```

04-04-4

Wenn man aus bestimmten Gründen eines der anderen Pakete für Tabellen mit einer Seitenumbruchmöglichkeit nicht verwenden kann oder will, aber dennoch Kopf- und Fußzeilen auf jeder Seite benötigt, so lässt sich nach einem Setzen der Tabelle dies ohne weiteres nachträglich einfügen. In obigem Beispiel war »Bahrein« die letzte Zeile auf der ersten Seite, sodass diese durch eine Fußzeile ersetzt werden kann:[1]

```
\usepackage{stabular}

Eine normale \texttt{stabular*}-Umgebung, die über die ganze Zeilenbreite
geht und einen Seitenumbruch aufweisen wird.

\begin{stabular*}{\linewidth}{@{}p{0.5\linewidth} @{\extracolsep{\fill}} r@{}}
\emph{Land} & \emph{Eintritt}\\\hline
Ägypten      & 30.06.1995 \\ Albanien & 08.09.2000 \\
Angola       & 23.11.1996 \\ Antigua-et-Barbuda& 01.01.1995 \\
Antillen     & 21.01.1996 \\ Arabische Emirate & 10.04.1996 \\
Argentinien & 01.01.1995 \\ Armenien       & 05.02.2003 \\
Australien   & 01.01.1995 \\\hline
\multicolumn{2}{r@{}}{\small\emph{Fortsetzung}\ldots}\\
% Seitenumbruch
\multicolumn{2}{@{}l}{\ldots\small\emph{Fortsetzung}}\\\hline
\emph{Land} & \emph{Eintritt}\\\hline
Bahrein      & 01.01.1995 \\
Bangladesch & 01.01.1995 \\ Barbados       & 01.01.1995 \\
```

---

[1] Solche »Basteleien« sollte man allerdings erst mit einer der letzten Versionen des Dokumentes vornehmen.

```
Belgien      & 01.01.1995 \\ Belize        & 01.01.1995 \\
\end{stabular*}
```

04-04-5

stabular*-Demo	
Eine normale stabular*-Umgebung, die über die ganze Zeilenbreite geht und einen Seitenumbruch aufweisen wird.	
Land	*Eintritt*
Ägypten	30.06.1995
Albanien	08.09.2000
Angola	23.11.1996
Antigua-et-Barbuda	01.01.1995
Antillen	21.01.1996
Arabische Emirate	10.04.1996
Argentinien	01.01.1995
Armenien	05.02.2003
Australien	01.01.1995
	Fortsetzung...

Seite 1

stabular*-Demo	
...Fortsetzung	
Land	*Eintritt*
Bahrein	01.01.1995
Bangladesch	01.01.1995
Barbados	01.01.1995
Belgien	01.01.1995
Belize	01.01.1995

Seite 2

4.5 supertabular

Das Paket supertabular von Johannes Braams und Theo Jurriens kann mit den in Tabelle 4.3 angegebenen Optionen geladen werden. Der wesentliche Unterschied zum longtable-Paket besteht in der Syntax; bei einer supertabular sind alle Vereinbarungen zur Tabellenüber- oder Tabellenunterschrift, Kopf- und Fußzeilen *außerhalb* der eigentlichen Tabelle vorzunehmen.

Tabelle 4.3: Zusammenstellung möglicher Paketoptionen von supertabular

Name	*Bedeutung*
errorshow	Schreibt keine besonderen Informationen in die Logdatei (Standard).
pageshow	Gibt Informationen zum berechneten Seitenumbruch aus.
debugshow	Jede ausgegebene Zeile wird zusätzlich protokolliert.

Die neuen Umgebungen supertabular und supertabular* haben ansonsten die gleiche Syntax wie die allgemeine tabular- beziehungsweise tabular*-Umgebung. Die Umgebungen mpsupertabular, beziehungsweise mpsupertabular*, verhalten sich wiederum ähnlich zu den Umgebungen ohne das Präfix mp, welches hier für minipage steht. Dies hat den Vorteil, dass Fußnoten dann definitiv seitenweise gezählt und ausgegeben werden können. Siehe dazu auch Abschnitt 4.5.4 auf Seite 155.

```
\begin{supertabular}{Spaltendefinition}
...
\end{supertabular}
\begin{supertabular*}{Tabellenbreite}{Spaltendefinition}
...
\end{supertabular*}
\begin{mpsupertabular}{Spaltendefinition}
...
\end{mpsupertabular}
\begin{mpsupertabular*}{Tabellenbreite}{Spaltendefinition}
...
\end{mpsupertabular*}
```

```
\usepackage[pageshow]{supertabular}

\begin{supertabular}{@{}l r@{}}
\emph{Land} & \emph{Eintritt}\\\hline
Ägypten              & 30.06.1995 \\ Albanien          & 08.09.2000 \\
Angola               & 23.11.1996 \\ Antigua-et-Barbuda & 01.01.1995 \\
Antillen             & 21.01.1996 \\ Arabische Emirate  & 10.04.1996 \\
Argentinien          & 01.01.1995 \\ Armenien           & 05.02.2003 \\
Australien           & 01.01.1995 \\ Bahrein            & 01.01.1995 \\
Bangladesch          & 01.01.1995 \\ Barbados           & 01.01.1995 \\
Belgien              & 01.01.1995 \\ Belize             & 01.01.1995 \\
Benin                & 22.02.1996 \\
\end{supertabular}
```

supertabular-Demo

Land	Eintritt
Ägypten	30.06.1995
Albanien	08.09.2000
Angola	23.11.1996
Antigua-et-Barbuda	01.01.1995
Antillen	21.01.1996
Arabische Emirate	10.04.1996
Argentinien	01.01.1995
Armenien	05.02.2003
Australien	01.01.1995
Bahrein	01.01.1995

Seite 1

supertabular-Demo

Bangladesch	01.01.1995
Barbados	01.01.1995
Belgien	01.01.1995
Belize	01.01.1995
Benin	22.02.1996

Seite 2

04-05-1

Die letzte Tabellenzeile *muss* mit einem Zeilenendebefehl abgeschlossen werden, entweder \\ oder \tabularnewline. Anderenfalls gibt es eine Fehlermeldung. Obiges Beispiel zeigt bereits einen Nachteil der supertabular-Umgebung, die Teiltabellen können unterschiedliche Breiten auf den Seiten haben. Im Gegensatz zur longtable-Umgebung werden keinerlei Informationen in die .aux-Datei geschrieben, die für folgende Seiten ausgewertet werden könnten. Möchte man diesen Effekt ausschließen, muss man zwingend mit einer Kopf- und/oder Fußzeile arbeiten oder die Sternversion verwenden. Diese hat lediglich den Vorteil, dass man nicht auf das ltxtable-Paket (siehe auch Abschnitt 4.3 auf Seite 141) zurückgreifen muss, aber den Nachteil, dass man selbst für das Auffüllen der betreffenden Spalte sorgen muss (siehe auch Abschnitt 1.1 auf Seite 3). Dazu muss das Paket array geladen werden, da sonst der Spaltenoperator ! unbekannt ist, beziehungsweise der Befehl \extracolsep nicht angewendet werden kann.

letzte Zeile; Tabellenbreite

```
\usepackage{array,supertabular}

\begin{supertabular*}{\linewidth}{@{}l!{\extracolsep{\fill}} r@{}}
\emph{Land} & \emph{Eintritt}\\\hline
Ägypten      & 30.06.1995\\ Albanien  & 08.09.2000\\ Angola & 23.11.1996\\
Antigua-et-Barbuda & 01.01.1995\\ Antillen    & 21.01.1996\\
Arabische Emirate  & 10.04.1996\\ Argentinien & 01.01.1995\\
Armenien     & 05.02.2003\\ Australien & 01.01.1995\\ Bahrein & 01.01.1995\\
Bangladesch & 01.01.1995\\ Barbados    & 01.01.1995\\ Belgien & 01.01.1995\\
Belize       & 01.01.1995\\ Benin      & 22.02.1996\\
\end{supertabular*}
```

04-05-2

supertabular-Demo	
Land	*Eintritt*
Ägypten	30.06.1995
Albanien	08.09.2000
Angola	23.11.1996
Antigua-et-Barbuda	01.01.1995
Antillen	21.01.1996
Arabische Emirate	10.04.1996
Argentinien	01.01.1995
Armenien	05.02.2003
Australien	01.01.1995
Bahrein	01.01.1995
Seite 1	

supertabular-Demo	
Bangladesch	01.01.1995
Barbados	01.01.1995
Belgien	01.01.1995
Belize	01.01.1995
Benin	22.02.1996
Seite 2	

4.5.1 Seitenumbruch

supertabular berechnet nach jeder Zeile, wie viel Platz noch auf der Seite ist, um einen eventuellen Seitenumbruch einzufügen. In bestimmten Fällen ist dieser jedoch nicht optimal, wie beispielsweise in den bisherigen Beispielen. Durch den Befehl \shrinkheight kann der Vergleichswert für die Seite erhöht oder erniedrigt werden.

```
\shrinkheight{Länge}
```

Das Makro *muss* am Anfang einer Zeile stehen und kann jeden beliebigen Längenwert mit entsprechender Einheit aufweisen. Im folgenden Beispiel wird bereits zu Beginn der Tabelle (1. Zeile) die Seite drei Zeilen »länger« gemacht, sodass ein besser Seitenumbruch die Folge ist. Wird dieser Wert allerdings weiter verkleinert, so tritt der Fall einer leeren Seite auf, denn TEX schiebt den jetzt zu großen Block auf die nächste Seite. Ein positiver Wert verkleinert entsprechend die Seite, sodass der Umbruch früher erfolgt.

```
\usepackage{array,supertabular}

\begin{supertabular*}{\linewidth}{@{}l!{\extracolsep{\fill}} r@{}}
\emph{Land} & \emph{Eintritt}\\\hline
\shrinkheight{-3\normalbaselineskip}
Ägypten       & 30.06.1995\\ Albanien   & 08.09.2000\\ Angola & 23.11.1996\\
Antigua-et-Barbuda & 01.01.1995\\ Antillen    & 21.01.1996\\
Arabische Emirate  & 10.04.1996\\ Argentinien & 01.01.1995\\
Armenien      & 05.02.2003\\ Australien & 01.01.1995\\ Bahrein & 01.01.1995\\
Bangladesch & 01.01.1995\\ Barbados   & 01.01.1995\\ Belgien & 01.01.1995\\
Belize        & 01.01.1995\\ Benin     & 22.02.1996\\
\end{supertabular*}
```

supertabular-Demo	
Land	*Eintritt*
Ägypten	30.06.1995
Albanien	08.09.2000
Angola	23.11.1996
Antigua-et-Barbuda	01.01.1995
Antillen	21.01.1996
Arabische Emirate	10.04.1996
Argentinien	01.01.1995
Armenien	05.02.2003
Australien	01.01.1995
Bahrein	01.01.1995
Bangladesch	01.01.1995
Barbados	01.01.1995
Belgien	01.01.1995
Seite 1	

supertabular-Demo	
Belize	01.01.1995
Benin	22.02.1996
Seite 2	

04-05-3

4.5.2 Kopf- und Fußzeilen

Alle Vereinbarungen sind *vor* der eigentlichen Tabelle vorzunehmen. Es existieren dazu folgende Makros:

```
\tablefirsthead{Definition}        \tablehead{Definition}
\tabletail{Definition}             \tablelasttail{Definition}
```

Alle *Definitionen* müssen mindestens einer Tabellenzeile entsprechen und können im einfachsten Fall ein \hline enthalten. Sind \tablefirsthead oder \tablelasttail nicht definiert, werden sie automatisch durch \tablehead beziehungsweise \tabletail ersetzt.

```
\usepackage{supertabular}

\tablefirsthead{\hline \emph{Land} & \emph{Eintritt}\\\hline}
\tablehead{\emph{Land} & \emph{Eintritt}\\\hline}
\tabletail{\hline \multicolumn{2}{r@{}}{Fortsetzung \ldots}\\}
\tablelasttail{\hline}
\begin{center}
\begin{supertabular}{@{}p{0.5\linewidth} r@{}}
Ägypten             & 30.06.1995\\ Albanien   & 08.09.2000\\ Angola      & 23.11.1996\\
Antigua-et-Barbuda& 01.01.1995\\ Antillen   & 21.01.1996\\
Arabische Emirate & 10.04.1996\\ Argentinien& 01.01.1995\\ Armenien    & 05.02.2003\\
Australien          & 01.01.1995\\ Bahrein    & 01.01.1995\\ Bangladesch& 01.01.1995\\
Barbados            & 01.01.1995\\ Belgien    & 01.01.1995\\ Belize      & 01.01.1995\\
\end{supertabular}
\end{center}
```

04-05-4

supertabular-Demo	
Land	*Eintritt*
Ägypten	30.06.1995
Albanien	08.09.2000
Angola	23.11.1996
Antigua-et-Barbuda	01.01.1995
Antillen	21.01.1996
Arabische Emirate	10.04.1996
Argentinien	01.01.1995
Armenien	05.02.2003
Australien	01.01.1995
	Fortsetzung ...

Seite 1

supertabular-Demo	
Land	*Eintritt*
Bahrein	01.01.1995
Bangladesch	01.01.1995
Barbados	01.01.1995
Belgien	01.01.1995
Belize	01.01.1995

Seite 2

4.5.3 Tabellenüber- und Tabellenunterschriften

Es existieren gleich drei verschiedene Makros für das Setzen der sogenannten »caption«:

```
\tablecaption [LOT-Eintrag] {Text}      \topcaption [LOT-Eintrag] {Text}
\bottomcaption [LOT-Eintrag] {Text}
```

Das optionale Argument *LOT-Eintrag* ersetzt bei Verwendung wieder den standardmäßigen Eintrag von *Text* in das Inhaltsverzeichnis (Table Of Contents, `.toc`). Bei Anwendung von `\tablecaption` bestimmt die Dokumentenklasse die Position für die Beschriftung. Entscheidend ist, ob die Klasse `\@topcaptionfalse` oder `\@topcaptiontrue` vorgibt. Diese Vorgabe lässt sich natürlich jederzeit überschreiben. Mit den anderen beiden Makros kann man gezielt diese Vorgabe ignorieren und beispielsweise mit `\bottomcaption` eine Unterschrift erzwingen. Das bekannte Paket `caption` unterstützt mit all seinen Funktionen auch das `supertabular`-Paket.

```
\usepackage{supertabular} \usepackage[labelfont=bf]{caption}

\tablecaption{Demonstration einer Tabellenüberschrift.}
\tablefirsthead{\hline \emph{Land} & \emph{Eintritt}\\\hline}
\tablehead{\emph{Land} & \emph{Eintritt}\\\hline}
\tabletail{\hline \multicolumn{2}{r@{}}{Fortsetzung \ldots}\\}  \tablelasttail{\hline}
\begin{center}\begin{supertabular}{@{}p{0.5\linewidth} r@{}}
Ägypten            & 30.06.1995\\ Albanien   & 08.09.2000\\ Angola     & 23.11.1996\\
Antigua-et-Barbuda& 01.01.1995\\ Antillen   & 21.01.1996\\
Arabische Emirate & 10.04.1996\\ Argentinien& 01.01.1995\\ Armenien   & 05.02.2003\\
Australien        & 01.01.1995\\ Bahrein    & 01.01.1995\\ Bangladesch& 01.01.1995\\
Barbados          & 01.01.1995\\ Belgien    & 01.01.1995\\ Belize     & 01.01.1995\\
\end{supertabular}\end{center}
```

supertabular-Demo

Tabelle 1: Demonstration einer Tabellenüberschrift.

Land	*Eintritt*
Ägypten	30.06.1995
Albanien	08.09.2000
Angola	23.11.1996
Antigua-et-Barbuda	01.01.1995
Antillen	21.01.1996
Arabische Emirate	10.04.1996
Argentinien	01.01.1995
	Fortsetzung ...

Seite 1

supertabular-Demo

04-05-5

Land	*Eintritt*
Armenien	05.02.2003
Australien	01.01.1995
Bahrein	01.01.1995
Bangladesch	01.01.1995
Barbados	01.01.1995
Belgien	01.01.1995
Belize	01.01.1995

Seite 2

4.5.4 Fußnoten

Werden Fußnoten innerhalb der normalen supertabular-Umgebung angewendet, so
erscheinen diese zwar als Symbol innerhalb der Tabelle, jedoch fehlt der Fußnotentext.
Es muss daher wieder auf die Unterscheidung \footnotemark und \footnotetext
zurückgegriffen werden, wie es schon im Beispiel 04-03-3 auf Seite 144 gezeigt wurde.

```
\usepackage{supertabular}

\tablefirsthead{\hline \emph{Land} & \emph{Eintritt}\\\hline}
\tablehead{\emph{Land} & \emph{Eintritt}\\\hline}
\tabletail{\hline \multicolumn{2}{r@{}}{Fortsetzung \ldots}\\}
\tablelasttail{\hline}
Text\footnote{Vor dem Text} und Fußnote.
\begin{center}
\begin{supertabular}{@{}p{0.5\linewidth} r@{}}
Ägypten\footnotemark& 30.06.1995\\ Albanien & 08.09.2000\\Angola & 23.11.1996\\
Antigua-et-Barbuda  & 01.01.1995\\ Antillen\footnotemark& 21.01.1996\\
Arabische Emirate & 10.04.1996\\Argentinien & 01.01.1995 \\
Armenien & 05.02.2003\\ Australien & 01.01.1995\\ Bahrein & 01.01.1995\\
Bangladesch & 01.01.1995\\ Barbados & 01.01.1995\\Belgien & 01.01.1995\\
Belize\footnotemark & 01.01.1995\\
\end{supertabular}
\addtocounter{footnote}{-3}
\stepcounter{footnote}\footnotetext{Erste Fußnote}
\stepcounter{footnote}\footnotetext{Zweite Fußnote}
\stepcounter{footnote}\footnotetext{Dritte Fußnote}
\end{center}
Text\footnote{Nach dem Text} und Fußnote.
```

04-05-6

supertabular-Demo

Text[1] und Fußnote.

Land	Eintritt
Ägypten[2]	30.06.1995
Albanien	08.09.2000
Angola	23.11.1996
Antigua-et-Barbuda	01.01.1995
Antillen[3]	21.01.1996
Arabische Emirate	10.04.1996
Argentinien	01.01.1995
Armenien	05.02.2003
	Fortsetzung ...

---
[1]Vor dem Text

Seite 1

supertabular-Demo

Land	Eintritt
Australien	01.01.1995
Bahrein	01.01.1995
Bangladesch	01.01.1995
Barbados	01.01.1995
Belgien	01.01.1995
Belize[4]	01.01.1995

Text[5] und Fußnote.

---
[2]Erste Fußnote
[3]Zweite Fußnote
[4]Dritte Fußnote
[5]Nach dem Text

Seite 2

Dies hat aber den Nachteil, dass die Fußnoten alle geschlossen am Ende der Tabelle erscheinen, was bei längeren Tabellen ungünstig sein kann, wenn zwischen Fußnotenzeichen und zugehörigem Text mehrere Seiten liegen. Die Anwendung der `mpsupertabular`-Umgebung ist daher zu empfehlen, wenn außer den Tabellenfußnoten keine weiteren Fußnoten auf der ersten oder letzten Tabellenseite erscheinen. Denn innerhalb der `minipage` werden die Fußnoten mit einem eigenen Fußnotenstrich direkt hinter die Tabelle gesetzt und zusätzlich mit Buchstaben gezählt. Wie das folgende Beispiel zeigt, ist dadurch zwar eine klare Unterscheidung gegeben, aber von der äußeren Form her unzureichend. Hier sollte man auf die Fußnoten direkt vor und/oder nach der Tabelle verzichten.

```
\usepackage{supertabular}
```

```
\tablefirsthead{\hline \emph{Land} & \emph{Eintritt}\\\hline}
\tablehead{\emph{Land} & \emph{Eintritt}\\\hline}
\tabletail{\hline \multicolumn{2}{r@{}}{Fortsetzung \ldots}\\}
\tablelasttail{\hline}
Text\footnote{Vor dem Text} und Fußnote.\par\bigskip
\begin{mpsupertabular}{@{}p{0.5\linewidth} r@{}}
Ägypten\footnote{Erste Fußnote}& 30.06.1995 \\ Albanien & 08.09.2000 \\
Angola          & 23.11.1996 \\ Antigua-et-Barbuda  & 01.01.1995 \\
Antillen\footnote{Zweite Fußnote}& 21.01.1996 \\ Arabische Emirate & 10.04.1996 \\
Argentinien     & 01.01.1995 \\ Armenien          & 05.02.2003 \\
Australien      & 01.01.1995 \\ Bahrein           & 01.01.1995 \\
Bangladesch     & 01.01.1995 \\ Barbados          & 01.01.1995 \\
Belgien         & 01.01.1995 \\ Belize\footnote{Dritte Fußnote} & 01.01.1995 \\
\end{mpsupertabular}\par\bigskip
Text\footnote{Nach dem Text} und Fußnote.
```

04-05-7

supertabular-Demo

Text[1] und Fußnote.

----

[1] Vor dem Text

Seite 1

---

supertabular-Demo

Land	Eintritt
Ägypten[a]	30.06.1995
Albanien	08.09.2000
Angola	23.11.1996
Antigua-et-Barbuda	01.01.1995
Antillen[b]	21.01.1996
Arabische Emirate	10.04.1996
Argentinien	01.01.1995
	Fortsetzung ...

----

[a] Erste Fußnote
[b] Zweite Fußnote

Seite 2

```
\usepackage{supertabular}

\tablefirsthead{\hline \emph{Land} & \emph{Eintritt}\\\hline}
\tablehead{\emph{Land} & \emph{Eintritt}\\\hline}
\tabletail{\hline \multicolumn{2}{r@{}}{Fortsetzung \ldots}\\}
\tablelasttail{\hline}
Text ohne Fußnote.

\medskip
\begin{mpsupertabular*}{\linewidth}{@{}p{0.5\linewidth} @{\extracolsep{\fill}} r@{}}
Ägypten\footnote{Erste Fußnote}& 30.06.1995 \\ Albanien & 08.09.2000 \\
Angola              & 23.11.1996 \\ Antigua-et-Barbuda & 01.01.1995 \\
Antillen\footnote{Zweite Fußnote}& 21.01.1996 \\ Arabische Emirate & 10.04.1996 \\
Argentinien         & 01.01.1995 \\ Armenien          & 05.02.2003 \\
Australien          & 01.01.1995 \\ Bahrein           & 01.01.1995 \\
Bangladesch         & 01.01.1995 \\ Barbados          & 01.01.1995 \\
Belgien             & 01.01.1995 \\ Belize\footnote{Dritte Fußnote} & 01.01.1995 \\
\end{mpsupertabular*}

\medskip
Text ohne Fußnote.
```

04-05-8

supertabular-Demo

Text ohne Fußnote.

Land	*Eintritt*
Ägypten[a]	30.06.1995
Albanien	08.09.2000
Angola	23.11.1996
Antigua-et-Barbuda	01.01.1995
Antillen[b]	21.01.1996
Arabische Emirate	10.04.1996
Argentinien	01.01.1995
	Fortsetzung …

[a]Erste Fußnote
[b]Zweite Fußnote

Seite 1

supertabular-Demo

Land	*Eintritt*
Armenien	05.02.2003
Australien	01.01.1995
Bahrein	01.01.1995
Bangladesch	01.01.1995
Barbados	01.01.1995
Belgien	01.01.1995
Belize[a]	01.01.1995

[a]Dritte Fußnote

Text ohne Fußnote.

Seite 2

4.6 xtab

Das Paket xtab von Peter Wilson ist eine Erweiterung des supertabular-Pakets (siehe Abschnitt 4.5 auf Seite 149), wobei es dem eigenen Anspruch nach bessere Eigenschaften haben soll, insbesondere was den Seitenumbruch betrifft. Die Syntax unterscheidet sich prinzipiell nicht von den Umgebungen aus supertabular:

```
\begin{xtabular}{Spaltendefinition}
...
\end{xtabular}
\begin{xtabular*}{Tabellenbreite}{Spaltendefinition}
...
\end{xtabular*}
\begin{mpxtabular}{Spaltendefinition}
...
\end{mpxtabular}
\begin{mpxtabular*}{Tabellenbreite}{Spaltendefinition}
...
\end{mpxtabular*}
```

Die Umgebung xtabular, beziehungsweise xtabular*, ist ansonsten völlig analog zur bekannten tabular- beziehungsweise tabular*-Umgebung anzuwenden. Die Umgebung mpxtabular, beziehungsweise mpxtabular*, verhalten sich wiederum ähnlich zu den Umgebungen ohne das Präfix mp, welches hier für minipage steht. Dies hat den Vorteil, dass Fußnoten dann definitiv seitenweise gezählt und ausgegeben werden können. Siehe dazu auch Abschnitt 4.5.4 auf Seite 155.

```
\usepackage{xtab}

\begin{center}\begin{xtabular}{@{}l r@{}}
\emph{Land} & \emph{Eintritt}\\\hline
Ägypten           & 30.06.1995\\ Albanien   & 08.09.2000\\ Angola      & 23.11.1996\\
Antigua-et-Barbuda& 01.01.1995\\ Antillen   & 21.01.1996\\
Arabische Emirate & 10.04.1996\\ Argentinien& 01.01.1995\\ Armenien    & 05.02.2003\\
Australien        & 01.01.1995\\ Bahrein    & 01.01.1995\\ Bangladesch& 01.01.1995\\
Barbados          & 01.01.1995\\ Belgien    & 01.01.1995\\ Belize      & 01.01.1995\\
\end{xtabular}\end{center}
```

xtab-Demo	
Land	*Eintritt*
Ägypten	30.06.1995
Albanien	08.09.2000
Angola	23.11.1996
Antigua-et-Barbuda	01.01.1995
Antillen	21.01.1996
Arabische Emirate	10.04.1996
Seite 1	

xtab-Demo	
Argentinien	01.01.1995
Armenien	05.02.2003
Australien	01.01.1995
Bahrein	01.01.1995
Bangladesch	01.01.1995
Barbados	01.01.1995
Belgien	01.01.1995
Belize	01.01.1995
Seite 2	

04-06-1

Die letzte Tabellenzeile *muss* mit einem Zeilenendebefehl abgeschlossen werden, entweder \\ oder \tabularnewline. Anderenfalls gibt es eine Fehlermeldung. Obiges Beispiel zeigt bereits einen Nachteil des xtab-Paketes, die Teiltabellen können unterschiedliche Breiten auf den Seiten haben. Im Gegensatz zur longtable-Umgebung werden keinerlei Informationen in die .aux-Datei geschrieben, die für folgende Seiten ausgewertet werden müssten. Möchte man diesen Effekt ausschließen, muss man zwingend mit einer Kopf- und/oder Fußzeile arbeiten oder die Sternversion verwenden. Diese hat lediglich den Vorteil, dass man nicht auf das ltxtable-Paket (siehe auch Abschnitt 4.3 auf Seite 141) zurückgreifen muss, aber den Nachteil, dass man selbst für das Auffüllen der betreffenden Spalte sorgen muss (siehe auch Abschnitt 1.1 auf Seite 3). Dazu muss das Paket array geladen werden, da sonst der Spaltenoperator ! unbekannt ist, beziehungsweise der Befehl \extracolsep nicht angewendet werden kann.

```
\usepackage{array,xtab}

\begin{xtabular*}{\linewidth}{@{}l!{\extracolsep{\fill}} r@{}}
\emph{Land} & \emph{Eintritt}\\\hline
Ägypten            & 30.06.1995\\ Albanien      & 08.09.2000\\ Angola       & 23.11.1996\\
Antigua-et-Barbuda & 01.01.1995\\ Antillen      & 21.01.1996\\
Arabische Emirate  & 10.04.1996\\ Argentinien   & 01.01.1995\\ Armenien     & 05.02.2003\\
Australien         & 01.01.1995\\ Bahrein       & 01.01.1995\\ Bangladesch  & 01.01.1995\\
Barbados           & 01.01.1995\\ Belgien       & 01.01.1995\\ Belize       & 01.01.1995\\
\end{xtabular*}
```

04-06-2

xtabular-Demo	
Land	*Eintritt*
Ägypten	30.06.1995
Albanien	08.09.2000
Angola	23.11.1996
Antigua-et-Barbuda	01.01.1995
Antillen	21.01.1996
Arabische Emirate	10.04.1996
Argentinien	01.01.1995

Seite 1

xtabular-Demo	
Armenien	05.02.2003
Australien	01.01.1995
Bahrein	01.01.1995
Bangladesch	01.01.1995
Barbados	01.01.1995
Belgien	01.01.1995
Belize	01.01.1995

Seite 2

4.6.1 Seitenumbruch

`xtabular` berechnet nach jeder Zeile, wie viel Platz noch auf der Seite ist, um einen eventuellen Seitenumbruch einzufügen. In bestimmten Fällen ist dieser jedoch nicht optimal, wie beispielsweise in den bisherigen Beispielen. Durch den Befehl \shrinkheight kann der Vergleichswert für die Seite erhöht oder erniedrigt werden.

\shrinkheight{*Länge*}

Das Makro *muss* am Anfang einer Zeile stehen und kann jeden beliebigen Längenwert mit entsprechender Einheit aufweisen. Im folgenden Beispiel wird bereits zu Beginn der Tabelle (1. Zeile) die Seite drei Zeilen »länger« gemacht, sodass ein besser Seitenumbruch die Folge ist. Wird dieser Wert allerdings weiter verkleinert, so tritt der Fall einer leeren Seite auf, denn TeX schiebt den jetzt zu großen Block auf die nächste Seite. Ein positiver Wert verkleinert entsprechend die Seite, sodass der Umbruch früher erfolgt.

```
\usepackage{array,xtab}

\begin{xtabular*}{\linewidth}{@{}l!{\extracolsep{\fill}} r@{}}
\emph{Land} & \emph{Eintritt}\\\hline
\shrinkheight{-3.1\normalbaselineskip}
Ägypten          & 30.06.1995\\ Albanien   & 08.09.2000\\ Angola     & 23.11.1996\\
Antigua-et-Barbuda& 01.01.1995\\ Antillen   & 21.01.1996\\
Arabische Emirate & 10.04.1996\\ Argentinien& 01.01.1995\\ Armenien    & 05.02.2003\\
Australien        & 01.01.1995\\ Bahrein    & 01.01.1995\\ Bangladesch& 01.01.1995\\
Barbados          & 01.01.1995\\ Belgien    & 01.01.1995\\ Belize      & 01.01.1995\\
\end{xtabular*}
```

xtabular-Demo	
Land	*Eintritt*
Ägypten	30.06.1995
Albanien	08.09.2000
Angola	23.11.1996
Antigua-et-Barbuda	01.01.1995
Antillen	21.01.1996
Arabische Emirate	10.04.1996
Argentinien	01.01.1995
Armenien	05.02.2003
Australien	01.01.1995
Bahrein	01.01.1995
Seite 1	

xtabular-Demo		04-06-3
Bangladesch	01.01.1995	
Barbados	01.01.1995	
Belgien	01.01.1995	
Belize	01.01.1995	
Seite 2		

4.6.2 Kopf- und Fußzeilen

Alle Vereinbarungen sind *vor* der eigentlichen Tabelle vorzunehmen. Es existieren dazu folgende Makros:

\tablefirsthead{*Definition*} \tabletail{*Definition*}
\tablehead{*Definition*} \tablelasttail{*Definition*}

Alle *Definitionen* müssen mindestens einer Tabellenzeile entsprechen und können im einfachsten Fall ein \hline enthalten. Sind \tablefirsthead oder \tablelasttail nicht definiert, werden sie automatisch durch \tablehead beziehungsweise \tabletail ersetzt.

```
\usepackage[table]{xcolor} \usepackage{xtab}

\tablefirsthead{\hline \emph{Land} & \emph{Eintritt}\\\hline}
\tablehead{\emph{Land} & \emph{Eintritt}\\\hline}
\tabletail{\hline \multicolumn{2}{r@{}}{Fortsetzung \ldots}\\}
\tablelasttail{\hline}
\begin{center}
\begin{xtabular}{@{}p{0.5\linewidth} r@{}}
Ägypten            & 30.06.1995\\ Albanien   & 08.09.2000\\ Angola      & 23.11.1996\\
Antigua-et-Barbuda& 01.01.1995\\ Antillen   & 21.01.1996\\
Arabische Emirate & 10.04.1996\\ Argentinien& 01.01.1995\\ Armenien    & 05.02.2003\\
Australien         & 01.01.1995\\ Bahrein    & 01.01.1995\\ Bangladesch& 01.01.1995\\
Barbados           & 01.01.1995\\ Belgien    & 01.01.1995\\ Belize      & 01.01.1995\\
\end{xtabular}
\end{center}
```

04-06-4

xtabular-Demo

Land	Eintritt
Ägypten	30.06.1995
Albanien	08.09.2000
Angola	23.11.1996
Antigua-et-Barbuda	01.01.1995
Antillen	21.01.1996
	Fortsetzung …

Seite 1

xtabular-Demo

Land	Eintritt
Arabische Emirate	10.04.1996
Argentinien	01.01.1995
Armenien	05.02.2003
Australien	01.01.1995
Bahrein	01.01.1995
Bangladesch	01.01.1995
Barbados	01.01.1995
	Fortsetzung …

Seite 2

4.6.3 Tabellenüber- und Tabellenunterschriften

Das Paket xtab weist ebenfalls drei verschiedene Makros für das Setzen der sogenannten »caption« auf:

\tablecaption [LOT-Eintrag] {*Text*}   \topcaption [LOT-Eintrag] {*Text*}
\bottomcaption [LOT-Eintrag] {*Text*}

Das optionale Argument *LOT-Eintrag* ersetzt bei Verwendung wieder den standardmäßigen Eintrags von *Text* in das Tabellenverzeichnis (List of Tables). Durch Anwendung von \tablecaption wird sie an die durch die verwendete Dokumentenklasse festgelegte Position gesetzt. Entscheidend dafür ist, ob die Klasse \@topcaptionfalse oder \@topcaptiontrue vorgibt. Diese Vorgabe lässt sich natürlich jederzeit überschreiben. Mit den anderen beiden Makros kann man gezielt diese Vorgabe ignorieren und beispielsweise mit \bottomcaption eine Unterschrift erzwingen. Das bekannte Paket caption unterstützt mit all seinen Funktionen auch das xtab Paket.

```
\usepackage{xtab}\usepackage[labelfont=bf,font=sf]{caption}

\tablecaption{Demonstration einer Tabellenüberschrift.}
\tablefirsthead{\hline \emph{Land} & \emph{Eintritt}\\\hline}
\tablehead{\emph{Land} & \emph{Eintritt}\\\hline}
\tabletail{\hline \multicolumn{2}{r@{}}{Fortsetzung \ldots}\\} \tablelasttail{\hline}
\begin{xtabular}{@{}p{0.5\linewidth} r@{}}
Ägypten          & 30.06.1995\\ Albanien   & 08.09.2000\\ Angola     & 23.11.1996\\
Antigua-et-Barbuda& 01.01.1995\\ Antillen   & 21.01.1996\\
Arabische Emirate & 10.04.1996\\ Argentinien& 01.01.1995\\ Armenien   & 05.02.2003\\
Australien        & 01.01.1995\\ Bahrein    & 01.01.1995\\ Bangladesch& 01.01.1995\\
Barbados          & 01.01.1995\\ Belgien    & 01.01.1995\\ Belize     & 01.01.1995\\
\end{xtabular}
```

xtabular-Demo

Tabelle 1: Demonstration einer Tabellenüberschrift.

Land	*Eintritt*
Ägypten	30.06.1995
Albanien	08.09.2000
Angola	23.11.1996
	Fortsetzung ...

Seite 1

xtabular-Demo

04-06-5

Land	*Eintritt*
Antigua-et-Barbuda	01.01.1995
Antillen	21.01.1996
Arabische Emirate	10.04.1996
Argentinien	01.01.1995
Armenien	05.02.2003
Australien	01.01.1995
	Fortsetzung ...

Seite 2

4.6.4 Fußnoten

Prinzipiell gilt hier das bereits in Abschnitt 4.5.4 auf Seite 155 zum Thema Fußnoten Gesagte. Es muss auch hier wieder auf die Unterscheidung \footnotemark und \footnotetext zurückgegriffen werden, wie es schon im Beispiel 04-03-3 auf Seite 144 gezeigt wurde.

```
\usepackage{xtab}

\tablefirsthead{\hline \emph{Land} & \emph{Eintritt}\\\hline}
\tablehead{\emph{Land} & \emph{Eintritt}\\\hline}
\tabletail{\hline \multicolumn{2}{r@{}}{Fortsetzung \ldots}\\}
\tablelasttail{\hline}
Text\footnote{Vor dem Text} und Fußnote.
\begin{center}
\begin{xtabular}{@{}p{0.5\linewidth} r@{}}
Ägypten\footnotemark& 30.06.1995 \\ Albanien          & 08.09.2000 \\
Angola            & 23.11.1996 \\ Antigua-et-Barbuda & 01.01.1995 \\
Antillen\footnotemark& 21.01.1996\\ Arabische Emirate & 10.04.1996 \\
Argentinien& 01.01.1995\\ Armenien   & 05.02.2003\\ Australien & 01.01.1995\\
Bahrein    & 01.01.1995\\ Bangladesch& 01.01.1995\\ Barbados   & 01.01.1995\\
Belgien    & 01.01.1995\\ Belize\footnotemark & 01.01.1995 \\
\end{xtabular}
\addtocounter{footnote}{-3}
\stepcounter{footnote}\footnotetext{Erste Fußnote}
\stepcounter{footnote}\footnotetext{Zweite Fußnote}
\stepcounter{footnote}\footnotetext{Dritte Fußnote}
\end{center}
Text\footnote{Nach dem Text} und Fußnote.
```

04-06-6

xtabular-Demo

Text[1] und Fußnote.

Land	Eintritt
Ägypten[2]	30.06.1995
Albanien	08.09.2000
Angola	23.11.1996
Antigua-et-Barbuda	01.01.1995
Antillen[3]	21.01.1996
	Fortsetzung ...

[1] Vor dem Text

Seite 1

xtabular-Demo

Land	Eintritt
Arabische Emirate	10.04.1996
Argentinien	01.01.1995
Armenien	05.02.2003
Australien	01.01.1995
Bahrein	01.01.1995
Bangladesch	01.01.1995
Barbados	01.01.1995
	Fortsetzung ...

Seite 2

Dies hat aber den Nachteil, dass die Fußnoten alle geschlossen am Ende der Tabelle erscheinen, was bei längeren Tabellen ungünstig sein kann, wenn zwischen Fußnotenzeichen und zugehörigem Text mehrere Seiten liegen. Die Anwendung der `mpxtabular`-Umgebung ist daher zu empfehlen, wenn außer den Tabellenfußnoten keine weiteren Fußnoten auf der ersten oder letzten Tabellenseite erscheinen. Denn innerhalb der `minipage` werden die Fußnoten mit einem eigenen Fußnotenstrich direkt hinter die Tabelle gesetzt und zusätzlich mit Buchstaben gezählt. Wie das folgende Beispiel zeigt, ist dadurch zwar eine klare Unterscheidung gegeben, aber von der äußeren Form unzureichend. Hier sollte man auf die Fußnoten direkt vor und/oder nach der Tabelle verzichten.

```
\usepackage{xtab}

\tablefirsthead{\hline \emph{Land} & \emph{Eintritt}\\\hline}
\tablehead{\emph{Land} & \emph{Eintritt}\\\hline}
\tabletail{\hline \multicolumn{2}{r@{}}{Fortsetzung \ldots}\\}
\tablelasttail{\hline}
Text\footnote{Vor dem Text} und Fußnote.
\begin{center}
\begin{mpxtabular}{@{}p{0.5\linewidth} r@{}}
Ägypten\footnote{Erste Fußnote}& 30.06.1995 \\ Albanien & 08.09.2000 \\
Angola             & 23.11.1996 \\ Antigua-et-Barbuda  & 01.01.1995 \\
Antillen\footnote{Zweite Fußnote}& 21.01.1996\\ Arabische Emirate & 10.04.1996 \\
Argentinien & 01.01.1995\\ Armenien    & 05.02.2003\\ Australien & 01.01.1995\\
Bahrein      & 01.01.1995\\ Bangladesch & 01.01.1995\\ Barbados & 01.01.1995\\
Belgien      & 01.01.1995\\ Belize\footnote{Dritte Fußnote} & 01.01.1995 \\
\end{mpxtabular}
\end{center}
Text\footnote{Nach dem Text} und Fußnote.
```

```
\usepackage{xtab}

\tablefirsthead{\hline \emph{Land} & \emph{Eintritt}\\\hline}
\tablehead{\emph{Land} & \emph{Eintritt}\\\hline}
\tabletail{\hline \multicolumn{2}{r@{}}{Fortsetzung \ldots}\\}
\tablelasttail{\hline}
Text ohne Fußnote.

\medskip
\begin{mpxtabular*}{\linewidth}{@{}p{0.5\linewidth} @{\extracolsep{\fill}} r@{}}
Ägypten\footnote{Erste Fußnote}& 30.06.1995 \\ Albanien & 08.09.2000 \\
Angola          & 23.11.1996 \\ Antigua-et-Barbuda  & 01.01.1995 \\
Antillen\footnote{Zweite Fußnote}& 21.01.1996\\ Arabische Emirate & 10.04.1996 \\
Argentinien & 01.01.1995\\ Armenien    & 05.02.2003\\ Australien & 01.01.1995\\
Bahrein     & 01.01.1995\\ Bangladesch & 01.01.1995\\ Barbados & 01.01.1995\\
Belgien     & 01.01.1995\\ Belize\footnote{Dritte Fußnote} & 01.01.1995 \\
\end{mpxtabular*}

\medskip
Text ohne Fußnote.
```

04-06-8

xtabular-Demo

Text ohne Fußnote.

Land	Eintritt
Ägypten[a]	30.06.1995
Albanien	08.09.2000
Angola	23.11.1996
Antigua-et-Barbuda	01.01.1995
	Fortsetzung …

[a]Erste Fußnote

Seite 1

xtabular-Demo

Land	Eintritt
Antillen[a]	21.01.1996
Arabische Emirate	10.04.1996
Argentinien	01.01.1995
Armenien	05.02.2003
Australien	01.01.1995
Bahrein	01.01.1995
Bangladesch	01.01.1995
	Fortsetzung …

[a]Zweite Fußnote

Seite 2

4.6.5 TeXnisches

Der Seitenumbruch kann durch das Makro \shrinkheight beeinflusst werden, um eine bessere Aufteilung der Seiten zu erreichen. Das Makro *muss* nach der ersten Tabellenzeile mit einer Länge als Parameter aufgerufen werden.

```
\shrinkheight{Länge}
```

Eine positive Längenangabe verringert den zur Verfügung stehenden Platz und eine negative erhöht diesen. In der Regel wird man auf Vielfache von \normalbaselineskip bezug nehmen, da innerhalb der Tabelle \baselineskip intern auf den Wert 0 pt gesetzt wird. Das folgende Beispiel ist bis auf die Anwendung des \shrinkheight Makros identisch zum Beispiel 04-06-4 auf Seite 161.

```
\usepackage{xtab}
\usepackage[labelfont=bf,font=sf]{caption}
\usepackage[ngerman]{babel}

\tablecaption{Demonstration einer Tabellenüberschrift.}
\tablefirsthead{\hline \emph{Land} & \emph{Eintritt}\\\hline}
\tablehead{\emph{Land} & \emph{Eintritt}\\\hline}
\tabletail{\hline \multicolumn{2}{r@{}}{Fortsetzung \ldots}\\}
\tablelasttail{\hline}
\begin{center}
\begin{xtabular}{@{}p{0.5\linewidth} r@{}}
Ägypten          & 30.06.1995\\ \shrinkheight{-8\normalbaselineskip}
Albanien    & 08.09.2000\\ Angola     & 23.11.1996\\
Antigua-et-Barbuda& 01.01.1995\\ Antillen    & 21.01.1996\\
Arabische Emirate & 10.04.1996\\ Argentinien& 01.01.1995\\ Armenien   & 05.02.2003\\
Australien        & 01.01.1995\\ Bahrein      & 01.01.1995\\ Bangladesch& 01.01.1995\\
Barbados          & 01.01.1995\\ Belgien      & 01.01.1995\\ Belize     & 01.01.1995\\
\end{xtabular}
\end{center}
```

---

xtabular-Demo

Tabelle 1: Demonstration einer Tabellenüberschrift.

Land	Eintritt
Ägypten	30.06.1995
Albanien	08.09.2000
Angola	23.11.1996
Antigua-et-Barbuda	01.01.1995
Antillen	21.01.1996
Arabische Emirate	10.04.1996
Argentinien	01.01.1995
Armenien	05.02.2003
Australien	01.01.1995
	Fortsetzung …

Seite 1

---

xtabular-Demo

Land	Eintritt
Bahrein	01.01.1995
Bangladesch	01.01.1995
Barbados	01.01.1995
Belgien	01.01.1995
Belize	01.01.1995

Seite 2

04-06-9

Tipps und Tricks

In diesem Kapitel werden verschiedene Tipps und Tricks angegeben, die bislang nicht behandelt wurden oder nicht dirckt von einem Paket unterstützt werden. Einige der Tricks wurden den üblichen TEX-Mailinglisten oder Newsgroups entnommen. In diesen Fällen ist dann der jeweilige Autor angegeben.

5.1 Tabelle – Allgemein

Am Anfang einer Tabellenzeile sucht TEX intern nach bestimmten Makros (Primitiven), *Trick* die die folgende Formatierung beeinflussen, wie beispielsweise \span, \omit oder \noalign. Dies kann zu Problemen führen, wenn für die erste Spalte ein Spaltentyp verwendet wird, der eine explizite Umschaltung der Kodierung vornimmt. In diesen Fällen würde es einen Fehler geben, da TEX auf der Suche nach den bestimmten Befehlen das betreffende Makro in der Spalte expandiert, aber danach erst den Spaltentyp beachtet. Im Folgenden von Bernd Raichle angegebenen Beispiel sorgt der \relax-Befehl dafür, das TEX den anschließenden Befehl \textepsilon aus dem tipa-Paket nicht expandiert.

```
\usepackage[T3,T1]{fontenc}
\usepackage[latin1]{inputenc}
\usepackage{array,dcolumn,tabularx,textcomp,ragged2e}
\usepackage[noenc]{tipa}
\newcolumntype{C}{>{\Centering}X}

\begin{tabularx}{0.85\linewidth}{|>{\tipaencoding}c|l|
                    >{\RaggedRight}X|D{.}{.}{-1}|}\hline
 \multicolumn{1}{|c|}{Sound} & \multicolumn{1}{c|}{Examples}
 & \multicolumn{1}{C|}{Place and manner of articulation}
 & \multicolumn{1}{C|}{Occurence frequency (\%)} \\\hline
\relax\textepsilon & lait, jouet, merci & front, half-open & 5.3 \\\hline
\end{tabularx}
```

Sound	Examples	Place and manner of articulation	Occurence frequency (%)
ε	lait, jouet, merci	front, half-open	5.3

05-01-1

Tipp Bei leeren oder nicht vollständig gefüllten Zeilen und senkrechten Linien ist darauf zu achten, dass alle betreffenden Spalten aufgeführt werden; ansonsten fehlt ein senkrechter Strich.

foo	bar	baz
foo		
foo	bar	baz

```
\begin{tabular}{|c|c|c|}\hline
foo & bar & baz\\ foo \\
foo & bar & baz\\\hline
\end{tabular}\par\medskip
```

foo	bar	baz
foo		
foo	bar	baz

```
\begin{tabular}{|c|c|c|}\hline
foo & bar & baz\\
foo & & \\
foo & bar & baz\\\hline
\end{tabular}\par\medskip
```

05-01-2

Trick Bei einer Tabelle kann man am Ende der Zeile durch das optionale Argument von \\ beliebigen vertikalen Abstand einfügen. Fügt man noch zusätzlich eine horizontale Linie ein, dann führt TeXs Bearbeitungsreihenfolge »zuerst Vorschub, dann Linie« zu einem unbefriedigenden Ergebnis. Der TeX-Befehl \noalign erlaubt nach einem Zeilenende das Einfügen von vertikalem Material, sodass zuerst die horizontale Linie gezeichnet und danach ein entsprechender vertikaler Vorschub eingefügt wird.

Ägypten   30.06.1995

Albanien   08.09.2000

Angola   23.11.1996

Argentina   01.01.1995
Antillen   21.01.1996

```
\begin{tabular}{@{}ll@{}}\\\hline
Ägypten    & 30.06.1995 \\[10pt]\hline
Albanien   & 08.09.2000 \\
    \hline\noalign{\vspace{10pt}}
Angola     & 23.11.1996 \\
    \hline\noalign{\vspace{15pt}}
Argentina  & 01.01.1995 \\
Antillen   & 21.01.1996
\end{tabular}
```

05-01-3

Trick Eine `longtable` benötigt in der Regel mehrere Durchläufe, da sie selbst Informationen über die aktuelle Breite in die `.aux`-Datei schreibt und wieder einliest. Möchte man innerhalb seines eigenen Textes auf diese Breite zurückgreifen, um beispielsweise die Tabellenüberschrift oder nachfolgenden Text in der Tabellenbreite zu setzen, so kann man den von Heiko Oberdiek angegebenen Trick verwenden. Den entsprechenden Code für das Setzen der Länge `\LongTableWidth` findet man in der hier unsichtbaren Präambel des Beispiels von Heiko Oberdiek.

05-01-4

Tabelle 1: Caption für eine
`longtable` . . . .

| Hallo | Welt und etwas mehr |
| foo | bar |

Hier kommt jetzt Text in der Breite der `longtable`

```
\usepackage{longtable}
\newlength\LongtableWidth% Siehe Beispielcode

\begin{longtable}{|ll|}
\caption{Caption für eine \texttt{longtable}\dotfill}\\
Hallo & Welt und etwas mehr\\ foo & bar
\end{longtable}
\begin{center}
\begin{minipage}{\LongtableWidth}
Hier kommt jetzt Text in der Breite
der \texttt{longtable}
\end{minipage}
\end{center}
```

Möchte man eine Tabelle über den `\input`-Befehl einlesen, so sollte man diese komplett *Tipp* auslagern, denn sonst kann es, wie in folgendem Fall, Probleme geben. Die Sequenz

```
\begin{tabular}{ c c }
\input{Tabellenzeilen}
\end{tabular}
```

führt zu einem Fehler, wenn die erste Zeile der externen Datei *Tabellenzeilen* einen `\multicolumn`-Befehl aufweist:

```
! Misplaced \omit.
\multispan ->\omit
                   \@multispan
l.1 \multicolumn{2}{c}{A}
                        \\
?
```

Dies kann man umgehen, indem auch `\begin{tabular}` und `\end{tabular}` in die Datei geschrieben werden.

05-01-5

```
       A
   a   b
   a   b
```

```
\begin{filecontents*}{Tabelle.tex}
\begin{tabular}{c c}
\multicolumn{2}{c}{A}\\
a & b\\ a & b
\end{tabular}
\end{filecontents*}

\input{Tabelle}
```

Andere Varianten, um dieses Problem zu beheben, hat Heiko Oberdiek in `http://www.listserv.dfn.de/cgi-bin/wa?A2=ind0712&L=tex-d-l&T=0&P=1185` vorgestellt.

5.2 tabbing-Umgebung

Trick Möchte man innerhalb einer `tabbing`-Umgebung den Zwischenraum bis zum nächsten Tabulator mit `\dotfill` oder `\hrulefill` auffüllen, so ergibt sich das Problem, dass diese nicht sichtbar sind, da sie in eine horizontale Box natürlicher Breite gesetzt werden. Beide Füllmakros haben aber eine »natürliche« Breite von 0 pt, bleiben somit unsichtbar. Heiko Oberdiek hat einen Vorschlag für ein entsprechendes `\rtab`-Makro gemacht, welches anstelle von `\>` verwendet werden kann. Alternativ kann man das interne Makro `\@rtab` mit `\rtab` überschreiben, sodass dann `\>` sich wie `\rtab` verhält.

blabla	blabla	
bla	blabla	

```
\begin{tabbing}
blablabla \= \kill \\
blabla \dotfill \> blabla\\% keine Wirkung!
bla\hrulefill \> blabla     % keine Wirkung!
\end{tabbing}
```

05-02-1

blabla....blabla	
bla_____blabla	

```
\begin{tabbing}
blablabla \=\kill\\blabla\dotfill\rtab blabla\\bla\hrulefill\rtab blabla
\end{tabbing}% Siehe Präambel im Beispiel fuer \rtab
\makeatletter\let\@rtab\rtab\makeatother
```

blabla....blabla	
bla_____blabla	

```
\begin{tabbing}
blablabla \=\kill\\blabla\dotfill\> blabla\\bla\hrulefill\>blabla
\end{tabbing}
```

5.3 Zweispaltenmodus

Tipp Die einzige Umgebung, die im `\twocolumn`-Modus spaltenübergreifende Tabellen ermöglicht, ist `supertabular` aus dem gleichnamigen Paket (siehe auch Abschnitt 4.5 auf Seite 149). Bei Anwendung des Paketes `multicol` ist der Zweispaltenmodus nicht mehr möglich. Für diesen Fall bleibt dann nur die Anwendung der `tabbing`-Umgebung.

```
\usepackage{supertabular}

\twocolumn[\centering%
   \texttt{twocolumn}--Modus\bigskip]
\begin{supertabular}{l c r }\hline
L & Z & R \\\hline
l & c & r \\ l & c & r \\ l & c & r \\
l & c & r \\ l & c & r \\ l & c & r \\
l & c & r \\ l & c & r \\ l & c & r \\
l & c & r \\ l & c & r \\ l & c & r \\
\end{supertabular}
```

05-03-1

---

twocolumn-Demo

twocolumn-Modus

L	Z	R		l	c	r
l	c	r		l	c	r
l	c	r		l	c	r
l	c	r		l	c	r
l	c	r		l	c	r
l	c	r				
l	c	r				
l	c	r				

Seite 1

Tipp Die `tabbing`-Umgebung hat zwar den Nachteil, dass eine horizontale Ausrichtung nur linksbündig erfolgt, aber den Vorteil, dass sie in sowohl im `\twocolumn`-Modus als auch der `multicols`-Umgebung erfolgreich angewendet werden kann.

05-03-2

```
twocolumn-Demo
_____

       twocolumn-Modus

L Z R            l c r
l c r            l c r
l c r            l c r
l c r
l c r
l c r
l c r
l c r
l c r
l c r




            Seite 1
```

```
\twocolumn[\centering%
  \texttt{twocolumn}-Modus\bigskip]
\begin{tabbing}
L \=Z  \=R \kill
L \>Z \>R \\
l \>c \>r \\ l \>c \>r \\ l \>c \>r \\
l \>c \>r \\ l \>c \>r \\ l \>c \>r \\
l \>c \>r \\ l \>c \>r \\ l \>c \>r \\
l \>c \>r \\ l \>c \>r \\ l \>c \>r \\
\end{tabbing}
```

05-03-3

```
twocolumn-Demo
_____

multicols-Modus

L Z R            l c r
l c r            l c r
l c r            l c r
l c r            l c r
l c r            l c r
l c r            l c r
l c r

Normaler einspaltiger Text.




            Seite 1
```

```
\usepackage{multicol}

\subsection*{\texttt{multicols}-Modus}
\begin{multicols}{2}
\begin{tabbing}
L \=Z  \=R \kill
L \>Z \>R \\
l \>c \>r \\ l \>c \>r \\ l \>c \>r \\
l \>c \>r \\ l \>c \>r \\ l \>c \>r \\
l \>c \>r \\ l \>c \>r \\ l \>c \>r \\
l \>c \>r \\ l \>c \>r \\ l \>c \>r \\
\end{tabbing}
\end{multicols}\par
Normaler einspaltiger Text.
```

5.4 Tabellenüberschriften

In manchen Anwendungsfällen (Tabellen mit möglichem Seitenumbruch) kann es vor- *Tipp* kommen, dass zwischen Tabellenüberschrift (Caption) und der folgenden Tabelle ein Seitenumbruch eingefügt wird. Hier ist es Aufgabe des Anwenders selbst zu testen, ob der auf der Seite noch vorhandene Platz ausreicht, um die Tabellenüberschrift und mindestens drei oder mehr Tabellenzeilen aufzunehmen, bevor ein Seitenumbruch erfolgt. Donald Arseneau hat dafür das Makro \need angegeben, welches auf einfache Weise überprüft, ob noch Platz auf der Seite ist und anderenfalls einen Seitenumbruch einfügt.

```
\need{Länge}
```

Man kann die Definition der entsprechenden Tabellenumgebung auch erweitern und das \need-Makro grundsätzlich integrieren. Die folgenden beiden Beispiele zeigen die ersten beiden Seiten eines Dokuments, wobei im ersten Beispiel das Standardverhalten ohne das \need-Makro und danach mit diesem Makro gezeigt wird. Die Größe der notwendigen Länge ist ein Erfahrungswert, wobei man mit \need{6\normalbaselineskip} in der Regel das erwünschte Ergebnis erzielen wird; es gibt dann keinen Seitenumbruch zwischen Tabellenüberschrift und Tabellenkörper.

```
\usepackage{supertabular}
\newcommand\demoText{Theoretisch kann man die Definition der Tabellenumgebung
auch erweitern und das \protect\textttt{\textbackslash need}-Makro  integrieren.
Das Beispiel zeigt die ersten beiden Seiten eines Dokuments, wobei die erste
Seite einen (ohne \protect\textttt{\textbackslash need}) oder keinen  (mit
\protect\textttt{\textbackslash need}) Seitenumbruch aufweist.}
```

```
\demoText
\begin{center}
\tablecaption{Überschrift}  \tablehead{\hline Spalte1 & Spalte2 \\}
\begin{supertabular}{|cl|cl|}\hline
  yyy & xxx \\\hline yyy & xxx \\\hline yyy & xxx \\\hline
\end{supertabular}
\end{center}
```

05-04-1

need-Demo	need-Demo
Theoretisch kann man die Definition der Tabellenumgebung auch erweitern und das \need-Makro integrieren. Das Beispiel zeigt die ersten beiden Seiten eines Dokuments, wobei die erste Seite einen (ohne \need) oder keinen (mit \need) Seitenumbruch aufweist.	Spalte1 Spalte2

Tabelle 1: Überschrift

Seite 1 · Seite 2

```
\usepackage{supertabular}
\makeatletter
\newcommand\need[1]{\par \penalty-100 \begingroup % preserve \dimen@
  \dimen@\pagegoal \advance\dimen@-\pagetotal % space left
  \ifdim #1>\dimen@ % not enough space left
%     only do \vfil if some space left on page
    \ifdim\dimen@>\z@ \vskip -\pagedepth plus 1fil \fi
    \break
  \fi \endgroup}
\makeatother

\demoText% siehe anderes Beispiel
\need{6\normalbaselineskip}
\begin{center}
\tablecaption{Überschrift}
\tablehead{\hline Spalte1 & Spalte2 \\}
\begin{supertabular}{|cl|cl|}\hline
  yyy & xxx \\\hline yyy & xxx \\\hline yyy & xxx \\\hline
\end{supertabular}
\end{center}
```

05-04-2

need-Demo

Theoretisch kann man die Definition der Tabellenumgebung auch erweitern und das \need-Makro integrieren. Das Beispiel zeigt die ersten beiden Seiten eines Dokuments, wobei die erste Seite einen (ohne \need) oder keinen (mit \need) Seitenumbruch aufweist.

Seite 1

need-Demo

Tabelle 1: Überschrift

Spalte1	Spalte2
yyy	xxx
yyy	xxx
yyy	xxx

Seite 2

5.5 Mathematischer Modus

Das Setzen von Zahlenkolonnen mit Ausrichtung am Dezimalpunkt oder Dezimal- *Trick* komma erfolgt TₑX-intern durch zwei getrennte Spalten, die das Dezimalzeichen als Spaltentrenner definieren. Da einzelne Tabellenzellen immer als eigene Gruppe gesetzt werden (Definitionen bleiben lokal), hat man das Problem, dass Definitionen vor einer D-Spalte nicht mehr bekannt sind, wenn die Dezimalstellen gesetzt werden. Es muss daher mit einem Trick gearbeitet werden, wenn man sämtliche Ziffern in einer anderen Schriftart setzen möchte. Das folgende Beispiel von Heiko Oberdiek zeigt dies für Ziffern in Sans-Serif.

Test	Test1.0	Test1.2	Test3.1
Test	1	1,22	333,1
Test	2	3,44	444,1

0123456789

```
\usepackage{dcolumn}
\makeatletter \newcolumntype{s}[1]{%
   >{\DC@{.}{\sf\aftergroup\sf,}{#1}\sf}l<{\DC@end}}
\makeatother

\sffamily
\begin{tabular}{ l s{1.0} s{1.2} s{3.1} }
Test & \multicolumn{1}{l}{Test1.0} &
       \multicolumn{1}{l}{Test1.2} &
       \multicolumn{1}{l}{Test3.1} \\\hline
Test & 1 & 1.22 & 333.1\\ Test & 2 & 3.44 & 444.1
\end{tabular}\par\medskip
$\mathsf{0123456789}$
```

05-05-1

Tipp Wenn in D-Spalten durch den Parameterwert −1 eine Zentrierung am Dezimaltrenner vorgesehen ist, gleichzeitig aber eine Konstante optisch addiert werden soll, so kann man im folgenden Beispiel nicht einfach den Spaltentyp . und den <-Operator benutzen: \newcolumntype{a}{.<{+6240}}. Wie dem folgenden Beispiel zu entnehmen ist, wird bei dieser Definition zuerst +6240 angehängt und dann zentriert, womit links ein großer Freiraum entsteht (siehe 2. Spalte).

```
\usepackage{dcolumn}
\makeatletter \newcolumntype{.}{D{.}{.}{-1}} \newcolumntype{a}{.<{+6240}}
\newcolumntype{b}{>{\DC@{.}{.}{-1}}c<{\DC@end+6240}}
\newcolumntype{B}{>{\DC@{.}{.}{-1}}c<{\DC@end+25530}}
\newcommand\interval[1]{\multicolumn{1}{c}{#1}}   \makeatother

\begin{tabular}{@{}la..bB@{}}
 \interval{S1}&\interval{S2}&\interval{S3}&\interval{S4}&\interval{S5}&\interval{S6}\\
 99.0\,\% & 14.40& 438& 5256& 375.60&182.70\\99.9\,\% & 1.59& 44 & 526 & 37.60&18.30\\
 99.99\,\%&  0.15& 4.4& 0.53& 3.76 & 1.83
\end{tabular}
```

S1	S2	S3	S4	S5	S6
99.0 %	14.40 + 6240	438	5256	375.60 +6240	182.70 +25530
99.9 %	1.59 + 6240	44	526	37.60+6240	18.30+25530
99.99 %	0.15 + 6240	4.4	0.53	3.76+6240	1.83+25530

05-05-2

5.6 Excel- und OpenOffice-Dateien

Grundsätzlich kann man von Problemen ausgehen, wenn man Excel- oder OpenOffice-Dateien in ein LaTeX-kompatibles Format konvertieren will. Einen Erfolg wird man nur bei Excel-Dateien erwarten können, die keine Zellen mit Rechenoperationen aufweisen und daher innerhalb von Excel als Dateien im csv-Format (comma separated values) gespeichert werden können. Derartige Dateien können dann mit dem datatool-Paket im Allgemeinen problemlos eingelesen und weiterverarbeitet werden (siehe dazu Abschnitt 2.8 auf Seite 56). Tabellen mit Rechenoperationen können jedoch innerhalb von Excel oder OpenOffice durch »copy and paste« und der Option »Werte einfügen« in eine neue Tabelle ohne Rechenoperationen gewandelt werden.

Auf CTAN findet man einen etwas älteren Software-Zusatz von Joachim Marder und Ge- *Tipp* orge Pearson, der auf Windows-Ebene eine Erweiterung für Excel darstellt, sodass auch Rechenoperationen bei der Ausgabe unterstützt werden. Dieses Software-Tool arbeitet jedoch nur bis einschließlich Office 2007 (http://www.dante.de/CTAN//support/ excel2latex/). Eine andere Variante ist das Paket exceltex von Hans-Peter Doerr. welches eine Kombination aus einem normalen LaTeX-Paket und einem externen Perlprogramm gleichen Namens darstellt. Hier wird die Tabelle nicht vorab konvertiert, sondern innerhalb eines LaTeX-Dokuments eingelesen, wobei der Bereich vorgegeben werden kann. Die eigentliche Konvertierung nimmt dann das Perlprogramm vor, welches grundsätzlich zwischen zwei LaTeX-Läufen aufgerufen werden muss.

```
latex beispiel
exceltex beispiel
latex beispiel
```

Das Perlprogramm exceltex benötigt das Perlmodul Spreadsheet::ParseExcel, welches von CPAN http://search.cpan.org/~szabgab/Spreadsheet-ParseExcel-0. 32/lib/Spreadsheet/ParseExcel.pm heruntergeladen werden kann, falls es nicht installiert ist. Das Paket exceltex ist nicht auf der TeX Live 2009 vorhanden, sodass es ebenfalls noch installiert werden muss. Dabei ist auf die Ausführbarkeit des Perlprogramms zu achten. Das Paket unterstützt das Einlesen einzelner Zellen und mehrerer Zeilen:

```
\inccell{xls-Datei!Tabellenblatt!Zelle}
\inctab{xls-Datei!Tabellenblatt!Startzelle!Endzelle}
```

05-06-1

Einlesen einer Zelle: Nadine Haßemer

```
\usepackage{exceltex}

Einlesen einer Zelle:
\inccell{test.xls!Zeugnisliste!C3}
\inccell{test.xls!Zeugnisliste!D3}
```

```
\usepackage{exceltex,booktabs}

Einlesen einer Tabelle:\par\setlength\tabcolsep{2pt}
\begin{tabular}{@{} *{16}{l} @{}}\toprule
Vorname & Nachname & Geb. & \multicolumn{13}{c@{}}{F\"acher}\\
        &          &      &D &U &T &E &F &L &G &K &M &P &C &B &S\\\midrule
\inctab{test.xls!Zeugnisliste!C2!R5}\bottomrule
\end{tabular}
```

05-06-2

<u>Einlesen einer Tabelle:</u>

Vorname	Nachname	Geb.		Fächer										
			D	U	T	E	F	L	G	K	M	P	C	B S
Victoria	Hoene	06.08.80				x				x				
Nadine	Haßemer	18.12.78	x				x							
So-Young	Lee	20.07.80									x		x	
Sebastian	Weigmann	12.06.79										x		x

exceltex erstellt jeweils ein Unterverzeichnis mit den Dateinamen, gefolgt von –excltx, indem die einzelnen Einträge jeweils als Datei mit beispielsweise folgendem Inhalt gespeichert werden: \textcolor[rgb]{0, 0, 0}{Nadine}. Weitere Informationen kann man der Paketbeschreibung entnehmen, insbesondere auch der weiteren Funktionsweise des Perlprogramms. Allerdings kann die Dokumentation nicht mit texdoc aufgerufen werden, da ihr Name nicht gleich dem Paketnamen entspricht.

Tipp Für OpenOffice-Dateien existieren keine speziellen Pakete oder Programme, um eine Konvertierung in ein LATEX-Format vorzunehmen. Dies stellt jedoch prinzipiell keine Einschränkung dar, denn fast alle Dateien können in ein Excel-Format exportiert werden.

```
\usepackage{exceltex,array,booktabs}

\begin{tabular}{@{} *{8}{>{\ttfamily}r} @{}}\toprule
\multicolumn{8}{c}{Kurse}\\\midrule
\inctab{test.xls!Tabelle1!G2!N19}\bottomrule
\end{tabular}
```

05-06-3

Kurse							
DE-1	de-1	DE-2	de-2	DE-3	de-3	DE-4	de-4
Mu-1	mu-1	Mu-2	mu-2	Mu-3	mu-3	Mu-4	mu-4
Ku-1	ku-1	Ku-2	ku-2	Ku-3	ku-3	Ku-4	ku-4
E1-1	e1-1	E1-2	e1-2	E1-3	e1-3	E1-4	e1-4
F2-1	f2-1	F2-2	f2-2	F2-3	f2-3	F2-4	f2-4
L3-1	l3-1	L3-2	l3-2	L3-3	l3-3	L3-4	l3-4
	tü-1		tü-2		tü-3		tü-4
	ds-1		ds-2		ds-3		ds-4
	pw-1		pw-2		pw-3		pw-4
GE-1	ge-1	GE-2	ge-2	GE-3	ge-3	GE-4	ge-4
	phil-1		phil-2		phil-3		phil-4
MA-1	ma-1	MA-2	ma-2	MA-3	ma-3	MA-4	ma-4
PH-1	ph-1	PH-2	ph-2	PH-3	ph-3	PH-4	ph-4
CH-1	ch-1	CH-2	ch-2	CH-3	ch-3	CH-4	ch-4
BI-1	bi-1	BI-2	bi-2	BI-3	bi-3	BI-4	bi-4
	in-1		in-2		in-3		in-4
SP-1	sp-1	SP-2	sp-2	SP-3	sp-3	SP-4	sp-4
EK-1		EK-2		EK-3		EK-4	

Kapitel 6

Beispiele

In diesem Kapitel werden verschiedene Beispiele behandelt, die im Wesentlichen den allgemein bekannten Newsgroups oder Mailinglisten entnommen wurden. Der entsprechende Autor ist dann jeweils genannt. Unabhängig davon wurden fast alle Tabellen den eigenen Vorstellungen von guter Typografie angepasst, sodass sie in der Regel nur die Zelleneinträge mit dem Original gemeinsam haben. Die meisten Beispiele stammen aus [50], der Standardliteratur auf CTAN für das Setzen von Tabellen.

Tabelle 6.1: Zusammenstellung der Autoren der einzelnen Beispiele

Autor	Beispiel(e)
Uwe Borchert	03-03-4
Jean-Côme Charpentier	06-00-1, 06-00-8
Christiane Geiger	06-00-26
Morten Høgholm	05-05-2
Stefan Junge	06-00-28, 06-00-41
Kai-Martin Knaak	06-00-32
Markus Kohm	06-00-2
Rolf Niepraschk	06-00-25, 06-00-29, 06-00-30, 06-00-31, 06-00-34, 06-00-42, 06-00-43, 06-00-45
Heiko Oberdiek	05-01-4
Bernd Raichle	05-01-1
Axel Reichert	06-00-9, 06-00-10, 06-00-11, 06-00-12, 06-00-13, 06-00-14, 06-00-15, 06-00-14, 06-00-15, 06-00-16, 06-00-17, 06-00-18, 06-00-19, 06-00-20, 06-00-21, 06-00-22, 03-03-5, 06-00-36, 06-00-37
Christian Tellechea	06-00-39, 06-00-40
Uwe Ziegenhagen	06-00-46

```
\usepackage{array,ragged2e,booktabs,capt-of}
\usepackage[frenchb]{babel}
\newcolumntype{C}[1]{>{\Centering}b{#1}}

\begin{tabular}{@{}l C{2cm} C{2.7cm} C{1.8cm}@{}}\toprule
\bfseries Pratiques & \bfseries Nombre de dossiers
   & \bfseries Cas où le gouvernement a eu gain de cause
   & \bfseries Cessions ordonnées \\\midrule
                              & \itshape\bfseries 1890-1939  \\\midrule
\bfseries Concentrations      & 57 & 46 & 20 \\
\quad Marché national         & 33 & 25 & 12 \\
\quad Marché régional ou local & 24 & 21 &  9 \\
\bfseries Pratiques antitrust  & \bfseries97 & \bfseries79 & \bfseries8 \\
\quad Marché national         & 54 & 43 &  5 \\
\quad Marché régional ou local & 43 & 36 &  3 \\
\emph{Total}                  &154 &125 &\textbf{28} \\\midrule
                              & \itshape\bfseries 1940-1999 \\\midrule
\bfseries Concentrations      & 28 & 25 &  9 \\
\quad Marché national         & 14 & 12 &  4 \\
\quad Marché régional ou local & 14 & 13 &  5 \\
\bfseries Pratiques antitrust  & \bfseries91 & \bfseries75 & \bfseries7 \\
\quad Marché national         & 52 & 42 &  2 \\
\quad Marché régional ou local & 39 & 33 &  5 \\
\emph{Total}                  &119 &100 &\textbf{16} \\\bottomrule
\multicolumn{4}{@{}l}{\scriptsize\emph{Source}: adapté de Posner (2001,p. 106).}
\end{tabular}
```

Pratiques	Nombre de dossiers	Cas où le gouvernement a eu gain de cause	Cessions ordonnées
1890-1939			
Concentrations	57	46	20
Marché national	33	25	12
Marché régional ou local	24	21	9
Pratiques antitrust	**97**	**79**	**8**
Marché national	54	43	5
Marché régional ou local	43	36	3
Total	154	125	**28**
1940-1999			
Concentrations	28	25	9
Marché national	14	12	4
Marché régional ou local	14	13	5
Pratiques antitrust	**91**	**75**	**7**
Marché national	52	42	2
Marché régional ou local	39	33	5
Total	119	100	**16**

Source : adapté de Posner (2001,p. 106).

06-00-1

```
\usepackage{tabularx,booktabs,ragged2e}
\newcommand{\raggedcolumn}{\RaggedRight\hspace{0pt}}
\newcommand{\centercolumn}{\Centering\hspace{0pt}}

\renewcommand*{\tabularxcolumn}[1]{b{#1}}%
\begin{tabularx}{\textwidth}{@{}*{3}{>{\raggedcolumn}X}*{3}
{>{\raggedcolumn}X}@{}}\toprule
Überschrift 1 & Überschrift 2 & Überschrift 3 &
Überschrift 4 & Überschrift 5 & Überschrift
6, die etwas länger als gewöhnlich ist\\\midrule
foo & bar & baz & gg & gg & gg\\\midrule
foo & bar & baz & gg & gg & dd\\\bottomrule
\end{tabularx}
```

06-00-2

Über-schrift 1	Über-schrift 2	Über-schrift 3	Über-schrift 4	Über-schrift 5	Über-schrift 6, die etwas länger als ge-wöhnlich ist
foo	bar	baz	gg	gg	gg
foo	bar	baz	gg	gg	dd

```
\usepackage{array,booktabs}
\newcounter{Platz}

\begin{tabular}{@{}>{\ifnum\thePlatz>0 \thePlatz.\fi}r
  l rrr c@{ :}c c<{\stepcounter{Platz}} @{}}\\
\multicolumn{8}{c}{%
   \bfseries\rule[-2ex]{0pt}{5ex}1.\,Fußballbundesliga Abschluss 1986/87}\\ \toprule
\multicolumn{1}{@{}c}{}
& Verein          & S & U & N &\multicolumn{2}{c}{Punkte}& Kommentar\\\midrule
& Bayern München  & 20 & 13 &  1 & 53 & 15 & Dt. Meister\\
& Hamburger SV    & 19 &  9 &  6 & 47 & 21 & Pokalsieger\\
& Bor. M'Gladbach & 18 &  7 &  9 & 43 & 21 & Teilnehmer\\
& Bor. Dortmund   & 15 & 10 &  9 & 40 & 28 & am\\
& Werder Bremen   & 17 &  6 & 11 & 40 & 28 & UEFA\\
& Bayer Leverkusen & 16 &  7 & 11 & 39 & 29 & Pokal\\\midrule
& 1.FC Kaiserslautern& 15 &  7 & 12 & 37 & 31 & \\
& Bayer Uerdingen & 12 & 11 & 11 & 35 & 33 & \\
& 1.FC Nürnberg   & 12 & 11 & 11 & 35 & 33 & \\
& 1.FC Köln       & 13 &  9 & 12 & 35 & 33 & \\
& VfL Bochum      &  9 & 14 & 11 & 32 & 36 & Mittelfeld\\
& VfB Stuttgart   & 13 &  6 & 15 & 32 & 36 & \\
& Schalke 04      & 12 &  8 & 14 & 32 & 36 & \\
& Waldhof Mannheim & 10 &  8 & 16 & 28 & 40 & \\
```

```
& Eintracht Frankfurt&  8 &  9 & 17 & 25 & 43 & \\\midrule
& FC Homburg          &  6 &  9 & 19 & 21 & 47 & Rel. St.Pauli\\\midrule
& Fortuna Düsseldorf  &  7 &  6 & 21 & 20 & 48 & \\
& BW 90 Berlin        &  3 & 12 & 19 & 18 & 50
    & \raisebox{1.5ex}[-1.5ex]{Absteiger}\\\bottomrule
\end{tabular}
```

1. Fußballbundesliga Abschluss 1986/87

06-00-3

	Verein	S	U	N	Punkte	Kommentar
1.	Bayern München	20	13	1	53 : 15	Dt. Meister
2.	Hamburger SV	19	9	6	47 : 21	Pokalsieger
3.	Bor. M'Gladbach	18	7	9	43 : 21	Teilnehmer
4.	Bor. Dortmund	15	10	9	40 : 28	am
5.	Werder Bremen	17	6	11	40 : 28	UEFA
6.	Bayer Leverkusen	16	7	11	39 : 29	Pokal
7.	1.FC Kaiserslautern	15	7	12	37 : 31	
8.	Bayer Uerdingen	12	11	11	35 : 33	
9.	1.FC Nürnberg	12	11	11	35 : 33	
10.	1.FC Köln	13	9	12	35 : 33	
11.	VfL Bochum	9	14	11	32 : 36	Mittelfeld
12.	VfB Stuttgart	13	6	15	32 : 36	
13.	Schalke 04	12	8	14	32 : 36	
14.	Waldhof Mannheim	10	8	16	28 : 40	
15.	Eintracht Frankfurt	8	9	17	25 : 43	
16.	FC Homburg	6	9	19	21 : 47	Rel. St.Pauli
17.	Fortuna Düsseldorf	7	6	21	20 : 48	Absteiger
18.	BW 90 Berlin	3	12	19	18 : 50	

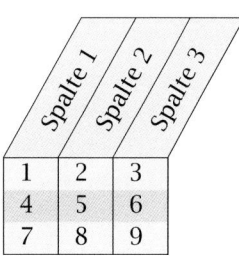

06-00-4

```
\usepackage[table]{pstricks}
\usepackage{pst-3d,pst-node}\SpecialCoor

\begin{tabular}{l}
\pstilt{60}{\begin{tabular}{|p{1em}|p{1em}|p{1em}|}\hline
  \rowcolor{magenta!10}\psrotateleft{\rnode{col1}{\hspace{2cm}}} &
  \psrotateleft{\rnode{col2}{\hspace{2cm}}} &
  \psrotateleft{\rnode{col3}{\hspace{2cm}}}
\end{tabular}}%% Ende Kopf
\rput[t]{60}(col1){Spalte 1}\rput[t]{60}(col2){Spalte 2}%
\rput[t]{60}(col3){Spalte 3}\\%
\begin{tabular}{|p{1em}|p{1em}|p{1em}|}\hline
  \rowcolor{green!10} 1 & 2 & 3 \\\rowcolor{blue!10}  4 & 5 & 6 \\
  \rowcolor{green!10} 7 & 8 & 9 \\\hline
\end{tabular}
\end{tabular}
```

```
\usepackage{pstricks}

\setlength\tabcolsep{2mm}\psset{xunit=12mm, yunit=\baselineskip}%
\pspolygon[linecolor=red,linewidth=2pt]
  (0,-3.3)(0,2.7)(2,2.7)(2,1.7)(4,1.7)(4,0.7)(6,0.7)(6,-1.3)(7,-1.3)
  (7,-2.3)(5,-2.3)(5,-3.3)(4,-3.3)(4,-2.3)(3,-2.3)(3,-3.3)
\begin{tabular}{*{8}{p{8mm}}}
H  &      &      &      &      &      &      & He\\  Li & Be & B  & C  & N  & O  & F  & Ne\\
Na & Mg & Al & Si & P  & S  & Cl & Ar\\  K  & Ca & Ga & Ge & As & Se & Br & Kr\\
Rb & Sr & In & Sn & Sb & Te & I  & Xe\\  Cs & Ba & Tl & Pb & Bi & Po & At & Rn\\
Fr & Ra & 112&      & 114&      &      &\\
\end{tabular}
```

06-00-5

```
\usepackage{pstricks}

\setlength\tabcolsep{2mm}\psset{xunit=12mm, yunit=\baselineskip}%
\pspolygon[fillcolor=lightgray,fillstyle=solid,linestyle=none](0,-3.3)(0,2.7)(2,2.7)
  (2,1.7)(4,1.7)(4,0.7)(6,0.7)(6,-1.3)(7,-1.3)(7,-2.3)(5,-2.3)(5,-3.3)(4,-3.3)
  (4,-2.3)(3,-2.3)(3,-3.3)
\begin{tabular}{*{8}{p{8mm}}}
H  &      &      &      &      &      &      & He\\  Li & Be & B  & C  & N  & O  & F  & Ne\\
Na & Mg & Al & Si & P  & S  & Cl & Ar\\  K  & Ca & Ga & Ge & As & Se & Br & Kr\\
Rb & Sr & In & Sn & Sb & Te & I  & Xe\\  Cs & Ba & Tl & Pb & Bi & Po & At & Rn\\
Fr & Ra & 112&      & 114&      &      &\\
\end{tabular}
```

06-00-6

```
\usepackage{pst-node}\SpecialCoor

\setlength\tabcolsep{2mm}
\begin{tabular}{*{8}{p{4mm}}}
  H  &      &      &      &      &\rnode{A}{~~}&& He\\  Li & Be & B  & C  & N  & O  & F  & Ne\\
  Na & Mg & Al & Si & P  & S  & Cl & Ar\\
```

181

```
  \rnode{B}{K}& Ca & Ga & Ge & As & Se & Br & \rnode{b}{Kr}\\
  Rb & Sr & In & Sn & Sb & Te & I  & Xe\\ Cs & Ba & Tl & Pb & Bi & Po & At & Rn\\
  Fr & Ra & 112&     & 114 & \rnode{a}{~~} &&
\end{tabular}
\psset{linecolor=red,linewidth=1.5pt,nodesep=-1em}\pcline(A)(a)\pcline(B)(b)
```

H							He
Li	Be	B	C	N	O	F	Ne
Na	Mg	Al	Si	P	S	Cl	Ar
K	Ca	Ga	Ge	As	Se	Br	Kr
Rb	Sr	In	Sn	Sb	Te	I	Xe
Cs	Ba	Tl	Pb	Bi	Po	At	Rn
Fr	Ra	112		114			

06-00-7

texte	texte	
texte	texte	texte
	texte	
	texte	

```
\usepackage{array}

\parbox[0cm][0.5ex][s]{0mm}{\makebox[42mm]{\dotfill}}%
\begin{tabular}{|b{9mm}|m{9mm}|p{9mm}|}\hline
texte texte & texte texte & texte texte \\\hline
\end{tabular}
```

06-00-8

```
\usepackage{dcolumn,booktabs,ragged2e}
\newcolumntype{d}[1]{D{.}{,}{#1}}
\newcolumntype{P}[1]{>{\scriptsize\Centering\hspace{0pt}}p{#1}}

\begin{tabular}{@{} l *{3}{d{7.0}} @{}}\toprule
\scriptsize Ort
  & \multicolumn{1}{P{6em}@{}}{Gesamtzahl der Orts"~~und Ferngespräche}
  & \multicolumn{1}{P{6em}@{}}{Ortsgespräche in öffentlichen Fernsprechstellen}
  & \multicolumn{1}{P{6em}@{}}{Ferngespräche im Selbstwählfernverkehr} \\
      \cmidrule(r){1-1}\cmidrule(lr){2-2}\cmidrule(lr){3-3}\cmidrule(l){4-4}
München &   723849 & 436322 & 287527 \\ Ludwigshafen & 957365 & 593146 & 364219 \\
Hamburg & 1242212 &1115321 &1326861 \\ Wiesbaden    &1641050 & 942316 & 698734 \\
Berlin  & 1351204 & 651223 & 442747 \\ Düsseldorf   &1274714 & 394613 & 915853 \\
\bottomrule
\end{tabular}
```

Ort	Gesamtzahl der Orts- und Ferngespräche	Ortsgespräche in öffentlichen Fernsprech- stellen	Ferngespräche im Selbstwähl- fernverkehr
München	723849	436322	287527
Ludwigshafen	957365	593146	364219
Hamburg	1242212	1115321	1326861
Wiesbaden	1641050	942316	698734
Berlin	1351204	651223	442747
Düsseldorf	1274714	394613	915853

06-00-9

```
\usepackage{dcolumn,booktabs,tabularx}\let\addLS\addlinespace

\begin{tabularx}{0.85\linewidth}{@{} X l c D{.}{,}{2.2} @{}}\toprule
\small Schmelzeinsätze & \small Schalter & \small kg & \multicolumn{1}{c@{}}{\euro}\\
    \cmidrule(r){1-1}\cmidrule(lr){2-2}\cmidrule(lr){3-3}\cmidrule(l){4-4}\addLS
Pilzdruckknopf mit Rastung und Drehentriegelung & rot& 54 & 13.$---$\\\addLS
Pilzdruckknopf mit Rastung und Schloss      & rot    & 32 & 21.60\\\addLS
Schlüsselantrieb mit abziehbarem Schlüssel & schwarz & 43 & 15.10\\\addLS
Knebel mit 3~Schaltstellungen              & schwarz & 23 &  5.40\\\addLS\bottomrule
\end{tabularx}
```

06-00-10	Schmelzeinsätze		Schalter	kg	€
	Pilzdruckknopf mit Rastung und Drehentriegelung		rot	54	13,—
	Pilzdruckknopf mit Rastung und Schloss		rot	32	21,60
	Schlüsselantrieb mit abziehbarem Schlüssel		schwarz	43	15,10
	Knebel mit 3 Schaltstellungen		schwarz	23	5,40

```
\usepackage{dcolumn,booktabs,ragged2e} \newcolumntype{d}[1]{D{.}{,}{#1}}
\newcolumntype{P}[1]{>{\RaggedRight\hspace{0pt}}p{#1}}

\begin{tabular}{@{} P{12.5em} l c d{2.2} @{}}\toprule
\small Schmelzeinsätze & \small Schalter & \small kg & \multicolumn{1}{c}{\euro} \\
    \cmidrule(r){1-1}\cmidrule(lr){2-2}\cmidrule(lr){3-3}\cmidrule(l){4-4}
Pilzdruckknopf mit Rastung und Drehentriegelung & rot  & 54 & 13.$---$ \\
    \cmidrule(r){1-1}\cmidrule(lr){2-2}\cmidrule(lr){3-3}\cmidrule(l){4-4}
Pilzdruckknopf mit Rastung und Schloss      & rot    & 32 & 21.60 \\
    \cmidrule(r){1-1}\cmidrule(lr){2-2}\cmidrule(lr){3-3}\cmidrule(l){4-4}
Schlüsselantrieb mit abziehbarem Schlüssel  & schwarz & 43 & 15.10 \\
    \cmidrule(r){1-1}\cmidrule(lr){2-2}\cmidrule(lr){3-3}\cmidrule(l){4-4}
Knebel mit 3~Schaltstellungen               & schwarz & 23 &  5.40 \\\bottomrule
\end{tabular}
```

06-00-11	Schmelzeinsätze		Schalter	kg	€
	Pilzdruckknopf mit Rastung und Drehentriegelung		rot	54	13,—
	Pilzdruckknopf mit Rastung und Schloss		rot	32	21,60
	Schlüsselantrieb mit abziehbarem Schlüssel		schwarz	43	15,10
	Knebel mit 3 Schaltstellungen		schwarz	23	5,40

```
\usepackage{array,booktabs} \newcolumntype{C}{>{\small}c}

\begin{tabular}{@{}l *{4}{c} @{}}\toprule
\small Monat & \multicolumn{2}{C}{Frauen} & \multicolumn{2}{C@{}}{Männer}\\
    \cmidrule(lr){2-3}\cmidrule(l){4-5}
  & \small 1967 & \small 1968 & \small 1967 & \small 1968\\\cmidrule(r){1-1}
    \cmidrule(lr){2-2}\cmidrule(lr){3-3}\cmidrule(lr){4-4}\cmidrule(l){5-5}
September& 2000 & 1700 & 2300 & 1900\\ Oktober & 1500 & 1800 & 1900 & 3000\\
November & 2500 & 2800 & 4700 & 3200\\ Dezember& 2300 & 2000 & 3600 & 2700\\\bottomrule
\end{tabular}
```

Monat	Frauen		Männer	
	1967	1968	1967	1968
September	2000	1700	2300	1900
Oktober	1500	1800	1900	3000
November	2500	2800	4700	3200
Dezember	2300	2000	3600	2700

06-00-12

```
\usepackage{array,booktabs,multirow,ragged2e,eurosym}
\renewcommand\multirowsetup{\RaggedRight\footnotesize}
\newcolumntype{N}{>{\footnotesize}l} \newcolumntype{C}{>{\footnotesize}c}
\newcommand\mc[3]{\multicolumn{#1}{#2}{#3}}

\begin{tabular}{@{} *{5}{l} @{}}\toprule
 &  & \mc{2}{N}{Ohne Sicherungen} & \multirow{3}{7em}{%
   Höchstzulässiger Erdungswider\-stand bei Berüh\-rungsspannung}\\\cmidrule(lr){3-4}
\mc{1}{C}{Reihe} & \mc{1}{C}{Spannung} & \mc{1}{C}{Type} & \mc{1}{C}{Preis} \\
 & \mc{1}{C}{V} & & \mc{1}{C}{\euro} \\\cmidrule(r){1-1}\cmidrule(lr){2-2}
    \cmidrule(lr){3-3}\cmidrule(lr){4-4}\cmidrule(l){5-5}
\ldots \\\bottomrule
\end{tabular}
```

Reihe	Spannung	Ohne Sicherungen		Höchstzulässiger Erdungswiderstand bei Berührungsspannung
		Type	Preis	
	V		€	
...				

06-00-13

```
\usepackage{array,booktabs,ragged2e,rotating,eurosym}
\newcolumntype{N}{>{\small}l}    \newcommand\mc[1]{\multicolumn{1}{R{4.5em}}{#1}}
\newcolumntype{R}[1]{>{\begin{turn}{90}\begin{minipage}{#1}
  \footnotesize\RaggedRight\hspace{0pt}} l <{\end{minipage}\end{turn}}}

\begin{tabular}{@{} *{8}{l} @{}}\toprule
\small Typ&\multicolumn{6}{N}{Anlagen mit Freileitungen}&\small Preis\\\cmidrule(lr){2-7}
 & \mc{Betriebsspannung~kV} & \mc{Löschspannung~kV} & \mc{Wechselspannung~kV}
```

```
& \mc{Ansprechspannung~kV} & \mc{Restspannung kV} & \mc{Nettogewicht~ kg}
& \multicolumn{1}{c}{\small\euro}\\\cmidrule(r){1-1}\cmidrule(lr){2-2}\cmidrule(lr){3-3}
\cmidrule(lr){4-4}\cmidrule(lr){5-5}\cmidrule(lr){6-6}\cmidrule(lr){7-7}\cmidrule(l){8-8}
\ldots \\\bottomrule
\end{tabular}
```

06-00-14

Typ	Anlagen mit Freileitungen						Preis
	Betriebs-spannung kV	Löschspan-nung kV	Wech-selspan-nung kV	Ansprech-span-nung kV	Restspan-nung kV	Nettoge-wicht kg	€
…							

```
\usepackage{array,booktabs,dcolumn,ragged2e,rotating}\newcolumntype{N}{>{\footnotesize}l}
\newcolumntype{P}[1]{>{\footnotesize\RaggedRight\hspace{0pt}}p{#1}}
\newcolumntype{d}[1]{D{.}{,}{#1}}  \newcommand\mc[2]{\multicolumn{1}{#1}{#2}}
\newcolumntype{R}[1]{>{\begin{turn}{90}\begin{minipage}{#1}
  \footnotesize\RaggedRight\hspace{0pt}} l <{\end{minipage}\end{turn}}}

\begin{tabular}{@{} l d{1.1} *{3}{d{1.2}} d{1.1} d{3.2} @{}}\toprule
&\multicolumn{5}{N}{Spannungsschutz für Netze}\\
&\multicolumn{5}{N}{Leiterspannung an der Einbaustelle}\\\cmidrule(lr){2-6}
&\multicolumn{2}{P{6em}}{Nicht geerdeter Sternpunkt}
&\multicolumn{2}{P{6em}}{Starr geerdeter Sternpunkt}\\\cmidrule(lr){2-3}\cmidrule(lr){4-5}
\mc{@{}N}{Typen-}  & \mc{R{4.5em}}{Normale Leiterspannung}
&\mc{R{4.5em}}{Zulässiger Bereich} & \mc{R{4.5em}}{Normale Leiterspannung}
&\mc{R{4.5em}}{Zulässiger Bereich} & \mc{R{4.5em}}{Nennspannung} &\mc{N}{Preis}\\[-2pt]
\mc{@{}N}{bezeichnung} & \mc{N}{kV} & \mc{N}{kV} & \mc{N}{kV} & \mc{N}{kV}
&\mc{N}{kV} & \mc{N}[\euro]\\\cmidrule(r){1-1}\cmidrule(lr){2-2}\cmidrule(lr){3-3}
  \cmidrule(lr){4-4}\cmidrule(lr){5-5}\cmidrule(lr){6-6}\cmidrule(l){7-7}
H 484--1  & 1   & 1.15 & 1.25 & 1.45 & 1   & 220.$---$ \\  \ldots\\
H 484--3  & 3.5 & 3.5 & 3.8 & 4.3 & 3   & 264.$---$ \\\bottomrule
\end{tabular}
```

06-00-15

Typen-bezeichnung	Spannungsschutz für Netze Leiterspannung an der Einbaustelle					Preis
	Nicht geerde-ter Sternpunkt		Starr geerdeter Sternpunkt			
	Normale Leiterspan-nung	Zulässiger Bereich	Normale Leiterspan-nung	Zulässiger Bereich	Nennspan-nung	
	kV	kV	kV	kV	kV	€
H 484-1	1	1,15	1,25	1,45	1	220,—
…						
H 484-3	3,5	3,5	3,8	4,3	3	264,—

```
\usepackage{array,booktabs,dcolumn,ragged2e}\newcolumntype{N}{>{\footnotesize}l}
\newcolumntype{P}[1]{>{\footnotesize\RaggedRight\hspace{0pt}}p{#1}}
\newcolumntype{d}[1]{D{.}{,}{#1}}  \newcommand\mc[2]{\multicolumn{1}{#1}{#2}}

\begin{tabular}{@{}l *{6}{d{3.0}} @{}}\toprule
\mc{@{}N}{Zeit} & \multicolumn{2}{N}{Material von Drischel}
  & \multicolumn{2}{N}{Material von Bauer} & \multicolumn{2}{N@{}}{Eigenes Material}\\
    \cmidrule(lr){2-3}\cmidrule(lr){4-5}\cmidrule(l){6-7}
  & \mc{P{3.5em}}{Häufigster Wert} & \mc{P{3.5em}}{Extremwert}
  & \mc{P{3.5em}}{Häufigster Wert} & \mc{P{3.5em}}{Extremwert}
  & \mc{P{3.5em}}{Häufigster Wert} & \mc{P{3.5em}@{}}{Extremwert}\\
    \cmidrule(r){1-1}\cmidrule(lr){2-2}\cmidrule(lr){3-3}\cmidrule(lr){4-4}%
    \cmidrule(lr){5-5}\cmidrule(lr){6-6}\cmidrule(l){7-7}\addlinespace
Latenzzeit     & 220 & 330 & 245 & 325 & 235 & 320 \\
               &     & 150 &     & 155 &     & 160 \\\addlinespace
Halbwertszeit & 210 & 380 & 145 & 535 & 180 & 320 \\
des Anstiegs  &     &  90 &     &  95 &     &  70 \\\addlinespace
Gipfelzeit    & 485 & 700 & 375 & 535 & 420 & 600 \\
              &     & 260 &     & 315 &     & 290 \\\addlinespace
Halbwertszeit & 855 & 870 & 665 & 945 & 775 & 820 \\
des Abstiegs  &     & 590 &     & 575 &     & 490 \\\addlinespace\bottomrule
\end{tabular}
```

Zeit	Material von Drischel		Material von Bauer		Eigenes Material	
	Häufigster Wert	Extremwert	Häufigster Wert	Extremwert	Häufigster Wert	Extremwert
Latenzzeit	220	330	245	325	235	320
		150		155		160
Halbwertszeit des Anstiegs	210	380	145	535	180	320
		90		95		70
Gipfelzeit	485	700	375	535	420	600
		260		315		290
Halbwertszeit des Abstiegs	855	870	665	945	775	820
		590		575		490

06-00-16

```
\usepackage{booktabs,dcolumn,ragged2e,eurosym}\newcolumntype{N}{>{\footnotesize}l}
\newcolumntype{P}[1]{>{\footnotesize\RaggedRight}p{#1}}
\newcolumntype{d}[1]{D{.}{,}{#1}}  \newcommand\mc[2]{\multicolumn{1}{#1}{#2}}

\begin{tabular}{@{}l *{2}{d{3.0}d{2.2}} @{}}\toprule
\mc{@{}N}{Gegenstand} & \multicolumn{2}{N}{Vierleitersystem}
  & \multicolumn{2}{N@{}}{Fünf"|leitersystem}\\\cmidrule(lr){2-3}\cmidrule(l){4-5}
  & \mc{N}{Bestell-} & \mc{N}{Preis} & \mc{N}{Bestell} & \mc{N@{}}{Preis} \\[-2pt]
  & \mc{N}{Nr.} & \mc{P{2em}}{\euro} & \mc{N}{Nr.} & \mc{P{2.5em}@{}}{\euro}\\
  \cmidrule(r){1-1}\cmidrule(lr){2-2}\cmidrule(lr){3-3}\cmidrule(lr){4-4}\cmidrule(l){5-5
```

```
Schienenkasten              & 103 & 70.$---$ & 107 & 83.$---$ \\
Schiene für Hauptleiter & 104 & 9.50       & 108 & 9.50       \\
Verbindungsklemme       & 105 & 1.25       & 109 & 1.25       \\
Schienenkastenöffnung   & 106 & 1.55       & 110 & 1.55       \\\bottomrule
\end{tabular}
```

06-00-17

Gegenstand	Vierleitersystem		Fünfleitersystem	
	Bestell-Nr.	Preis €	Bestell Nr.	Preis €
Schienenkasten	103	70,—	107	83,—
Schiene für Hauptleiter	104	9,50	108	9,50
Verbindungsklemme	105	1,25	109	1,25
Schienenkastenöffnung	106	1,55	110	1,55

```
\usepackage{booktabs,dcolumn,ragged2e} \newcolumntype{N}{>{\footnotesize}l}
\newcolumntype{P}[1]{>{\footnotesize\RaggedRight\hspace{0pt}}p{#1}}
\newcolumntype{d}[1]{D{.}{,}{#1}}  \newcommand\mc[2]{\multicolumn{1}{#1}{#2}}

\begin{tabular}{@{}lld{2.0}@{$\!$---}d{2.0}d{3.0}ld{1.0}@{$\!$---}d{2.0}d{3.0}l@{}}\toprule
  & \multicolumn{8}{N}{Zum Umsetzen} & \\\cmidrule(lr){2-9}
  & \multicolumn{4}{N}{von Frequenzen im} & \multicolumn{4}{N}{auf Frequenzen im} \\
    \cmidrule(lr){2-5}\cmidrule(lr){6-9}
\mc{@{}N}{Type} & \mc{P{3em}}{Fernsehbereich} & \multicolumn{2}{N}{Kanal} & \mc{N}{MHz}
  & \mc{P{3em}}{Fernsehbereich} & \multicolumn{2}{N}{Kanal} & \mc{N}{MHz}
  & \mc{P{2em}@{}}{Bauform}\\
    \cmidrule(r){1-1}\cmidrule(lr){2-2}\cmidrule(lr){3-4}\cmidrule(lr){5-5}
    \cmidrule(lr){6-6}\cmidrule(lr){7-8}\cmidrule(lr){9-9}\cmidrule(l){10-10}
SAFE 381 WK & F I    & 2 & 4 & 174 & F III & 5 & 12 & 174 & DO \\
SAFE 382 WK & F II   & 5 & 12 & 68 & F I    & 2 & 4 & 47 & DO \\
SAFE 383 WK & F III  & 21 & 38 & 174 & F III & 5 & 12 & 174 & ES \\
SAFE 384 WK & F IV   & 42 & 48 & 47 & F III & 5 & 12 & 174 & ET \\\bottomrule
\end{tabular}
```

06-00-18

	Zum Umsetzen						
	von Frequenzen im			auf Frequenzen im			
Type	Fern-sehbe-reich	Kanal	MHz	Fern-sehbe-reich	Kanal	MHz	Bau-form
SAFE 381 WK	F I	2– 4	174	F III	5–12	174	DO
SAFE 382 WK	F II	5–12	68	F I	2– 4	47	DO
SAFE 383 WK	F III	21–38	174	F III	5–12	174	ES
SAFE 384 WK	F IV	42–48	47	F III	5–12	174	ET

```
\usepackage{dcolumn,booktabs,ragged2e,rotating,eurosym}
\newcolumntype{C}{>{\footnotesize}c}
\newcolumntype{N}{>{\footnotesize}l}
\newcolumntype{P}[1]{>{\footnotesize\RaggedRight\hspace{0pt}}p{#1}}
\newcolumntype{d}[1]{D{.}{,}{#1}}
\newcommand\mc[2]{\multicolumn{1}{#1}{#2}}
\newcommand\Rotate[1]{\begin{turn}{90}\rlap{#1}\end{turn}}

\begin{tabular}{@{}d{1.0}*{3}{d{3.0}}d{2.0}d{3.0}d{2.2}@{}}\toprule
  & \multicolumn{4}{N}{Leistungsaufnahme} & & \\\cmidrule(lr){2-5}
  & \multicolumn{2}{P{7em}}{kurzzeitig beim Ein"~und Umschalten}
  & \multicolumn{2}{P{7em}}{nach dem Umschalten in die Dreieckstufe}
  & \mc{C}{\raisebox{-4em}{\Rotate{Spannung}}}
  & \mc{C@{}}{\raisebox{-4em}{\Rotate{Mehrpreis für}}
  \raisebox{-4em}{\Rotate{abweichende}} \raisebox{-4em}{\Rotate{Spannung}}}\\
     \cmidrule(lr){2-3}\cmidrule(lr){4-5}
\mc{@{}C}{\Rotate{Schaltergröße}}&\mc{C}{VA}&\mc{C}{W}&\mc{C}{VA}&\mc{C}{W}&\mc{C}{VA}
  & \mc{C}{\euro}\\\cmidrule(r){1-1}\cmidrule(lr){2-2}\cmidrule(lr){3-3}
     \cmidrule(lr){4-4}\cmidrule(lr){5-5}\cmidrule(lr){6-6}\cmidrule(l){7-7}
1& 120& 100& 16&  6&  24& 12.$---$\\ 2& 150& 100&  36& 12& 110& 15.$---$\\
4& 342& 210& 60& 18& 220& 19.$---$\\ 6& 733& 320& 100& 36& 220& 29.$---$\\\bottomrule
\end{tabular}
```

| Schaltergröße | Leistungsaufnahme | | | | Spannung | Mehrpreis für abweichende Spannung |
| | kurzzeitig beim Ein- und Um- schalten | | nach dem Um- schalten in die Dreieckstufe | | | |
	VA	W	VA	W	VA	€
1	120	100	16	6	24	12,—
2	150	100	36	12	110	15,—
4	342	210	60	18	220	19,—
6	733	320	100	36	220	29,—

06-00-19

```
\usepackage{dcolumn,booktabs,multirow,ragged2e}
\renewcommand\multirowsetup{\RaggedRight\footnotesize}
\newcolumntype{m}{>{$}l<{$}}
\newcolumntype{N}{>{\footnotesize}l}
\newcolumntype{d}[1]{D{.}{,}{#1}}
\newcommand\mc[2]{\multicolumn{1}{#1}{#2}}

\begin{tabular}{@{} *{3}{d{3.0}} d{2.0} *{3}{m} l@{}}\toprule
\multicolumn{3}{@{}N}{Listen-Nummer} & \mc{N}{Nennstrom} & \mc{N}{Polzahl}
  & \multicolumn{2}{N}{Anschluss bis mm$^2$} & \multirow{3}{3.5em}{Pg für Abgang oben}\\
     \cmidrule(r){1-3}\cmidrule(lr){6-7}
\mc{@{}N}{mit Bügel-} & \mc{N}{mit Mantel-} & \mc{N}{mit Block-}
  & & & \mc{N}{unten} & \mc{N}{oben} \\[-3pt]
\mc{@{}N}{klemme} & \mc{N}{klemme} & \mc{N}{klemme} & A & & & \\
```

```
    \cmidrule(r){1-1}\cmidrule(lr){2-2}\cmidrule(lr){3-3}\cmidrule(lr){4-4}%
    \cmidrule(lr){5-5}\cmidrule(lr){6-6}\cmidrule(lr){7-7}\cmidrule(l){8-8}\addlinespace
406 & 416 & 426 & 25 & 3+\mathrm{Mp}& 4\times16& 4\times16& Pg 21\\
407 & 417 & 427 &    &              &          &          & Pg 29\\\addlinespace
408 & 418 & 428 & 60 & 3+\mathrm{Mp}& 4\times35& 4\times16& Pg 29\\
409 & 419 & 429 &    &              &          &          & Pg 36\\ \addlinespace
456 & 466 & 476 & 90 & 3+\mathrm{Mp}& 4\times70& 4\times70& Pg 36\\
457 & 467 & 477 &    &              &          &          & Pg 42\\\addlinespace
                                                                \bottomrule
\end{tabular}
```

06-00-20

Listen-Nummer			Nennstrom	Polzahl	Anschluss bis mm^2		Pg für Abgang oben
mit Bügel-klemme	mit Mantel-klemme	mit Block-klemme	A		unten	oben	
406	416	426	25	$3 + \mathrm{Mp}$	4×16	4×16	Pg 21
407	417	427					Pg 29
408	418	428	60	$3 + \mathrm{Mp}$	4×35	4×16	Pg 29
409	419	429					Pg 36
456	466	476	90	$3 + \mathrm{Mp}$	4×70	4×70	Pg 36
457	467	477					Pg 42

```
\usepackage{dcolumn,booktabs,ragged2e,rotating}
\newcommand\Rotate[1]{\raisebox{-3ex}{\begin{turn}{90}\rlap{#1}\end{turn}}}
\newcolumntype{C}{>{\footnotesize}c}
\newcolumntype{N}{>{\footnotesize}l}
\newcolumntype{P}[1]{>{\footnotesize\RaggedRight\hspace{0pt}}p{#1}}
\newcommand\mc[2]{\multicolumn{1}{#1}{#2}}

\begin{tabular}{@{}l *{5}{r} c@{}}\toprule
\mc{@{}N}{Heilanstalten} & \multicolumn{6}{N}{Ärzte} \\\cmidrule(l){2-7}
  & \multicolumn{2}{N}{insgesamt} & \multicolumn{4}{N@{}}{davon}\\
    \cmidrule(lr){2-3}\cmidrule(l){4-7}
  & & & & \multicolumn{3}{N@{}}{nachgeordnete Ärzte} \\\cmidrule(l){5-7}
  & & & & & \multicolumn{2}{C}{davon}\\\cmidrule(l){6-7}
  & \mc{C}{\Rotate{zusammen}} & \mc{C}{\Rotate{davon weiblich}}
  & \mc{C}{\Rotate{leitende Ärzte}} &  \mc{C}{\Rotate{insgesamt}}
  & \mc{P{2em}@{}}{Ober"-ärzte} & \mc{P{3.5em}@{}}{Assistenz"-ärzte} \\
    \cmidrule(r){1-1}\cmidrule(lr){2-2}\cmidrule(lr){3-3}\cmidrule(lr){4-4}%
    \cmidrule(lr){5-5}\cmidrule(lr){6-6}\cmidrule(l){7-7}
Josefsstift, Bad Brückenau & 90 & 24 & 11 & 79 & 15 & 64 \\
Tannenheim, Schlüchtern    & 37 & 12 &  8 & 27 &  7 & 22 \\
Waldfrieden, Selters       & 24 &  8 &  2 & 22 &  6 & 22 \\
Habichtshöhe, Lauterbach   & 36 & 13 &  3 & 33 &  8 & 25 \\\bottomrule
\end{tabular}
```

06-00-21

Heilanstalten	Ärzte					
	insgesamt		davon			
			leitende Ärzte	nachgeordnete Ärzte		
				insgesamt	davon	
	zusammen	davon weiblich			Oberärzte	Assistenzärzte
Josefsstift, Bad Brückenau	90	24	11	79	15	64
Tannenheim, Schlüchtern	37	12	8	27	7	22
Waldfrieden, Selters	24	8	2	22	6	22
Habichtshöhe, Lauterbach	36	13	3	33	8	25

```
\usepackage{dcolumn,booktabs,ragged2e,rotating,nicefrac}
\newcolumntype{C}{>{\footnotesize}c}
\newcolumntype{N}{>{\footnotesize}l}
\makeatletter\newcolumntype{B}[1]{>{\boldmath\DC@{.}{,}{#1}} c <{\DC@end}}\makeatother
\newcolumntype{P}[1]{>{\footnotesize\RaggedRight\hspace{0pt}}p{#1}}
\newcolumntype{d}[1]{D{.}{,}{#1}}
\newcommand\mc[2]{\multicolumn{1}{#1}{#2}}

\begin{tabular}{@{} d{4.0} d{2.0} d{2.1} B{2} d{2.1} @{\,\,} l@{}}\toprule
\mc{@{}N}{Hubraum} & \mc{N}{Leistung}
  & \mc{P{4.5em}}{Beschleunigung 0\,\nicefrac{km}{h} bis 100\,\nicefrac{km}{h}}
  & \mc{>{\bfseries}P{4em}}{Höchstgeschwindigkeit}
  & \multicolumn{2}{P{4em}@{}}{Kraftstoffverbrauch auf 100\,km}\\
\mc{@{}C}{cm$^3$} & \mc{C}{kW} & \mc{C}{s} & \mc{>{\bfseries}C}{\nicefrac{km}{h}}
  & \multicolumn{2}{C@{}}{l}\\\cmidrule(r){1-1}\cmidrule(lr){2-2}\cmidrule(lr){3-3}
                    \cmidrule(lr){4-4}\cmidrule(l){5-6}
1288 & 37 & 22.7 & 133 & 8.6        \\ 1488 & 44 & 18.8 & 140 & 8.7 \\
1688 & 55 & 13.7 & 155 & 9.4  & Super\\ 1985 & 66 & 11.7 & 165 & 9.9  & Super \\
2274 & 80 &  9.8 & 178 & 10.1 & Super\\\bottomrule
\end{tabular}
```

06-00-22

Hubraum	Leistung	Beschleunigung 0 km/h bis 100 km/h	**Höchstgeschwindigkeit**	Kraftstoffverbrauch auf 100 km
cm^3	kW	s	**km/h**	l
1288	37	22,7	**133**	8,6
1488	44	18,8	**140**	8,7
1688	55	13,7	**155**	9,4 Super
1985	66	11,7	**165**	9,9 Super
2274	80	9,8	**178**	10,1 Super

06-00-23

Erste Spalte	Zweite Spalte
~~Zweite Zeile~~	~~Weiterer Text~~
Dritte Zeile	Unten Links

```
\begin{tabular}{ll}
Erste Spalte & Zweite Spalte\\
Zweite Zeile & Weiterer Text
\\[-6pt]\hline\noalign{\vspace{1ex}}
Dritte Zeile & Unten Links
\end{tabular}
```

06-00-24

v_n ╲ u_n	ℓ	$+\infty$	$-\infty$
ℓ'	$\ell + \ell'$	$+\infty$	$-\infty$
$+\infty$	$+\infty$	$+\infty$	F.I.
$-\infty$	$-\infty$	F.I.	$-\infty$

```
\usepackage{array,slashbox,ragged2e}

\renewcommand\arraystretch{1.6}
\begin{tabular}{|*{4}{>{%
  \Centering$}m{11mm}<{$}|}}\hline
\multicolumn{1}{|c|}{%
  \backslashbox{$v_n$}{$u_n$}}
  & \ell&+\infty&-\infty\\\hline
\ell'  &\ell+\ell'&+\infty&-\infty\\\hline
+\infty&+\infty&+\infty&$F.I.$\\\hline
-\infty&-\infty&$F.I.$&-\infty\\\hline
\end{tabular}
```

06-00-25

```
2   Di  ⎫
3   Mi  ⎪
4   Do  ⎬ Seminar
5   Fr  ⎪
6   Sa   Stammtisch ⎭
7   So          ⎬ Wochenende
8   Mo  ⎭
9   Di
```

```
\usepackage{tabularx,longtable,amsmath}
\usepackage[table]{xcolor}
\newcommand*\RMarker{.}
\newcommand*\SeminarOn[1][Wochenende]{%
  \def\RMarker{\rbrace\text{#1}}}
\newcommand*\SeminarOff{\def\RMarker{.}}
\newcommand*\SA{\rowcolor{black!20}}
\newcommand*\SO{\rowcolor{black!30}}

\begin{longtable}{>{$\left.}l<{\right\RMarker$}}
\SeminarOn[Seminar]
\begin{tabularx}{.55\linewidth}{rlX}
  2 & Di & \\ 3 & Mi & \\
  4 & Do & \\ 5 & Fr & \\
\end{tabularx} \\\SeminarOn
\begin{tabularx}{.55\linewidth}{rlX}
\SA 6 & Sa & Stammtisch \\
\SO 7 & So & \\
\end{tabularx} \\\SeminarOff
\begin{tabularx}{.55\linewidth}{rlX}
  8 & Mo &\\  9 & Di &
\end{tabularx}
\end{longtable}
```

Die beiden folgenden Abbildungen zeigen zwei Gleitumgebungen, die auf gegenüberliegenden Seiten erscheinen. Dabei wird durch eine entsprechende \phantom-Anweisung bei der rechten Teiltabelle erreicht, dass beide Tabellen auf der gleichen Höhe beginnen. Sie lassen sich praktisch auch jeweils zur Mitte hin verschieben, sodass der Zusammenhang der beiden Tabellen noch verstärkt wird.

Aus reinen Platzgründen ist der Quellcode für dieses Beispiel nicht mit abgedruckt. Man findet ihn aber als 06-00-26.ltx2 auf CTAN.

06-00-26

1   DOPPELSEITE

1   Abschnittsüberschrift, die etwas länger ist und sich über zwei Zeilen erstreckt

	1972	1973	1974	1975	1976	1977	1978	1979	1980
Zeile 1	1	3	1	1	1	0	1	1	0
Zeile 2	1	1	3	1	0	0	0	0	0
Zeile 3	2	1	2	1	0	0	0	0	0
Zeile 4	1	0	5	1	2	0	0	0	0
Zeile 6	2	1	1	0	0	0	0	0	0
Zeile 5	0	0	4	2	1	2	2	1	0
Zeile 8	0	1	1	0	0	0	1	1	0
Zeile 9	0	0	0	0	0	1	2	1	0
Zeile10	0	1	3	0	1	0	1	0	0
Zeile11	0	2	2	1	1	0	1	0	0
Zeile12	2	0	2	4	1	0	4	0	0
Lärm	2	3	0	0	0	0	0	0	0
Zeile13	0	1	0	0	1	0	3	0	0
Zeile14	0	1	0	0	0	0	0	0	0
Zeile15	0	0	0	0	0	0	0	0	0
Zeile16	0	0	0	0	0	1	0	0	0
Artikel gesamt	2	6	13	8	4	3	5	4	0

(a)

Tabelle 1: Tabellenunterschrift 1. Teil.

1

1   DOPPELSEITE

	1981	1982	1983	1984	1985	1986	1987	1988
Z 1	0	0	0	20	0	2	2	2
Z 2	0	2	1	3	4	4	6	4
Z 3	0	0	1	5	3	1	7	7
Z 4	2	1	0	1	0	3	7	2
Z 6	1	2	0	5	2	2	5	4
Z 5	0	0	1	1	0	2	5	4
Z 8	3	2	1	2	1	3	5	3
Z 9	0	0	0	4	2	1	4	5
Z10	1	1	0	1	1	1	4	4
Z11	0	0	2	6	1	0	2	1
Z12	0	0	0	0	0	0	1	0
Lärm	0	1	0	2	0	0	2	2
Z13	0	0	0	2	0	1	3	0
Z14	0	0	0	3	3	2	1	1
Z15	1	0	0	4	0	0	3	1
Z16	0	0	0	0	0	0	3	5
Artikel gesamt	6	3	5	23	10	8	15	13

(b)

Tabelle 1: Tabellenunterschrift 2. Teil.

2

```
\usepackage{tabularx}

\begin{tabularx}{\linewidth}{@{}X|p{2mm}@{}|}\cline{2-2}
DANTE, Deutschsprachige Anwendervereinigung \TeX\ e.\,V., wurde am 14.\,April 1989 in
Heidelberg gegründet. Der Zweck des Vereins ist die Betreuung und Beratung von
\TeX-Benutzern im gesamten deutschsprachigen Raum.\par   2009 feierten wir in Wien daher
unser 20-jähriges Bestehen!  & \rule{2mm}{0pt}\\\cline{2-2}
\end{tabularx}
```

06-00-27

DANTE, Deutschsprachige Anwendervereinigung TeX e. V., wurde am 14. April 1989 in Heidelberg gegründet. Der Zweck des Vereins ist die Betreuung und Beratung von TeX-Benutzern im gesamten deutschsprachigen Raum.
2009 feierten wir in Wien daher unser 20-jähriges Bestehen!

06-00-28

Autor	Fläche mm²	Airgap µm	Empfindl. mV/Pa	Frequenz Hz-kHz	Rauschen dBA SPL	Materialien Membran, Elektrode	Quellen	Aufbauart
Schellin	1		0,3	–		Poly-Si, Poly-Si	[6,7,9]	
van der Donk							[12]	
Bernstein	0,57	2,2	10,77	-20	–	Nitrid, Gold	[13]	
Chen	–	2	40	50–15	–	Poly-Si, Mono-Si	[17,18]	
Dehé	Ø1.2	1	3,2	100–10	30	Poly-Si, Epi-Poly	[19,10]	1 Chip
Hsu	2	4	–	200–10	–	Poly-Si, Mono-Si	[7]	
Kronast	2	1,3	11	300–20	–	Nitrid+Alu, Mono-Si	[20,21,22]	
Li	1	–	9,6	100–19	–	Poly-Si, Poly-Si	[1,24]	
Pedersen	4,84	3,6	–	100–15	60	Gold, Polymid	[2,6]	
Rombach	1	0,9	14	20–10	22,5	Poly-Si, Poly-Si	[17,18]	
Kovács	0,25	1,5	–	–	–	Poly-Si, Poly-Si	[25,26]	
Torkkeli	1	1,3	2	10–12	35	Poly-Si, Poly-Si	[26]	
Bay	4	0,4	27				[26,27,28,30]	
Füldner								2 Chip
Tajima	4	15	7	75–24	–	Oxid, Mono-Si	[29]	
Kressmann	1	1	2,9	100–10	39	Oxid+Nitrid, Poly-Si	[11,12]	
Thielemann							[8]	
Hsieh	64	4,5	40	100–10	60	Nitrid, Nitrid	[1,2,4]	Elektret
Murphy	–	–	8	100–15	–	Al + Nitrid, Mono-Si	[3]	
Zou	1	2,6	14,2	9–16	–	Poly-Si, Mono-Si	[7]	

```
\usepackage{tabularx}
\makeatletter\newcolumntype{M}{>{\@minipagetrue}X}\makeatother

\begin{tabularx}{\linewidth}{|X|M|}\hline
Links & Rechts\\\hline
Die rechte Liste beginnt auf gleicher Höhe wie diese Spalte.
 & \begin{itemize} \item a \item b \item c \end{itemize}\\\hline
\begin{itemize}  \item a \item b \item c \end{itemize}
 & Die linke Spalte ist jetzt keine M-Spalte, sodass die Liste einen vertikalen
    Abstand am Anfang aufweist.\\\hline
\end{tabularx}
```

Links	Rechts
Die rechte Liste beginnt auf gleicher Höhe wie diese Spalte.	• a • b • c
• a • b • c	Die linke Spalte ist jetzt keine M-Spalte, sodass die Liste einen vertikalen Abstand am Anfang aufweist.

06-00-29

Tabelle 1: Eine automatische Zeilen-zählung innerhalb einer Tabelle

No. Tier
1 Gelse
2 Gemse
3 Stinktier
4 Ameisenbär
5 Gürteltier

Siehe Tabellenzeile 2 oder auch alternativ Tabellenzeile 5 in der Tabelle 1 auf Seite 1.

```
\usepackage{array}
\newcounter{tabline}
\newcolumntype{n}{>{%
    \refstepcounter{tabline}\thetabline\enspace}l}

\begin{table}
\centering
\caption{Eine automatische Zeilenzählung
    innerhalb einer Tabelle}\label{BAZ}
\begin{tabular}{n}\hline
    \multicolumn{1}{l}{\emph{No. Tier}} \\\hline
    Gelse                                \\
    Gemse \label{FOO}                    \\
    Stinktier                            \\
    Ameisenbär                           \\
    Gürteltier \label{BAR}               \\\hline
\end{tabular}
\end{table}

\medskip
Siehe Tabellenzeile~\ref{FOO} oder auch alternativ
Tabellenzeile~\ref{BAR} in der Tabelle~\ref{BAZ}
auf Seite~\pageref{BAR}.
```

06-00-30

```
\usepackage{array,booktabs,ragged2e}
\def\xstrut{\rule{0pt}{3ex}}
\newcolumntype{P}[1]{>{\RaggedRight}p{#1}}

\begin{tabular}{@{}ccc@{\qquad}rrrr@{}}\toprule
\multicolumn{1}{@{}P{1.25cm}}{Tipo de avi\'on}
 & \multicolumn{1}{P{1.75cm}}{Capacidad (pasajeros)}
 & \multicolumn{1}{P{1.75cm}}{N\'umero de aviones}
 & \multicolumn{4}{@{}p{4cm}@{}}{%
         \xstrut N\'umero de viajes diarios en la ruta}\\\cmidrule{4-7}
\xstrut &      &     & 1  & 2 & 3 & 4 \\\midrule
   1    & 50   & 5   & 3  & 2 & 2 & 1 \\
   2    & 30   & 8   & 4  & 3 & 3 & 2 \\
   3    & 20   & 10  & 5  & 5 & 4 & 2 \\ \midrule
   4    & 10   & 18 & 3  & 1 & -- & 1 \\
   5    & 5    & 8  & 2  & 1 & -- & 6 \\
   6    & 1    & 80 & 6  & 5 & 12 & 4 \\\midrule
\multicolumn{3}{@{}l}{N\'umero de clientes diarios}
   & 1000 & 2000 & 900 & 1200 \\\bottomrule
\end{tabular}
```

06-00-31

Tipo de avión	Capacidad (pasajeros)	Número de aviones	Número de viajes diarios en la ruta			
			1	2	3	4
1	50	5	3	2	2	1
2	30	8	4	3	3	2
3	20	10	5	5	4	2
4	10	18	3	1	–	1
5	5	8	2	1	–	6
6	1	80	6	5	12	4
Número de clientes diarios			1000	2000	900	1200

Das folgende Beispiel erlaubt das automatische Addieren von Spalten mit Angabe einer Zwischensunmme. Aus reinen Platzgründen wurde die gesamte, sehr umfangreiche Präambel in den hier nicht-sichtbaren Teil ausgelagert.

```
\usepackage{longtable}

\resetlaufsumme
\begin{longtable}{p{0.7\linewidth}r}
  links & rechts
\endfirsthead
  Übertrag & \\
\endhead
  Zwischensumme: & \MarkZwsumPos \\
\endfoot
```

```
  Summe: &\MarkZwsumPos \\
\endlastfoot
  Ein beliebiger einleitender Text zu Beginn der Spalte \ldots.
    & \Wert{1,00} \\
  b & \Wert{2,1}  \\
  c & \Wert{3,4}  \\
  d & \Wert{4,5}  \\
  e & \Wert{5,6}  \\
  f & \Wert{6,7}  \\
  g & \Wert{7,8}  \\
  h & \Wert{8,9}  \\
  i & \Wert{9,42} \\
  j & \Wert{10,88}\\
  k & \Wert{15,76}
\end{longtable}
```

06-00-32

links	rechts
Ein beliebiger einleitender Text zu Beginn der Spalte	1,—
b	2,10
c	3,40
d	4,50
e	5,60
f	6,70
g	7,80
h	8,90
i	9,42
Zwischensumme:	49,42 €

Übertrag	49,42 €
j	10,88
k	15,76
Summe:	76,06 €

```
\usepackage{ragged2e,array,graphicx}

\renewcommand\arraystretch{1.3}
\begin{tabular}{@{}cc@{}}\small
\begin{tabular}{@{}c l l >{\RaggedRight}m{3.0cm}@{}}\hline
\emph{pin} & \emph{color} & \emph{at encoder} & \emph{description}\\\hline
1   & ---    & ---        & $\langle empty \rangle$        \\
2   & yellow & 8 (gray)   & Encoder channel B              \\
3   & white  & 7 (violet) & Encoder channel $\overline{B}$ \\
4   & blue   & 6 (blue)   & Encoder channel A              \\
5   & green  & 5 (green)  & Encoder channel $\overline{A}$ \\
6   & ---    & ---        & $\langle empty \rangle$        \\
7   & red    & 2 (red)    & Encoder power supply (+5V)     \\
8   & black  & 3 (orange) & GND                            \\ \hline
```

```
\end{tabular}
  & % rechte Spalte fuer das Bild
\raisebox{-0.5\height}{\includegraphics[width=3cm]{images/din8}}
\end{tabular}
```

06-00-33

pin	color	at encoder	description
1	—	—	$\langle empty \rangle$
2	yellow	8 (gray)	Encoder channel B
3	white	7 (violet)	Encoder channel $\overline{B}$
4	blue	6 (blue)	Encoder channel A
5	green	5 (green)	Encoder channel $\overline{A}$
6	—	—	$\langle empty \rangle$
7	red	2 (red)	Encoder power supply (+5V)
8	black	3 (orange)	GND

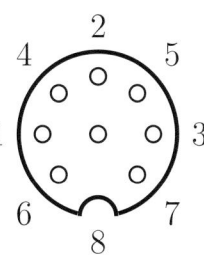

```
\usepackage{array,booktabs,arydshln,eurosym,graphicx}
\usepackage[table]{xcolor}

\resizebox{0.9\textwidth}{!}{\renewcommand\arraystretch{1.25}%
\begin{tabular}{@{}l c rr | rr@{}}\toprule
\textit{TEST 1} & & \multicolumn{2}{c}{1. Jahr} & \multicolumn{2}{c}{ab 2. Jahr}\\
\textit{TEST 2} & & Monat & Jahr & Monat & Jahr \\\midrule
\textit{Werkzeugkosten je Automat} && \textit{8.000} & \textit{96.000}
  & \textit{8.000} & \textit{96.000} \\
Anzahl Bestellungen für Werkzeuge       &    & 8   & 96      & 8    & 96 \\
Prozesskosten pro Beschaffungsprozess & 40 &    &    &    &  \\
Kosten fur Stammdatenpflege           &    & 10   & 120 & 10 & 120 \\
\rowcolor[gray]{0.92}[\tabcolsep]
  Bestellkosten                       &    & 330 & 3.960 & 330 & 3.960 \\
% \midrule
Durchschnittlicher Lagerwert (2 Monate)& & & 16.000 & & 16.000 \\\cline{3-6}
Gebundenes Kapital pro Jahr           & 6\% & 80 & 960 & 80 & 960 \\
Lagerabwertung vom Lagerwert pro Jahr & 5\% & 67 & 800 & 67 & 800 \\
\rowcolor[gray]{0.92}[\tabcolsep]
  Lagerkosten                         &    & 147 & 1.760 & 147 & 1.760 \\
Personalkosten Werkzeugausgabe \euro/h & 30 &    &    &    &  \\
Einsparung Werkzeugausgabe pro Tag in h & 2 & 1.200 & 14.400 & 1.200 & 14.400 \\
Werkzeugschwund                       & 1\% & 80 & 960 & 80 & 960 \\
\textit{Stillstand aufgrund fehlendem Werkzeug} & \textit{0,03h/Tag} & \textit{53}
    & \textit{636} & \textit{53} & \textit{636} \\
Anzahl Maschinen                      & 5   & 265 & 3.180 & 265 & 3.180 \\
Weniger Verbrauch durch Kontrolle     & 5\% & 400 & 4.800 & 400 & 4.800 \\
Weniger Schwarzbestände im 1. Jahr    & 10\% & 800 & 9.600 &  &  \\
\rowcolor[gray]{0.92}[\tabcolsep]
  Verbrauch- und Personalkosten       &    & 2.745 & 32.940 & 1.945 & 23.340 \\
\rowcolor[gray]{0.88}[\tabcolsep]
```

```
Einsparungen                    &       & 3.222 & 38.660 & 2.422 & 29.060 \\
\rowcolor[gray]{0.99}\multicolumn{4}{c|}{Abzüglich zusätzliche Kosten:}    \\
Miete                  & & 200 & 2.400 & 200 & 2.400 \\
Installation und Wartung& & 142 & 1.700 & 42  & 500   \\
Sonstige Kosten        & & 83  & 1.000 & 83  & 1.000 \\
\rowcolor[gray]{0.88}[\tabcolsep]Tatsächliche Einsparungen&&2.797&33.560&2.097&25.160\\
  & & \multicolumn{2}{c|}{$\stackrel{\wedge}{=}35\%$}
  & \multicolumn{2}{c@{}}{$\stackrel{\wedge}{=} 26\%$}\\
    \cmidrule{3-6}\morecmidrules\cmidrule{3-6}
\end{tabular}}
```

		1. Jahr		ab 2. Jahr		
TEST 1						06-00-34
TEST 2		Monat	Jahr	Monat	Jahr	
Werkzeugkosten je Automat		*8.000*	*96.000*	*8.000*	*96.000*	
Anzahl Bestellungen für Werkzeuge		8	96	8	96	
Prozesskosten pro Beschaffungsprozess	40					
Kosten für Stammdatenpflege		10	120	10	120	
Bestellkosten		330	3.960	330	3.960	
Durchschnittlicher Lagerwert (2 Monate)			16.000		16.000	
Gebundenes Kapital pro Jahr	6%	80	960	80	960	
Lagerabwertung vom Lagerwert pro Jahr	5%	67	800	67	800	
Lagerkosten		147	1.760	147	1.760	
Personalkosten Werkzeugausgabe €/h	30					
Einsparung Werkzeugausgabe pro Tag in h	2	1.200	14.400	1.200	14.400	
Werkzeugschwund	1%	80	960	80	960	
Stillstand aufgrund fehlendem Werkzeug	*0,03h/Tag*	*53*	*636*	*53*	*636*	
Anzahl Maschinen	5	265	3.180	265	3.180	
Weniger Verbrauch durch Kontrolle	5%	400	4.800	400	4.800	
Weniger Schwarzbestände im 1. Jahr	10%	800	9.600			
Verbrauch- und Personalkosten		2.745	32.940	1.945	23.340	
Einsparungen		3.222	38.660	2.422	29.060	
Abzüglich zusätzliche Kosten:						
Miete		200	2.400	200	2.400	
Installation und Wartung		142	1.700	42	500	
Sonstige Kosten		83	1.000	83	1.000	
Tatsächliche Einsparungen		2.797	33.560	2.097	25.160	
		$\stackrel{\wedge}{=} 35\%$		$\stackrel{\wedge}{=} 26\%$		

Der Zeilenabstand in einer Tabelle kann relativ einfach kontrolliert werden. Zum einen durch das Paket `tabls` und zum anderen durch Verändern des Wertes von `\arraystretch`, der standardmäßig auf Eins gesetzt ist, oder durch das Einfügen einer unsichtbaren Linie (`\rule`) mit einer Tiefe *und* Höhe.

06-00-35

Zeilenabstand in einer Tabelle

Standardzeilenhöhe

1	Eine besonders lange Zeile in einer m-Spalte
2	Eine besonders lange Zeile in einer m-Spalte
3	Eine besonders lange Zeile in einer m-Spalte

`\renewcommand\arraystrech{1.5}`

1	Eine besonders lange Zeile in einer m-Spalte
2	Eine besonders lange Zeile in einer m-Spalte
3	Eine besonders lange Zeile in einer m-Spalte

`\rule[-3ex]{0pt}{7ex}` in erster Spalte

1	Eine besonders lange Zeile in einer m-Spalte
2	Eine besonders lange Zeile in einer m-Spalte
3	Eine besonders lange Zeile in einer m-Spalte

```
\usepackage{array,ragged2e}

\begin{center}
Zeilenabstand in einer Tabelle\\[5pt]

Standardzeilenhöhe\\[2pt]
\begin{tabular}{@{}c
  >{\RaggedRight}m{4cm}@{}}\hline
1 & Eine besonders lange Zeile
    in einer m-Spalte\\\hline
2 & Eine besonders lange Zeile
    in einer m-Spalte\\\hline
3 & Eine besonders lange Zeile
    in einer m-Spalte\\\hline
\end{tabular}

\bigskip
\renewcommand\arraystrech{1.5}
\verb=\renewcommand\arraystrech{1.5}=\\[2pt]
\begin{tabular}{@{}c
  >{\RaggedRight}m{4cm}@{}}\hline
1 & Eine besonders lange Zeile
    in einer m-Spalte\\\hline
2 & Eine besonders lange Zeile
    in einer m-Spalte\\\hline
3 & Eine besonders lange Zeile
    in einer m-Spalte\\\hline
\end{tabular}

\bigskip
\verb=\rule[-3ex]{0pt}{7ex}= in
    erster Spalte\\[2pt]
\begin{tabular}{@{}
  >{\rule[-3ex]{0pt}{7ex}}c
  >{\RaggedRight}m{4cm}@{}}\hline
1 & Eine besonders lange Zeile
    in einer m-Spalte\\\hline
2 & Eine besonders lange Zeile
    in einer m-Spalte\\\hline
3 & Eine besonders lange Zeile
    in einer m-Spalte\\\hline
\end{tabular}
\end{center}
```

199

Die folgenden beiden Tabellen sind zum einen mit sidwaystable und zum anderen mit \rotatebox gedreht worden. Im ersten Fall wird die Option twoside der Beispiel-Dokumentenklasse berücksichtigt und entsprechend rotiert, während im zweiten Fall einfach im mathematisch positiven Sinn gedreht wird.

```
\usepackage{array,booktabs,rotating,units}
\newcolumntype{N}{>{\scriptsize}l}

\begin{sidewaystable}
\caption{Die folgende Tabelle wurde mit \texttt{sidewaystable} automatisch gedreht}
\begin{center}
\begin{tabular}{@{}NN*{5}{l}@{}}\toprule
Hubraum  & $\unit{cm^3}$ & 1288 & 1488 & 1688 & 1985 & 2274 \\\midrule
Leistung & \unit{kW} & 37 & 44 & 55  & 66 & 80 \\\midrule
Beschleunigung \unitfrac[0]{km}{h} bis \unitfrac[100]{km}{h} & \unit{s} & 22,7
   & 18,8 & 13,7 & 11,7 & 9,8 \\\midrule
\textbf{Höchstgeschwindigkeit}
   & \textbf{\unitfrac{km}{h}}
   & \textbf{133} & \textbf{140} & \textbf{155}
   & \textbf{165} & \textbf{178} \\\midrule
Kraftstoffverbrauch auf \unit[100]{km} & \unit{l} & 8,6 & 8,7 & 9,4 (Super)
   & 9,9 (Super) & 10,1 (Super) \\\bottomrule
\end{tabular}
\end{center}
\end{sidewaystable}
```

Tabelle 1: Die folgende Tabelle wurde mit sidewaystable automatisch gedreht

Hubraum	cm^3	1288	1488	1688	1985	2274
Leistung	kW	37	44	55	66	80
Beschleunigung $0\,km/h$ bis $100\,km/h$	s	22,7	18,8	13,7	11,7	9,8
Höchstgeschwindigkeit	km/h	133	140	155	165	178
Kraftstoffverbrauch auf $100\,km$	l	8,6	8,7	9,4 (Super)	9,9 (Super)	10,1 (Super)

06-00-36

Im gegensatz zur Umgebung `sidewaystable`, kann mit dem Makro `\rotatebox` die Tabelle gedreht werden, ohne dass diese automatisch auf einer eigenen Seite erscheint. Dadurch kann hier neben die gedrehte Tabelle noch Text in normaler Ausrichtung gesetzt werden.

```
\usepackage{array,tabularx,booktabs,rotating,units,caption}
\newcolumntype{N}{>{\scriptsize}l}
\newsavebox\TBox

\savebox\TBox{\parbox{\linewidth}{%
\captionof{table}{Die folgende Tabelle wurde mit \texttt{rotatebox} gedreht}
\begin{tabular}{@{}NN*{5}{l}@{}}\toprule
Hubraum    & $\unit{cm^3}$ & 1288 & 1488 & 1688 & 1985 & 2274 \\\midrule
Leistung & \unit{kW}     &   37 &   44 &   55 &   66 &   80 \\\midrule
Beschleunigung \unitfrac[0]{km}{h} bis \unitfrac[100]{km}{h}
         & \unit{s}      & 22,7 & 18,8 & 13,7 & 11,7 &  9,8 \\\midrule
\textbf{Höchstgeschwindigkeit} & \textbf{\unitfrac{km}{h}} & \textbf{133}
  & \textbf{140} & \textbf{155} & \textbf{165} & \textbf{178} \\\midrule
Kraftstoffverbrauch auf \unit[100]{km}
         & \unit{l} & 8,6 & 8,7 & 9,4 (Super)& 9,9 (Super)& 10,1 (Super) \\\bottomrule
\end{tabular}}}
\begin{tabularx}\linewidth{@{} l X @{}}
\raisebox{-1.3\height}{\rotatebox{90}{\usebox\TBox}} & \blindtext
\end{tabularx}
```

06-00-37

Tabelle 1: Die folgende Tabelle wurde mit rotatebox gedreht

Hubraum	cm³	1288	1488	1688	1985	2274
Leistung	kW	37	44	55	66	80
Beschleunigung 0 km/h bis 100 km/h	s	22,7	18,8	13,7	11,7	9,8
Höchstgeschwindigkeit	**km/h**	**133**	**140**	**155**	**165**	**178**
Kraftstoffverbrauch auf 100 km	l	8,6	8,7	9,4 (Super)	9,9 (Super)	10,1 (Super)

Dies hier ist ein Blindtext zum Testen von Textausgaben. Wer diesen Text liest, ist selbst schuld. Der Text gibt lediglich den Grauwert der Schrift an. Ist das wirklich so? Ist es gleichgültig ob ich schreibe: »Dies ist ein Blindtext« oder »Huardest gefburn«?. Kjift – mitnichten! Ein Blindtext bietet mir wichtige Informationen. An ihm messe ich die Lesbarkeit einer Schrift, ihre Anmutung, wie harmonisch die Figuren zueinander stehen und prüfe, wie breit oder schmal sie läuft. Ein Blindtext sollte möglichst viele verschiedene Buchstaben enthalten und in der Originalsprache gesetzt sein. Er muß keinen Sinn ergeben, sollte aber lesbar sein. Fremdsprachige Texte wie »Lorem ipsum« dienen nicht dem eigentlichen Zweck, da sie eine falsche Anmutung vermitteln.

1

```
\usepackage{pst-node,pst-tree,graphicx,geometry}
\def\GraphTabLine#1(#2,#3,#4,#5){%
  #1 & \rnode{A}{#2} & \checkSpace(#2,#3){B}{#3}
      & \checkSpace(#2,#4){C}{#4} & \checkSpace(#2,#5){D}{#5}
  \ncline{A}{B}\ncline{B}{C}\ncline{C}{D}}
\newlength\Vspace
\def\checkSpace(#1,#2)#3#4{%
  \Vspace=#1pt \advance\Vspace by -#2pt
  \raisebox{-3\Vspace}{\rnode{#3}{#4}}}

\psset{nodesep=2pt,arrows=->}
\resizebox{!}{0.5\textheight}{%
\begin{tabular}{@{}l*4{p{2cm}}@{}}
  & 5 year & 10 year & 15 year & 20 year\\
\GraphTabLine{Prostate}              (99,95,87,81)\\
\GraphTabLine{Thyroid}               (96,96,94,95)\\
\GraphTabLine{Testis}                (95,94,91,88)\\[-15pt]
\GraphTabLine{Melanomas}             (89,87,84,82)\\[-15pt]
\GraphTabLine{Breast}                (86,78,71,65)\\[-45pt]
\GraphTabLine{Hodgkin's disease}     (85,80,74,67)\\[-10pt]
\GraphTabLine{Corpus uteri, uterus}  (84,83,81,79)\\[-10pt]
\GraphTabLine{Urinar bladder}        (82,76,70,67)\\[-27pt]
\GraphTabLine{Cervix uteri}          (71,64,63,60)\\[-25pt]
\GraphTabLine{Larynx}                (69,57,46,37)\\[-35pt]
\GraphTabLine{Rectum}                (63,55,52,49)\\[-35pt]
\GraphTabLine{Kidney, renal pelvis}  (62,54,50,47)\\[-25pt]
\GraphTabLine{Colon}                 (62,55,54,52)\\[-20pt]
\GraphTabLine{Non-Hodgkin's}         (58,46,38,34)\\[-63pt]
\GraphTabLine{Oral cavity, pharynx}  (57,44,38,33)\\[-10pt]
\GraphTabLine{Ovary}                 (55,49,50,50)\\[-10pt]
\GraphTabLine{Leukaemias}            (43,32,29,26)\\[-10pt]
\GraphTabLine{Brain, nervous system}(32,29,27,26)\\[-10pt]
\GraphTabLine{Multiple myeloma}      (30,13, 7, 5)\\[-15pt]
\GraphTabLine{Stomach}               (24,19,19,15)\\[-20pt]
\GraphTabLine{Lung and bronchus}     (15,11, 8, 6)\\[-20pt]
\GraphTabLine{Esophagus}             (14, 8, 8, 5)\\[ 30pt]
\GraphTabLine{Liver, bile duct}      ( 8, 6, 6, 8)\\
\GraphTabLine{Pancreas}              ( 4, 3, 3, 3)
\end{tabular}}
```

06-00-38

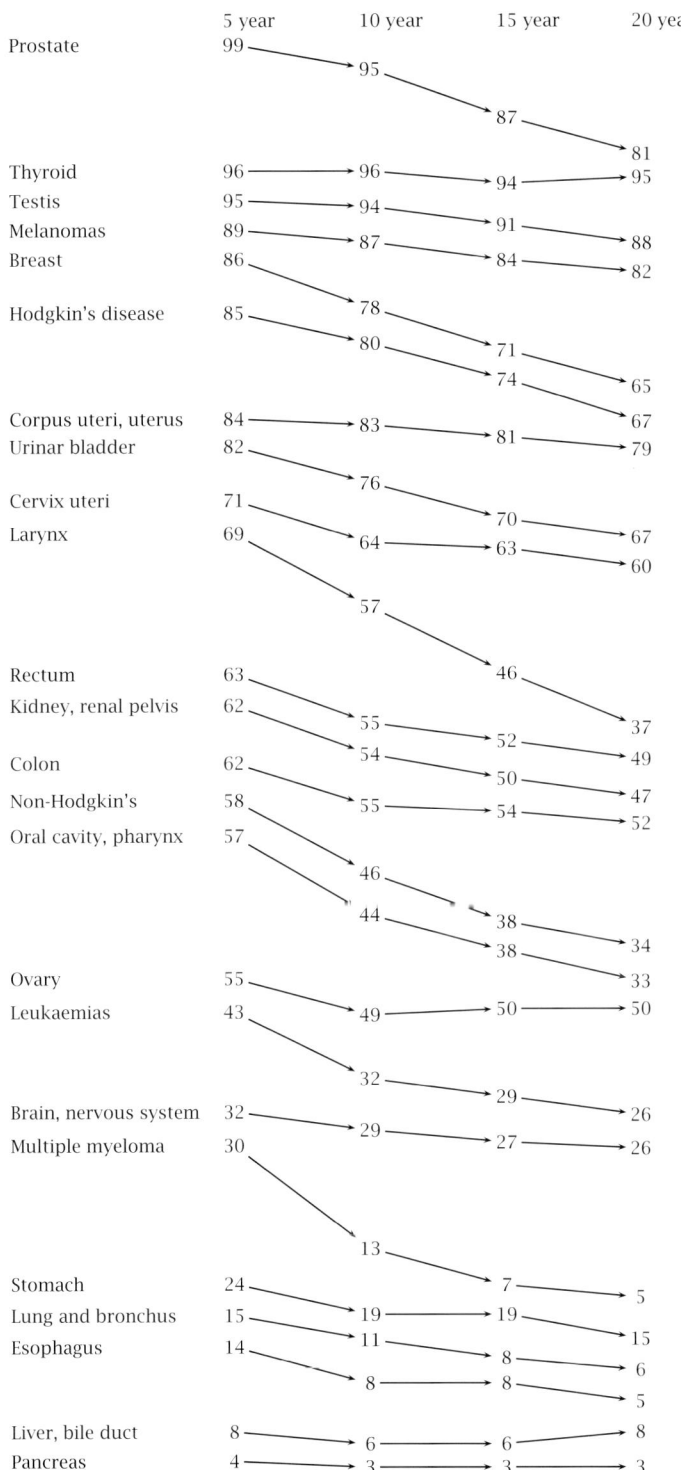

	5 year	10 year	15 year	20 year
Prostate	99	95	87	81
Thyroid	96	96	94	95
Testis	95	94	91	88
Melanomas	89	87	84	82
Breast	86	78		
Hodgkin's disease	85	80	71	65
			74	
Corpus uteri, uterus	84	83	81	67
Urinar bladder	82	76		79
Cervix uteri	71		70	67
Larynx	69	64	63	60
		57		
Rectum	63		46	
Kidney, renal pelvis	62	55	52	37
Colon	62	54	50	49
Non-Hodgkin's	58	55	54	47
Oral cavity, pharynx	57	46		52
		44	38	34
			38	
Ovary	55			33
Leukaemias	43	49	50	50
		32	29	26
Brain, nervous system	32	29	27	26
Multiple myeloma	30			
		13		
Stomach	24	19	7	5
Lung and bronchus	15	11	19	15
Esophagus	14	8	8	6
			8	5
Liver, bile duct	8	6	6	8
Pancreas	4	3	3	3

```
\usepackage{numprint,spreadtab}

\begin{minipage}[t]{0.45\linewidth}\vspace{0pt}
\[\forall x\in \mathbf{R}\qquad e^x=\sum_{k=0}^\infty\frac{x^k}{k!}\]
Die nebenstehende Tabelle zeigt die Konvergenz für $x=0.5$.
\end{minipage}\hfill
\begin{minipage}[t]{0.45\linewidth}\vspace{0pt}
\STautoround{15}
\begin{spreadtab}[\STsavecell\xvalue{a1}]{{tabular}{cN{2}{15}}}
\multicolumn{2}{c}{Konvergenz für $x={\numprint{:={0.5}}}$}\\[1.5ex]
@$n$       & e^a1\SThidecol & {@
  $\displaystyle e^{\numprint\xvalue}-\sum_{k=0}^n
   \frac{\numprint\xvalue^k}{k!}$}\\[3ex]\hline
  0        & a1^[-1,0]/fact([-1,0])           & b2-[-1,0] \\
 [0,-1]+1 & a1^[-1,0]/fact([-1,0])+[0,-1] & b2-[-1,0] \\
 [0,-1]+1 & a1^[-1,0]/fact([-1,0])+[0,-1] & b2-[-1,0] \\
 [0,-1]+1 & a1^[-1,0]/fact([-1,0])+[0,-1] & b2-[-1,0] \\
 [0,-1]+1 & a1^[-1,0]/fact([-1,0])+[0,-1] & b2-[-1,0] \\
 [0,-1]+1 & a1^[-1,0]/fact([-1,0])+[0,-1] & b2-[-1,0] \\
 [0,-1]+1 & a1^[-1,0]/fact([-1,0])+[0,-1] & b2-[-1,0] \\
 [0,-1]+1 & a1^[-1,0]/fact([-1,0])+[0,-1] & b2-[-1,0] \\
 [0,-1]+1 & a1^[-1,0]/fact([-1,0])+[0,-1] & b2-[-1,0] \\
 [0,-1]+1 & a1^[-1,0]/fact([-1,0])+[0,-1] & b2-[-1,0] \\
 [0,-1]+1 & a1^[-1,0]/fact([-1,0])+[0,-1] & b2-[-1,0] \\\hline
\end{spreadtab}
\end{minipage}
```

$$\forall x \in \mathbf{R} \qquad e^x = \sum_{k=0}^{\infty} \frac{x^k}{k!}$$

Die nebenstehende Tabelle zeigt die Konvergenz für $x = 0.5$.

Konvergenz für $x = 0{,}5$

06-00-39

n	$e^{0,5} - \sum\limits_{k=0}^{n} \dfrac{0{,}5^k}{k!}$
0	0,648 721 270 700 128
1	0,148 721 270 700 128
2	0,023 721 270 700 128
3	0,002 887 937 366 795
4	0,000 283 770 700 128
5	0,000 023 354 033 461
6	0,000 001 652 644 572
7	0,000 000 102 545 366
8	0,000 000 005 664 166
9	0,000 000 000 281 877

```
\usepackage{tabularx,numprint,spreadtab}

\nprounddigits2
\begin{spreadtab}{{tabularx}{0.8\linewidth}{|
  >{\rule[-1.2ex]{0pt}{4ex}}X >{{\bfseries}}N42
  >{\bfseries}c N42 >{\bfseries}c N42|}}\hline
@Pos. & @\multicolumn{1}{c}{Preis/Einh.} & @\multicolumn{1}{c}{Anzahl} &
@\multicolumn{1}{c}{Preis} & @\multicolumn{1}{c}{Rabatt} & @\textbf{Netto}\\\hline
```

```
@1 & 5.99 & 20 & [-2,0]*[-1,0] & $-:={20}\%$ & [-2,0]*(1-[-1,0]/100)\\
@2 & 12   & 7  & [-2,0]*[-1,0] & $-:={10}\%$ & [-2,0]*(1-[-1,0]/100)\\
@3 & 4.50 & 40 & [-2,0]*[-1,0] & $-:={35}\%$ & [-2,0]*(1-[-1,0]/100)\\
@4 & 650  & 2  & [-2,0]*[-1,0] & $-:={15}\%$ & [-2,0]*(1-[-1,0]/100)\\\hline
@\multicolumn{6}{c}{\vspace{-1.5ex}}\\\cline{4-6}
@\multicolumn{1}{c}{\rule[-1.2ex]{0pt}{4ex}} &
@\multicolumn{2}{r|}{Summe} & sum(d2:[0,-2])
  & \multicolumn{1}{c}{$:={round(((([1,0]/[-1,0]-1)*100,0)}\%$}
  & {\bfseries}:={sum(f2:[0,-2])}\\\cline{4-6}
@\multicolumn{3}{r|}{} & @\multicolumn{1}{r}{\textbf{MWSt}} & @ 19\%
  & {\bfseries}:={[0,-1]*0.19}\\\cline{4-6}
@\multicolumn{3}{r|}{} &
@\multicolumn{2}{r}{\textbf{Endsumme}} & {\bfseries}:={[0,-2]+[0,-1]}\\\cline{4-6}
\end{spreadtab}
```

06-00-40

Pos.	Preis/Einh.	Anzahl	Preis	Rabatt	**Netto**
1	**5,99**	20	119,80	−20%	95,84
2	**12,00**	7	84,00	−10%	75,60
3	**4,50**	40	180,00	−35%	117,00
4	**650,00**	2	1 300,00	−15%	1 105,00
		Summe	1 683,80	−17%	**1 393,44**
			MWSt	19%	**264,75**
			Endsumme		**1 658,19**

```
\usepackage{booktabs,paralist,dcolumn,ragged2e}
\newenvironment{Vorteile}
  {\hbox{}\vspace{-\baselineskip}\begin{compactitem}[$\oplus$]}
  {\hbox{}\vspace{-\baselineskip}\end{compactitem}}
\newenvironment{Nachteile}
  {\hbox{}\vspace{-\baselineskip}\begin{compactitem}[$\ominus$]}
  {\hbox{}\vspace{-\baselineskip}\end{compactitem}}
\newcolumntype{v}[1]{>{\RaggedRight\hspace{0pt}}p{#1}}

\sffamily\footnotesize
\begin{tabular}{@{}v{1.4cm}*{2}{v{6.9cm}}@{}}\toprule
Material & Vorteile & Nachteile \\\cmidrule(r){1-1}\cmidrule(rl){2-2}\cmidrule(l){3-3}
Edelstahl
  & \begin{Vorteile}
    \item robust \item preisgünstig \item leicht zu verarbeiten
    \item unterschiedliche Durchmesser und Längen im Handel erhältlich
    \end{Vorteile}
  & \begin{Nachteile}
    \item nur inert bei geringen Temperaturen in Verbindung mit bestimmten Substanzen
    \item Oxidationen der Oberfläche führen zu unsymmetrischen Peaks
    \item Zersetzung durch Verunreinigungen der Legierungsform
```

```
            \end{Nachteile} \tabularnewline\cmidrule(r){1-1}\cmidrule(rl){2-2}\cmidrule(l){3-3}
Glas
    & \begin{Vorteile}%
      \item fast vollständig inert
      \item durchsichtig, bessere Kontrolle der Packung auf Gleichmäßigkeit
      \end{Vorteile}%
    & \begin{Nachteile}%
      \item aufwendige Reinigung der Säule
      \item keine Analyse von aggressiver Fluoride möglich
      \item leicht zerbrechlich
      \item Knallgasexplosion beim Zerbrechen bei erhitzter Kapillare und
            Wasserstoff als Trägergas
      \end{Nachteile} \tabularnewline\cmidrule(r){1-1}\cmidrule(rl){2-2}\cmidrule(l){3-3}
Nickel
    & \begin{Vorteile}%
      \item stabil
      \item Analyse von empfindlichen Substanzen möglich, z\,.B. Steroide, Analgetica
            und Barbiturate
      \end{Vorteile}%
    & \begin{Nachteile}%
      \item nicht so inert wie Glassäulen
      \end{Nachteile} \tabularnewline\cmidrule(r){1-1}\cmidrule(rl){2-2}\cmidrule(l){3-3}
Kupfer
    & \begin{Vorteile}%
      \item leicht zu verarbeiten
      \end{Vorteile}%
    & \begin{Nachteile}
      \item Oberfläche ist autoxydabel
      \item Kupferoxid oxidiert organische Stoffe
      \item ungeeignet wenn Sauerstoff im Trägergas vorhanden ist
      \item aufwendiges Herstellungsverfahren
      \end{Nachteile} \tabularnewline\cmidrule(r){1-1}\cmidrule(rl){2-2}\cmidrule(l){3-3}
Teflon
    & \begin{Vorteile}
      \item vollständig inert
      \item Analyse von aggressiven Substanzen möglich
      \end{Vorteile}
    & \begin{Nachteile}
      \item Material kann mikroporös sein, Spurenelemente der Außenluft rufen negative
            Effekte bei der Analyse hervor
      \end{Nachteile} \tabularnewline\cmidrule(r){1-1}\cmidrule(rl){2-2}\cmidrule(l){3-3}
Silizium
    & \begin{Vorteile}
      \item fast vollständig inert
      \item nahezu unbegrenzte Rohstoffreserven
      \item autoxydable Bildung von nativen Siliziumdioxiden
      \end{Vorteile}
    & \begin{Nachteile}
      \item zerbrechlicher als Metalle
      \end{Nachteile} \tabularnewline\addlinespace\bottomrule
  \end{tabular}
```

06-00-41

Material	Vorteile	Nachteile
Edelstahl	⊕ robust ⊕ preisgünstig ⊕ leicht zu verarbeiten ⊕ unterschiedliche Durchmesser und Längen im Handel erhältlich	⊖ nur inert bei geringen Temperaturen in Verbindung mit bestimmten Substanzen ⊖ Oxidationen der Oberfläche führen zu unsymmetrischen Peaks ⊖ Zersetzung durch Verunreinigungen der Legierungsform
Glas	⊕ fast vollständig inert ⊕ durchsichtig, bessere Kontrolle der Packung auf Gleichmäßigkeit	⊖ aufwendige Reinigung der Säule ⊖ keine Analyse von aggressiver Fluoride möglich ⊖ leicht zerbrechlich ⊖ Knallgasexplosion beim Zerbrechen bei erhitzter Kapillare und Wasserstoff als Trägergas
Nickel	⊕ stabil ⊕ Analyse von empfindlichen Substanzen möglich, z.B. Steroide, Analgetica und Barbiturate	⊖ nicht so inert wie Glassäulen
Kupfer	⊕ leicht zu verarbeiten	⊖ Oberfläche ist autoxydabel ⊖ Kupferoxid oxidiert organische Stoffe ⊖ ungeeignet wenn Sauerstoff im Trägergas vorhanden ist ⊖ aufwendiges Herstellungsverfahren
Teflon	⊕ vollständig inert ⊕ Analyse von aggressiven Substanzen möglich	⊖ Material kann mikroporös sein, Spurenelemente der Außenluft rufen negative Effekte bei der Analyse hervor
Silizium	⊕ fast vollständig inert ⊕ nahezu unbegrenzte Rohstoffreserven ⊕ autoxydable Bildung von nativen Siliziumdioxiden	⊖ zerbrechlicher als Metalle

Die im Folgenden gezeigte Lösung erlaubt es, den Inhalt des Tabellenfeldes nahezu beliebig zu formatieren. Sie basiert auf einer speziellen Umgebung, welche sich mit Hilfe des Paketes environ von Will Robertson definieren lässt. Im Gegensatz zu den sonst in LATEX üblichen Umgebungen wird hier der Text, der sich zwischen \begin{...} und \end{...} befindet, nicht sofort ausgegeben, sondern stattdessen in einem Makro gespeichert. Man hat danach vielfältige Möglichkeiten, den Inhalt dieses Makros zu bearbeiten, bevor er tatsächlich ausgegeben wird. Im folgenden Beispiel wird die erwähnte Umgebung für die Definition eines neuen Spaltenmodifikators C genutzt. Zusätzlich zum Zentrieren wird bei Angabe von C der Inhalt der betreffenden Spalte in recht ungewöhnlicher Weise bearbeitet; er wird vertikal gespiegelt.

U	Λ	W
LATEX	F⅃TEX	LATEX
X	Λ	Z

06-00-42

```
\usepackage{array,environ,graphicx}
\NewEnviron{collectC}{%
  \mbox{}\scalebox{1}[-1]{%
    \raisebox{-\height}{\BODY}}}
\newcolumntype{C}{>{\begin{collectC}} c
                  <{\end{collectC}}}

\begin{tabular}{|l C r|}          \hline
    U    & V     & W        \\
  \LaTeX & \LaTeX & \LaTeX \\
    X    & Y     & Z        \\\hline
\end{tabular}
```

Die Erstellung von Tabellen mit einem Schleifenmakro ist nicht ganz einfach, da das Erstellen einer Tabelle unter LATEX ein recht komplexer Vorgang ist.

```
\usepackage{ltablex,ragged2e}
\keepXColumns
\newcolumntype{C}{>{\Centering}X}
\newcolumntype{P}[1]{>{\Centering}p{#1}}
%----------- Nach einem Vorschlag von David Kastrup -----------
\newcommand\replicate[2]{\ifnum#1>0 #2%
  \expandafter\replicate\expandafter{\number\numexpr#1-1}{#2}\fi}
\newcommand*\ZeilenZahl{79} \newcounter{N}
\newcommand*\Platz{\rule[-1.8mm]{0pt}{6mm}}

\begin{tabularx}{\linewidth}{|r|c|P{3cm}|C|P{3cm}|} \hline
\textbf{Nr.} & \textbf{Vorname} & \textbf{Nachname}
  & \textbf{Anschrift} & \textbf{Unterschrift} \Platz \\ \hline
\endhead
%
\replicate{\ZeilenZahl}{\stepcounter{N}\theN &&&& \Platz \\ \hline}
%
\end{tabularx}
```

06-00-43

Eine Umfrage

Nr.	Vorname	Nachname	Anschrift	Unterschrift
1				
2				
3				
4				
5				
6				
7				
8				
9				
10				
11				
12				
13				
14				
15				
16				
17				
18				
19				
20				
21				
22				
23				
24				
25				
26				

1

Eine Umfrage

Nr.	Vorname	Nachname	Anschrift	Unterschrift
27				
28				
29				
30				
31				
32				
33				
34				
35				
36				
37				
38				
39				
40				
41				
42				
43				
44				
45				
46				
47				
48				
49				
50				
51				
52				

2

```
\usepackage{booktabs}
\usepackage{dcolumn}
\newcommand\mc[1]{\multicolumn{1}{@{}c@{}}{#1}}
\newcolumntype{x}{D{.}{.}{3.2}@{\kern1pt\%\kern10pt}}
\newcolumntype{y}{D{.}{.}{3.1}@{\%\kern10pt}}

\begin{tabular}{@{} r @{\kern2pt} yyy x y x yyy @{}}\toprule
 &\mc{CSY} &\mc{Ezaki}  &\mc{Holz}&\mc{Maddison}&\mc{Wong}     &\mc{Chow}  &\mc{Wang}
   &\mc{Scheibe}&\mc{IMF} \\
 &\mc{}      &\mc{and Sun}&\mc{}     &\mc{}           &\mc{and Chan}&\mc{and Li}&\mc{and Yao}
   &\mc{}       & \mc{}\\
 &\mc{2006}&\mc{1999}    &\mc{2005}&\mc{2007}     &\mc{2003}     &\mc{2002}  &\mc{2003}
   &\mc{2003}   & \mc{}\\\midrule
1978 & 11.7 &\mc{} & 11.7 & 7.71 &\mc{} & 7.60 & 7.6 & 7.6 &\mc{} \\
1979 & 7.6 &\mc{} & 7.6 & 3.37 &\mc{} & 7.81 & 7.8 & 7.6 &\mc{} \\
1980 & 7.8 &\mc{} & 7.8 & 5.98 &\mc{} & 5.26 & 5.2 & 5.2 & 7.9 \\
1981 & 5.2 & 5.2 & 5.2 & 7.52 & 5.3 & 9.01 & 9.1 & 9.1 & 4.7 \\
1982 & 9.1 & 9.3 & 9.1 & 8.48 & 12.1 & 10.89 & 10.9 & 10.9 & 9.1 \\
1983 & 10.9 & 11.2 & 10.9 & 12.45 & 9.6 & 15.18 & 15.2 & 15.2 & 10.9 \\\bottomrule
% \mc{} in leeren Feldern, damit das %-Zeichen nicht ausgegeben wird.
\end{tabular}
```

	CSY	Ezaki and Sun	Holz	Maddison	Wong and Chan	Chow and Li	Wang and Yao	Scheibe	IMF
	2006	1999	2005	2007	2003	2002	2003	2003	
1978	11.7%		11.7%	7.71%		7.60%	7.6%	7.6%	
1979	7.6%		7.6%	3.37%		7.81%	7.8%	7.6%	
1980	7.8%		7.8%	5.98%		5.26%	5.2%	5.2%	7.9%
1981	5.2%	5.2%	5.2%	7.52%	5.3%	9.01%	9.1%	9.1%	4.7%
1982	9.1%	9.3%	9.1%	8.48%	12.1%	10.89%	10.9%	10.9%	9.1%
1983	10.9%	11.2%	10.9%	12.45%	9.6%	15.18%	15.2%	15.2%	10.9%

06-00-44

```
\usepackage{tabto}

\begin{testArea}% siehe Präambel des Beispiels -> CTAN
   \NumTabs{4}
   Ente \tab Gans \tab Pute \tab Blesshuhn \par
        \tab      \tab      \tab Auerhahn
\end{testArea}

\bigskip
\begin{testArea}
   \TabPositions{1.5cm,5cm,8cm}
   Ente \tab Gans \tab Pute \tab Blesshuhn \par
        \tab      \tab      \tab Auerhahn
\end{testArea}

\bigskip
\begin{testArea}
   Ente           \tabto{1.5cm} Gans      \tabto{5cm}   Pute \tabto{8cm}
   Blesshuhn \par \tabto{8cm}    Auerhahn \tabto*{4cm} Pelikan
\end{testArea}
```

06-00-45

Die Datendatei für das Folgende Beispiel ist eine typische »kommaseparierte« Liste, die Zeilenweise die Datensätze enthält und mit allen Datenbankprogrammen durch eine entsprechende Exportoption erstellt werden kann.

```
vorname;nachname;strasse;ort;zuzahlen;bezahlt
Nicole;Müller;Schillerplatz 61;18419 Vogelow;100,0;100,0
Tom;Lehmann;Nachtigallgasse 11;29098 Altaue;100,0;100,0
Tim;Wagner;Amselplatz 92;46917 Langenhausen;100,0;0,0
Moritz;Müller;Waldallee 71;55348 Kirchstein;100,0;0,0
Susi;Mayer;Sonnenweg 27a;83675 Heidehausen;100,0;100,0
Ines;Mayer;Wasserallee 83a;26118 Kirchfurt;100,0;100,0
Uwe;Meier;Sonnenplatz 7;07514 Vogelburg;100,0;0,0
Mandy;Berger;Goetheweg 25;03783 Wolfental;100,0;100,0
Tim;Grönwald;Wiesenplatz 9a;90778 Moosow;100,0;50,0
Jenny;Köster;Finkenallee 29c;53522 Wiesenow;100,0;100,0
Marko;Mayer;Amselweg 11c;32108 Grünstein;100,0;100,0
Jenny;Berger;Wiesenallee 82;72044 Moosaue;0,0;0,0
```

```
\usepackage{datatool}
\usepackage{eurosym,booktabs}
\DTLsetseparator{;}
\DTLsetnumberchars{}{,}
\DTLsetdefaultcurrency{\texteuro~}
\DTLloaddb{list}{data/data2d.csv}
\DTLsort{nachname,vorname}{list}
\DTLsumforkeys{list}{zuzahlen}{\soll}
\DTLsumforkeys{list}{bezahlt}{\haben}

\small\addtolength\tabcolsep{-1pt}
\begin{tabular}{@{} r llll rr @{}}\toprule
ID & Vorname & Nachname & Straße & Ort & zu zahlen & bezahlt \\\midrule
\DTLforeach{list}{% definiere Listenelemente
 \first=vorname,\last=nachname,\address=strasse,
 \town=ort,\fee=zuzahlen,\paid=bezahlt}{%
    \\ \theDTLrowi & \first & \last & \address & \town & \euro\, %
       \DTLifcurrency {\fee} % wenn \fee eine Währungsangabe ist
         {\DTLconverttodecimal{\fee}{\fee} % dann konvertiere nach decimal
                                         % und speicher den Wert wieder in \fee
          {\fee}} % gebe den Wert von \fee aus
          {\fee}    % wenn keine Währung, dann nur ausgeben
  & \euro\, \DTLifcurrency{\paid}% wenn \paid eine Währungsangabe ist
   {\DTLconverttodecimal{\paid}{\paid}{\paid}} % dann konvertiere
   {\paid}} \\\midrule                    % sonst Ausgabe von \paid
& & & & & \DTLdecimaltocurrency{\soll}{\soll}\euro\,\soll& %
\DTLdecimaltocurrency{\haben}{\haben}\euro\,\haben \\\bottomrule
\end{tabular}
```

ID	Vorname	Nachname	Straße	Ort	zu zahlen	bezahlt	06-00-46
1	Jenny	Berger	Wiesenallee 82	72044 Moosaue	€ 0,0	€ 0,0	
2	Mandy	Berger	Goetheweg 25	03783 Wolfental	€ 100,0	€ 100,0	
3	Tim	Grönwald	Wiesenplatz 9a	90778 Moosow	€ 100,0	€ 50,0	
4	Jenny	Köster	Finkenallee 29c	53522 Wiesenow	€ 100,0	€ 100,0	
5	Tom	Lehmann	Nachtigallgasse 11	29098 Altaue	€ 100,0	€ 100,0	
6	Ines	Mayer	Wasserallee 83a	26118 Kirchfurt	€ 100,0	€ 100,0	
7	Marko	Mayer	Amselweg 11c	32108 Grünstein	€ 100,0	€ 100,0	
8	Susi	Mayer	Sonnenweg 27a	83675 Heidehausen	€ 100,0	€ 100,0	
9	Uwe	Meier	Sonnenplatz 7	07514 Vogelburg	€ 100,0	€ 0,0	
10	Moritz	Müller	Waldallee 71	55348 Kirchstein	€ 100,0	€ 0,0	
11	Nicole	Müller	Schillerplatz 61	18419 Vogelow	€ 100,0	€ 100,0	
12	Tim	Wagner	Amselplatz 92	46917 Langenhausen	€ 100,0	€ 0,0	
					€ 1100,00	€ 750,00	

Fragen und Antworten

7.1 DANTE e. V.

Die »Deutschsprachige Anwenderveinigung der TₑX-Benutzer« (http://www.dante.de) wurde 1989 mit dem Ziel gegründet, den deutschsprachigen Raum in allen Belangen, die das Satzsystem TₑX betreffen, zu unterstützen. Unterstützt durch über 2000 Mitglieder fördert und entwickelt DANTE e. V. Software und Literatur zur Unterstützung von TₑX, organisiert Tagungen und veröffentlicht die Zeitschrift »Die TₑXnische Komödie«. Mitglieder erhalten die Zeitschrift und die jährliche DVD TₑX-Collection kostenlos, welche TₑX Live, MacTₑX, proTₑXt und den CTAN-Abzug enthält. Eine erste Anlaufstation für Fragen und Probleme im Umgang mit LᴬTₑX, die nicht mit diesem Buch gelöst werden können, sollte die FAQ von DANTE e. V. sein, die unter http://projekte. dante.de/DanteFAQ/WebHome zu erreichen ist. Dort erhält man auch alle ergänzenden Informationen zu öffentlichen Mailinglisten und Newsgruppen.

7.2 Dokumentationen

Bis auf relativ wenige Ausnahmen kommt jedes Paket mit einer eigenen Dokumentation, die ebenso zur TₑX-Distribution gehört, wie die Stil- oder Klassendatei des Pakets. Diese Dokumentation kann über den Befehl texdoc jederzeit aufgerufen werden. Je nach vorhandenem Betriebssystem wird ein entsprechender Betrachter gestartet, der die Datei anzeigt. Abbildung 7.1 auf der nächsten Seite zeigt das Ergebnis vom Aufruf »texdoc tabularx« für das Betriebssystem Linux.

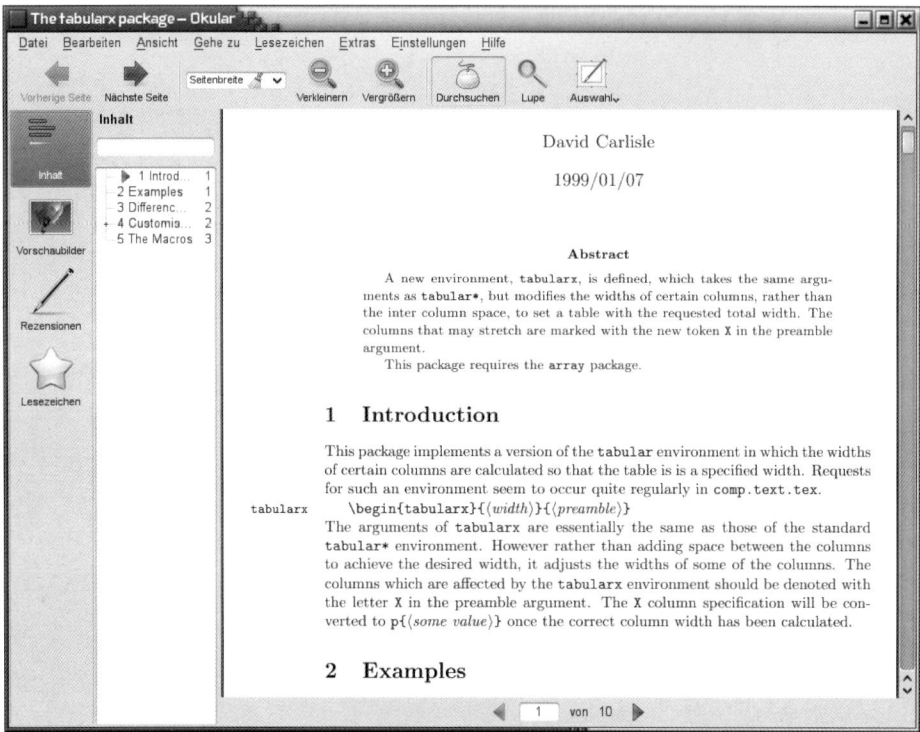

Abbildung 7.1: Anzeige der Paketdocumentation mit texdoc.

Alternativ kann man auch die grafische Umgebung texdoctk aufrufen (Abbildung 7.2), die aber nicht ganz aktuell ist, da ihre Liste der Pakete, die man durch Klicken auf einen der Auswahlbutton bekommt, etwas veraltet ist. Ein Beispiel der Ausgabe zeigt Abbildung 7.3 auf der nächsten Seite.

TeX Documentation Browser		
Quit Search texdoctk's database		Settings Help/About
Guides and tutorials	Diagrams	Auxiliary tools
Fundamentals	Slides	Education
Macro programming	Tables, arrays and lists	TeX on the Web
Accessory programs	ToC, index and glossary	Extended Systems
Fonts / Metafont	Bibliography	The TeX Live Guide
Languages/national specials	Mathematics	Music
General layout	Special text elements	Compuscripts
Floats	Typesetting labels	Games
Graphics	Verbatim and code printing	Miscellaneous

Abbildung 7.2: Die grafische Oberfläche des Hilfsprogramms texdoctk.

Manche Paketautoren verzichten auf eine eigenständige Dokumentation und geben Kurzhinweise direkt in der Paketdatei selbst, beispielsweise für das Paket threeparttable. Unter der Voraussetzung, dass ein entsprechender Link zu dem Paket besteht, zeigt tex-

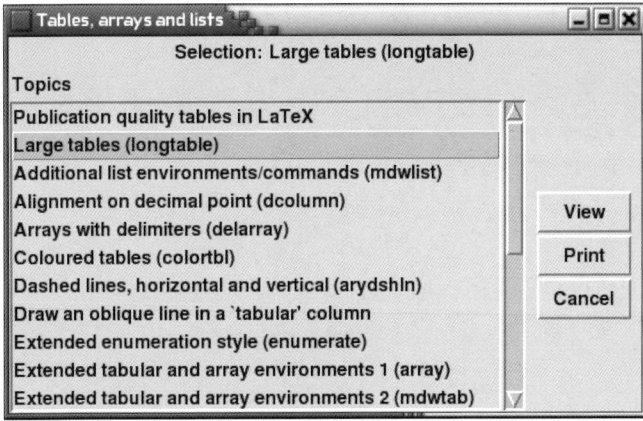

Abbildung 7.3: Auswahlmenü der Option Tabellen und Listen.

doc dann auch diese Datei an. Den Speicherort des Paketes findet man durch Ausführen des Befehls kpsewhich <Datei>, der für Windows mit der Eingabeaufforderung das in Abbildung 7.4 gezeigte Ergebnis liefert. Gibt es keine Ausgabe, so ist das Paket nicht installiert oder der Paketname wurde falsch geschrieben.

```
Microsoft Windows [Version 6.1.7600]
Copyright (c) 2009 Microsoft Corporation. Alle Rechte vorbehalten.

C:\Users\voss>kpsewhich tabularx.sty
c:/texlive/2009/texmf-dist/tex/latex/tools/tabularx.sty

C:\Users\voss>_
```

Abbildung 7.4: Anwendung des Programms kpsewhich unter der Windows Eingabeaufforderung

Mit einem normalen Editor kann diese Datei jetzt geladen und die Beschreibung gelesen werden.

Sehr häufig können die TeX-Quellen der Dokumentation eine Hilfe sein; der Anwender kann direkt nachvollziehen, wie gewisse Dinge erreicht wurden. Alle Quelldateien findet man für TeX Live im Verzeichnis $TEXMF/texmf-dist/source/latex/ und für MiKTeX im Verzeichnis ...\MiKTeX 2.8\source[1].

TeX-Quellen

7.3 Tabellen als Gleitobjekte

Eine Tabelle vom Typ longtable inkrementiert intern den Zähler table, auch wenn die Tabelle selbst keinen \caption-Befehl aufweist. Dadurch kann es zu einer falschen Zählung kommen, wenn *nach* der longtable noch eine Gleitumgebung vom Typ table

---

[1]Für andere MiKTeX-Versionen ist der Pfad entsprechend anzupassen.

folgt. Im folgenden Beispiel wird die Gleitumgebung durch T_EX zwar vor die `longtable` gesetzt, hat aber trotzdem die falsche Nummer.

```
\caption-Demo

───────────────

Tabelle 2: Eine Tabellenüber-
schrift mit falscher Zählung.

   ┌─────────────────────────┐
   │   Eine normale Tabelle  │
   └─────────────────────────┘


 ┌────────────────────────────────┐
 │ Eine longtable ohne \caption.  │
 └────────────────────────────────┘




              Seite 1
```

07-03-1

```
\usepackage{longtable}

\begin{longtable}{|c|}\hline
Eine \texttt{longtable} ohne
\texttt{\textbackslash caption}.\\\hline
\end{longtable}

\begin{table}
\centering
\caption{Eine Tabellenüberschrift mit
         falscher Zählung.}
\begin{tabular}{|c|}\hline
Eine normale Tabelle\\\hline
\end{tabular}
\end{table}
```

Das Problem kann behoben werden, indem bei einer `longtable` *ohne* Beschriftung der Tabellenzähler `table` nach der Tabelle um Eins heruntergesetzt wird.

```
\caption-Demo

───────────────

Tabelle 1: Eine Tabellenüber-
schrift mit richtiger Zäh-
lung.

   ┌─────────────────────────┐
   │   Eine normale Tabelle  │
   └─────────────────────────┘


 ┌────────────────────────────────┐
 │ Eine longtable ohne \caption.  │
 └────────────────────────────────┘




              Seite 1
```

07-03-2

```
\usepackage{longtable}

\begin{longtable}{|c|}\hline
Eine \texttt{longtable} ohne
\texttt{\textbackslash caption}.\\\hline
\end{longtable}
\addtocounter{table}{-1}%%%%

\begin{table}
\centering
\caption{Eine Tabellenüberschrift mit
         richtiger Zählung.}
\begin{tabular}{|c|}\hline
Eine normale Tabelle\\\hline
\end{tabular}
\end{table}
```

Literaturverzeichnis

[1] Paul W. Abrahams, Karl Berry und Kathryn Hargreaves. TeX for the Impatient, 2003.   CTAN: /info/impatient/book.pdf

[2] Hendri Adriaens. The xkeyval - package, 2005.
    CTAN: /macros/latex/contrib/xkeyval/

[3] Hendri Adriaens und Uwe Kern. »xkeyval – new developments and mechanism in key handling«. *TUGboat*, 25(2):194-198, 2004.

[4] Donald Arseneau. The threeparttable package, 2003. Version 3.0.
    CTAN: /macros/latex/contrib/ltxmisc/

[5] Donald Arseneau. The tabls package, 2006. Version 3.5.
    CTAN: /macros/latex/contrib/ltxmisc/

[6] Donald Arseneau. The tabto package, 2006. Version 1.0.
    CTAN: /macros/latex/contrib/ltxmisc/

[7] Enrico Bertolazzi. The easytable package, 2001. Version 1.0.
    CTAN: /macros/latex/contrib/easy/

[8] Johannes Braams und Theo Jurriens. The supertabular package, 2004. Version 4.1e.   CTAN: /macros/latex/contrib/supertabular/

[9] D. Carlisle und S. Rahtz. The keyval - package, 2001.
    CTAN: /macros/latex/required/graphics/

[10] David Carlisle. The delarray package, 1994. Version 1.01.
    CTAN: /macros/latex/contrib/tools/

[11] David Carlisle. The hhline package, 1994. Version 2.03.
    CTAN: /macros/latex/contrib/carlisle/

[12] David Carlisle. The `ltxtable` package, 1995. Version 0.2.

CTAN: /macros/latex/contrib/carlisle/

[13] David Carlisle. The `blkarray` package, 1999. Version 0.05.

CTAN: /macros/latex/contrib/carlisle/blkarray/

[14] David Carlisle. The `tabularx` package, 1999. Version 2.07.

CTAN: /macros/latex/contrib/carlisle/

[15] David Carlisle. The `colortbl` package, 2001. Version 0.1j.

CTAN: /macros/latex/contrib/carlisle/

[16] David Carlisle. The `dcolumn` package, 2001. Version 1.06.

CTAN: /macros/latex/contrib/carlisle/

[17] David Carlisle. Das `longtable` Paket, 2004. Version 4.11.

CTAN: /macros/latex/required/tools/longtable.pdf

[18] David Carlisle. The `tabulary` package, 2008. Version 0.9.

CTAN: /macros/latex/contrib/carlisle/

[19] Hans-Peter Dörr. The `exceltex` package, 2006. Version 0.51.

CTAN: /macros/latex/contrib/xtab/

[20] Wybo Dekker. The `ctable` package, 2009. Version 1.15.

CTAN: /macros/latex/contrib/ctable/

[21] Michael Downes. Short Math Guide for LaTeX. American Mathematical Society, 2002.

http://www.ams.org/tex/short-math-guide.html

[22] Jean-Pierre Drucbert. The `Tabbing` package, 1997. Version 1.0.

CTAN: /macros/latex/contrib/Tabbing/

[23] Victor Eijkhout. TeX by Topic, 1992.

http://www.eijkhout.net/tbt/

[24] Simon Fear. The `booktabs` package, 2005. Version 1.6183.

CTAN: /macros/latex/contrib/booktabs/

[25] Anil Goel. The `ltablex` package, 1995. Version 1.0.

CTAN: /macros/latex/contrib/ltablex/

[26] Michel Goossens, Frank Mittelbach, Sebastian Rahtz, Denis Roegel und Herbert Voß. The LaTeX Graphics Companion: Illustrating Documents with TeX and PostScript, Second Edition. Tools and Techniques for Computer Typesetting. Addison-Wesley, Reading, MA, 2007.

[27] Eckhart Guthöhrlein. The `rccol` package, 2005. Version 1.2c.

CTAN: /macros/latex/contrib/rccol/

[28] Alan Hoenig. TeX Unbound: LaTeX & TeX Strategies, Fonts, Graphics, and More. Oxford University Press, London, 1998.

[29] Uwe Kern. Color extensions with the `xcolor` package, 2007. Version 2.11.

CTAN: /macros/latex/contrib/xcolor/

[30] Donald E. Knuth. The TEXbook. Addison Wesley Professional, 21. Auflage, 1986.

[31] Markus Kohm. »Satzspiegelkonstruktionen im Vergleich«. *Die TEXnische Komödie*, 14(4):28–48, 2002. http://www.dante.de/dante/DTK/PDF/komoedie_2002_4.pdf

[32] Helmut Kopka. LATEX—Eine Einführung. Addison-Wesley Verlag, Bonn, Germany, 3. Auflage, 2000. ISBN 3-89319-338-3.

[33] Helmut Kopka und Patrick W. Daly. Guide to LATEX. Addison-Wesley, Reading, MA, 4. Auflage, 2004.

[34] Leslie Lamport. Das LATEX Handbuch. Addison-Wesley, Bonn, Germany, 1995. ISBN 0-201-15790-X.

[35] Olga Lapko. The makecell package, 2009. Version 0.1e.
CTAN: /macros/latex/contrib/makecell/

[36] Jerry Leichter und Piet van Oostrum. The bigdelim package, 1994. Version 1.
CTAN: /macros/latex/contrib/multirow/

[37] Jerry Leichter und Piet van Oostrum. The bigstrut package, 1994. Version 1.
CTAN: /macros/latex/contrib/multirow/

[38] Jerry Leichter und Piet van Oostrum. The multirow package, 2004. Version 1.6.
CTAN: /macros/latex/contrib/multirow/

[39] Hubert Gäßlein und Rolf Niepraschk. The pict2e - package, 2004.
CTAN: /macros/latex/contrib/pict2e/

[40] Andres Löh. The polytable package, 2005. Version 0.8.2.
CTAN: /macros/latex/contrib/polytable/

[41] Frank Mittelbach und David Carlisle. The array package, 2008. Version 2.4c.
CTAN: /macros/latex/contrib/tools/

[42] Frank Mittelbach, Michel Goossens, Johannes Braams, David Carlisle und Chris Rowley. Der LATEX Begleiter. Addison-Wesley, Reading, MA, 2. Auflage, 2006.

[43] Lapo Filippo Mori. »Tables in LATEX 2_ε: Packages and Methods«. *The PracTEX Journal*, (1):1–38, 2007.

[44] Hiroshi Nakashima. The arydshln package, 2004. Version 1.71.
CTAN: /macros/latex/contrib/arydshln/

[45] Josselin Noirel. The cellspace package, 2009. Version 1.6.
CTAN: /macros/latex/contrib/cellspace/

[46] Heiko Oberdiek. The tabularkv package, 2006. Version 1.1.
CTAN: /macros/latex/contrib/oberdiek/

[47] Heiko Oberdiek. The tabularht package, 2007. Version 2.5.
CTAN: /macros/latex/contrib/oberdiek/

[48] Scott Pakin. The Comprehensive LATEX Symbol List. CTAN, 2009.
CTAN: /info/symbols/comprehensive/symbol-a4.pdf

[49] Hubert Partl. »German TEX«. *TUGBoat*, 9(1):70-72, 1988.

[50] Axel Reichert. Satz von Tabellen, 1999. CTAN: /info/german/tabsatz/tabsatz.pdf

[51] Wayne Rochester. The warpcol package, 2007. Version 1.0c.

CTAN: /macros/latex/contrib/warpcol/

[52] Sigitas Tolušis. The stabular package, 1998.

CTAN: /macros/latex/contrib/sttools/

[53] Nicola Talbot. Databases and data manipulation, 2009. Version 2.03.

CTAN: /macros/latex/contrib/datatool/

[54] The LATEX team. clsguide – documentation pf LATEX class and package writing, 2003. CTAN: /macros/latex/base/clsguide.pdf

[55] Herbert Voß. PSTricks – Grafik mit PostScript für TEX und LATEX. DANTE/LOB-media.de, Berlin, 5. Auflage, 2008.

[56] Herbert Voß. Mathematiksatz mit LATEX. DANTE/LOB-media.de, Berlin, Heidelberg, 2009.

[57] Herbert Voß. LATEX Referenz. DANTE/LOB-media.de, Berlin, Heidelberg, 2. Auflage, 2010.

[58] Michael Wiedmann. References for TEX and Friends, 2005.

http://www.miwie.org/tex-refs/

[59] Peter Wilson. The xtab package, 2008. Version 2.3c.

CTAN: /macros/latex/contrib/xtab/

[60] Mark Wooding. The mdwtab package, 1998. Version 1.9.

CTAN: /macros/latex/contrib/mdwtab/

[61] Joseph Wright. The siunitx - package, 2009. Version 1.3c.

CTAN: /macros/latex/contrib/siunitx/

[62] Koichi Yasuoka. The slashbox package, 1993.

CTAN: /macros/latex/contrib/slashbox/

Index der Befehle und Begriffe

In diesem Index sind sämtliche Befehle und Sachbegriffe zusammengefasst. Um diese besser zuordnen zu können, ist ihr jeweiliger »Typ« mit einem Schlüsselwort versehen, wie beispielsweise *Paket, Env.* (Environment – Umgebung), *Option, Wert* (Optionswert), *Länge, Programm* oder/und dem jeweiligen Paketnamen, in dem dieser Begriff oder Befehl behandelt wird. Fehlt ein Paketname bei einem Befehl oder einer Umgebung, so ist davon auszugehen, dass es sich um einen LaTeX-Standardnamen handelt. Die Angabe »Wert« bezieht sich jeweils auf eine Option, der dieser Wert zugewiesen werden kann und »demo« auf ein reines Beispiel, in dem dort dieses Makro oder die Länge oder ein anderer Typ definiert wurde.

Ein *kursiver* Eintrag weist darauf hin, dass der Begriff oder Befehl in einem Beispiel auf der angegebenen Seite zu finden ist. Eine **fette** Seitennummer ist wie üblich der Hinweis auf einen Haupteintrag, bei dem der Begriff oder Befehl eingehender behandelt wird.

Personen

21 Jahre ꝺɑnꝺe e.V.

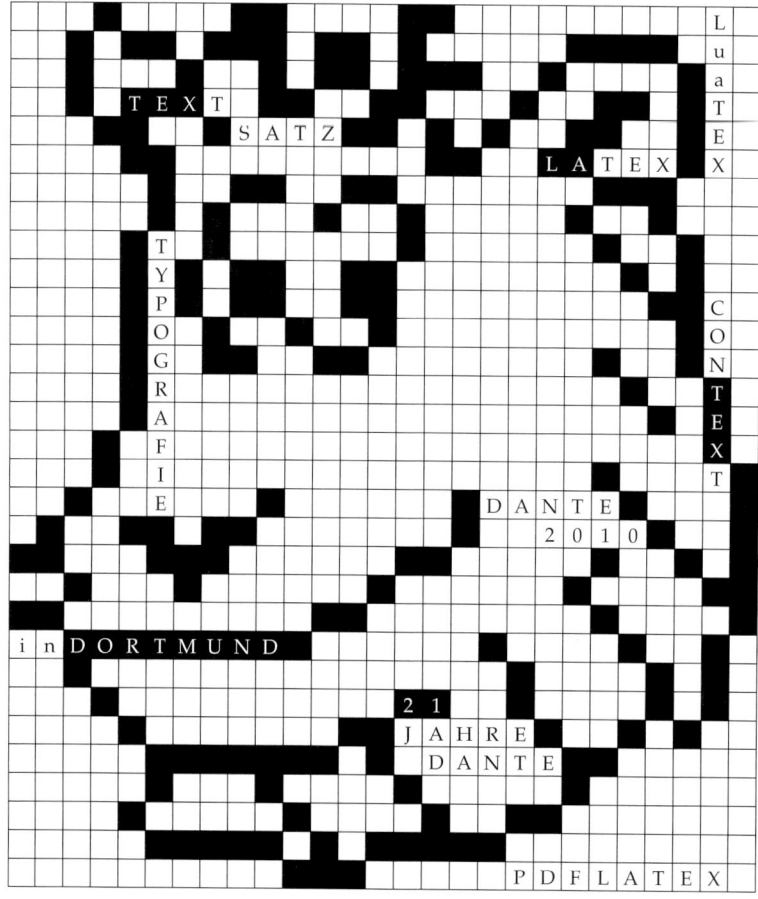

ꝺɑnꝺe, Deutschsprachige Anwendervereinigung TeX e.V., wurde am 14. April 1989 in Heidelberg gegründet. Zweck des Vereins ist die Unterstützung und Beratung von TeX-Benutzern im gesamten deutschsprachigen Raum.

Hierzu betreibt ꝺɑnꝺe e.V. den deutschen Hauptknoten von CTAN, dem weltweiten Software-Archiv für TeX, veranstaltet Tagungen, bietet einen Beraterkreis für Mitglieder und unterhält einen Projektfonds zur Unterstützung der Weiterentwicklung von TeX.

Mitglieder erhalten viermal jährlich die Zeitschrift „Die TeXnische Komödie" und einmal im Jahr die „TeX-Collection DVD-ROM".

ꝺɑnꝺe e.V. ist vom Finanzamt Heidelberg als gemeinnützig anerkannt.

ꝺɑnꝺe e.V.
Postfach 10 18 40
69008 Heidelberg

Tel.:   +49 6221 29766
Fax: +49 6221 167906
E-Mail: dante@dante.de
WWW: http://www.dante.de

LEHMANNS
FACHBUCHHANDLUNG

10623 Berlin
Haus Hardenberg
Hardenbergstraße 5
Tel 030 - 617 911-0
Fax 030 - 617 911-60
berlin@lehmanns.de

10117 Berlin
Friedrichstraße 128
Tel 030 - 2 82 70 79
Fax 030 - 2 82 38 58
b-fr@lehmanns.de

12489 Berlin
Erwin-Schrödinger-Zentrum
Rudower Chaussee 26
Tel 030 - 20 93 20 28
Fax 030 - 20 93 20 38
adlershof@lehmanns.de

91054 Erlangen
Universitätsstraße 6
Tel 09131 - 82 96 44
Fax 09131 - 82 96 49
er@lehmanns.de

79098 Freiburg Br.
Friedrichring 25
Tel 0761 - 38 99 01-0
Fax 0761 - 2 02 13 26
fr@lehmanns.de

06108 Halle
Universitätsring 7
Tel 0345 - 2 12 15-0
Fax 0345 - 2 12 15-15
hal@lehmanns.de

20095 Hamburg
Kurze Mühren 6
Tel 040 - 33 63 84
Fax 040 - 33 89 55
hh-city@lehmanns.de

30159 Hannover
Georgstraße 10
Tel 0511 - 357713-0
Fax 0511 - 357713-77
hannover@lehmanns.de

50937 Köln
Universitätsstraße 20
Tel 0221 - 42 81 53
Fax 0221 - 41 59 95
k-uni@lehmanns.de

04109 Leipzig
Grimmaische Straße 10
Tel 0341 - 3397500-0
Fax 0341 - 3397500-199
leipzig@lehmanns.de

35037 Marburg
Steinweg 35a
Tel 06421 - 59 01 20
Fax 06421 - 59 01 23
mr@lehmanns.de

93053 Regensburg
Universitätsstraße 31
Tel 0941 - 9 08 30
Fax 0941 - 99 05 18
rgbg@lehmanns.de

89073 Ulm
Wengengasse 27
Tel 0731 - 6 33 34
Fax 0731 - 6 02 20 78
ulm-city@lehmanns.de

Lehmanns SIZ
Service Internationale
Zeitschriften
Tel 0800 - 749 26 65
siz@lehmanns.de

- www.LOB.de/latex
- Tel 0800 - 2 66 26 65
- Tel 0800 - COMBOOK